에듀윌과 함께 시작하면,
당신도 합격할 수 있습니다!

집안 사정으로 인해
오랫동안 학업을 중단했던 늦깎이 수험생

외국 생활을 앞두고
한국 학력 인정이 필요한 유학생

학교를 그만두고
미래를 스스로 준비하는 학교 밖 청소년

누구나 합격할 수 있습니다.
해내겠다는 '열정' 하나면 충분합니다.

마지막 페이지를 덮으면,

에듀윌과 함께
검정고시 합격이 시작됩니다.

85만 권 판매 돌파
177개월 베스트셀러 1위!

에듀윌이 만든 검정고시 BEST 교재로
합격의 차이를 직접 경험해 보세요

중·고졸 검정고시 기본서

중·고졸 검정고시 5개년 기출문제집
(24년 9월 출간 예정)

중·고졸 검정고시 핵심총정리
(24년 9월 출간 예정)

중·고졸 검정고시 모의고사
(24년 12월 출간 예정)

에듀윌 검정고시 합격 스토리

박○주 합격생

에듀윌 교재로 학습하면 고득점 합격 가능!

핵심총정리와 기출문제집 위주로 학습하면서, 취약했던 한국사는 기본서도 함께 보았습니다. 암기가 필요한 개념은 노트 정리도 하였고, 기출은 맞힌 문제와 틀린 문제 모두 꼼꼼히 살폈습니다. 저는 만점이 목표였는데, 사회 한 문제를 제외하고 모두 100점을 맞았답니다!

김○늘 합격생

노베이스에서 평균 96점으로 합격!

에듀윌 핵심총정리에 수록된 요약본을 토대로 나만의 요약노트를 만들고 반복해서 살펴보았습니다. 시험이 2주가량 남았을 때는 D-7 모의고사를 풀었는데, 실제 시험장처럼 OMR 답안카드 작성을 연습할 수 있었습니다. 검정고시를 준비하는 수험생이라면 이 두 책은 꼭 보기를 추천합니다~

노○지 합격생

에듀윌 기출문제집은 합격으로 가는 필수템!

저는 먼저 부족한 과목의 개념을 집중 학습한 후 기출문제를 반복해 풀었습니다. 기출문제집에는 시험 범위에 해당하지 않는 문제가 무엇인지 안내되어 있고, 출제 경향이 제시되어 있어 유용했습니다. 시험 일주일 전부터 전날까지 거의 매일 기출문제를 풀었어요. 제가 합격하는 데는 기출문제집의 역할이 컸습니다.

박○르 합격생

2주 만에 평균 95점으로 합격!

유학을 위해 검정고시를 준비했습니다. 핵심총정리를 통해 어떤 주제와 유형이 자주 출제되는지 알 수 있어 쉽게 공부했습니다. 모의고사는 회차별·과목별로 출제의도가 제시되어 있어 좋았습니다. 다들 각자의 목표가 있으실 텐데, 모두 원하는 결과를 얻고 새로운 출발을 하시길 응원할게요!

다음 합격의 주인공은 당신입니다!

더 많은
합격 스토리

1위 에듀윌만의
체계적인 합격 커리큘럼

쉽고 빠른 합격의 첫걸음
고졸 검정고시 핵심개념서 무료 신청

원하는 시간과 장소에서, 합격 필수 콘텐츠까지
온라인 강의

① 전 과목 최신 교재 제공
② 과목별 업계 최강 교수진과 함께
③ 검정고시 합격부터 대입까지 가능한 학습플랜 제시

고졸 검정고시
핵심개념서
무료 신청

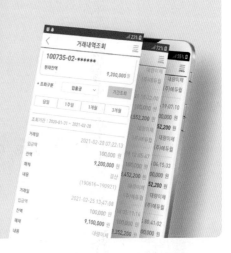
더 많은 혜택이 궁금하다면 1600-6700
* 위 내용은 서비스 개선을 위해 예고 없이 변경될 수 있습니다.

에듀윌이
너를
지지할게

ENERGY

세상을 움직이려면
먼저 나 자신을 움직여야 한다.

− 소크라테스(Socrates)

에듀윌 고졸 검정고시 기본서 도덕

eduwill

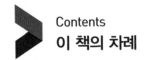

Contents
이 책의 차례

- 이 책의 구성
- 시험 정보
- 선생님이 알려 주는 합격 전략

I

현대의 삶과
실천 윤리

II

생명과 윤리

III

사회와 윤리

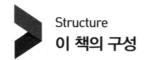

누구나 한 번에 합격할 수 있다!
기초부터 고득점까지 해답은 기본서!

단원별로 이론을 학습하고 ▶ 문제로 개념을 점검하고 ▶ 모의고사로 도덕을 완벽 정복!

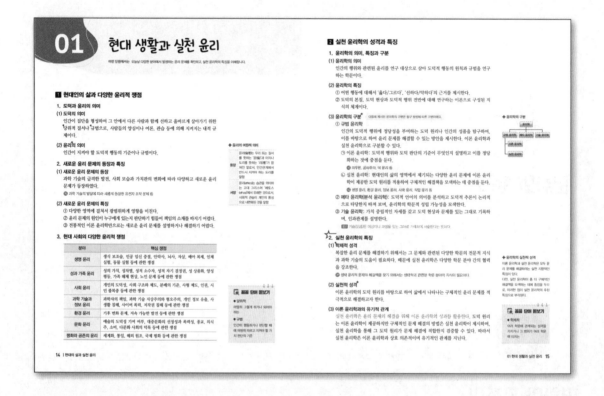

믿고 보는 단원별 이론

• 출제 범위에 해당하는 2015 개정 교육과정을 철저하게 반영하였습니다.

• 기초가 부족해도 충분히 이해할 수 있도록 내용을 쉽게 서술하였습니다.

이해를 돕는 보충 설명과 단어장

• 이론과 연관된 보충 개념을 보조단에 수록하여 바로바로 확인할 수 있습니다.

• 단어 설명을 교재 하단에 수록하여 정확한 개념의 이해를 돕습니다.

앞선 시험에 나온, 앞으로 시험에 나올!

쏙딱 TEST

기출문제 및 예상문제를 주제별로 수록하여
앞서 학습한 이론을 문제에 적용해 봅니다.

만점을 만드는 한 수, 이것으로 모두 끝!

엔드노트

해당 단원에서 꼭 알고 넘어가야 할
중요 개념을 한 번 더 정리합니다.

BONUS STAGE

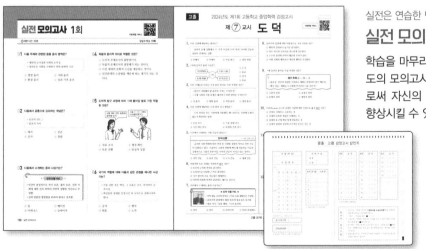

실전은 연습한 만큼 노련해지는 것!

실전 모의고사 ➕ 최신 기출문제

학습을 마무리하며 실제 시험과 비슷한 난이
도의 모의고사와 최신 기출문제를 풀어 봄으
로써 자신의 실력을 가늠하고 실전 감각을
향상시킬 수 있습니다.

함께 수록한 OMR 답안카드
를 활용하여 실제 시험처럼
답안지 작성 연습을 할 수
있습니다.

❚ 고졸 검정고시란

부득이한 이유로 정규 고등학교 과정을 마치지 못한 사람들을 대상으로 실시하는 국가 자격 시험입니다.
고졸 검정고시에 합격한 사람은 고등학교를 졸업한 사람과 동등한 자격을 인정받습니다.

시험 주관 기관
• 시 · 도 교육청: 시행 공고, 원서 교부 및 접수, 시험 실시, 채점, 합격자 발표를 담당합니다.
• 한국교육과정평가원: 기본 계획, 문제 출제, 인쇄 및 배포를 담당합니다.

출제 범위
2015 개정 교육과정에서 출제됩니다.
👆 본서는 출제 범위를 철저하게 반영하였으니 안심하고 학습하세요!

시험 일정

구분	공고일	접수일	시험일	합격자 발표일	공고 방법
제1회	2월 초순	2월 중순	4월 초 · 중순	5월 초 · 중순	시 · 도 교육청 홈페이지
제2회	6월 초순	6월 중순	8월 초 · 중순	8월 하순	

👆 시험 일정은 시 · 도 교육청 협의에 따라 변경될 수 있어요.

출제 방향
고등학교 졸업 정도의 지식과 그 응용력을 측정할 수 있는 수준으로 출제됩니다.

응시 자격
• 중학교 졸업자 및 이와 같은 수준 이상의 학력이 있다고 인정된 사람

   ※ 3년제 고등기술학교 졸업(예정)자의 경우에도 중학교 졸업자 및 이와 같은 수준 이상의 학력이 있다고 인정된 사람이
   어야 합니다.

• 고등학교에 준하는 각종 학교의 졸업자 또는 졸업예정자와 중학교 또는 이와 같은 수준 이상의 학력이 있는
   사람을 대상으로 하는 3년제 직업훈련과정의 수료자

   ※ 졸업예정자라 함은 최종 학년에 재학 중인 사람을 말합니다.

• 「초 · 중등교육법시행령」 제97조, 제101조, 제102조에 해당하는 사람
• 「보호소년 등의 처우에 관한 법률 시행령」 제69조 제3호에 해당하는 사람

👆 상기 자료는 2024년 서울시 교육청 공고문 기준이에요. 2025년 시험 응시 예정자는 최신 공고문을 꼭 확인하세요.

❙ 시험 접수부터 합격까지

시험 접수 방법
각 시·도 교육청 공고를 참조하여 접수 기간 내에 현장 혹은 온라인으로 접수합니다.
🖐 접수 기간 내에 접수하지 못하면 시험을 응시할 수 없으니 주의가 필요해요!

시험 당일 준비물
• 수험표 및 신분증(만17세 미만의 응시자는 청소년증, 주민등록번호가 포함된 여권 혹은 여권정보증명서)
• 샤프 또는 연필, 펜, 지우개와 같은 필기도구와 답안지 작성을 위한 컴퓨터용 수성사인펜,
  답안 수정을 위한 수정테이프, 아날로그 손목시계  디지털 손목시계는 금지되어 있어요!
• 소화가 잘 되는 점심 도시락

입실 시간
• 1교시 응시자는 시험 당일 오전 8시 40분까지 지정 시험실에 입실합니다.
• 2~7교시 응시자는 해당 과목의 시험 시간 10분 전까지 시험실에 입실합니다.

시험 진행
이제부터 실력 발휘를 할 시간!

구분	1교시	2교시	3교시	4교시	점심	5교시	6교시	7교시
시간	09:00 ~ 09:40 (40분)	10:00 ~ 10:40 (40분)	11:00 ~ 11:40 (40분)	12:00 ~ 12:30 (30분)	12:30 ~ 13:30	13:40 ~ 14:10 (30분)	14:30 ~ 15:00 (30분)	15:20 ~ 15:50 (30분)
과목	국어	수학	영어	사회		과학	한국사	선택*

*선택 과목에는 도덕, 기술·가정, 체육, 음악, 미술이 있습니다.

유의 사항
• 수험생은 고사 시간에 휴대 전화 등의 통신기기를 일절 소지할 수 없습니다. 만약 반입 금지 물품을 소지할
  경우 사용 여부를 불문하고 부정행위로 간주됩니다.
• 수험생은 시험 중 시험 시간이 끝날 때까지 퇴실할 수 없습니다. 다만, 불가피한 사유로 퇴실할 경우 퇴실 후
  재입실이 불가능하며 별도의 지정 장소에서 시험 종료 시까지 대기하여야 합니다.

합격자 발표
• 시·도 교육청 홈페이지에서 발표합니다.
• 100점 만점 기준으로 전과목 평균 60점 이상을 취득해야 합니다.
• 평균 60점을 넘지 못했을 경우 60점 이상 취득한 과목은 과목 합격으로 간주되어, 이후 시험에서 본인이 원
  한다면 해당 과목의 시험은 치르지 않을 수 있습니다.
🖐 모두 목표했던 결과를 얻을 수 있도록 응원할게요!

How to study
선생님이 알려 주는 합격 전략

Q 2015 개정 교육과정이 적용된 출제 범위를 알고 싶어요.

과목명은 도덕이지만 〈생활과 윤리〉에서 출제됨을 기억하세요.
이전 교육과정에는 서양의 윤리가 전반적으로 큰 비중을 차지했지만, 새 교육과정부터는 동양의 윤리도 비슷한 비중으로 다뤄지게 되었어요. 이전에 다뤄지던 노인 문제나 친구, 이웃 간 윤리와 같은 세부 내용은 축소되었어요.

검정고시는 정상적으로 학교를 다니기 어려운 분들에게 추가적인 교육의 기회를 제공하기 위하여 실시하는 시험이에요. 따라서 가능하면 쉽게 출제하여 어려운 여건에서 공부하시는 분들이 학업의 기회를 가질 수 있도록 하고 있답니다. 이러한 출제 방침은 앞으로도 계속될 거예요.

Q 출제 난이도가 궁금해요. 공부를 놓은 지 오래되었는데 합격할 수 있을까요?

Q 그렇다면, 지난 시험에서는 어떻게 출제되었나요?

2024년 1회 도덕 시험은 이렇게 출제되었습니다.

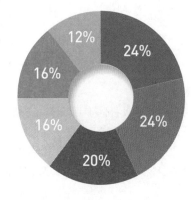

- ❶ 현대의 삶과 실천 윤리
- ❷ 생명과 윤리
- ❸ 사회와 윤리
- ❹ 과학과 윤리
- ❺ 문화와 윤리
- ❻ 평화와 공존의 윤리

이번 시험에서는 단원별 문제 출제 비중이 공평하게 분배되어 다양한 유형의 문제들이 골고루 출제되었습니다. 이런 유형의 문제도 나올 수 있구나 싶을 정도로 재미난 유형들을 많이 만나볼 수 있습니다. 문제가 복잡해 보여서 지레 겁을 먹을 수도 있지만, 핵심 내용만 잘 기억하고 접근하면 쉽게 정답을 찾을 수 있습니다. 특히 첫 단원은 모든 단원의 기초가 되고 연결되기 때문에 힘을 좀 더 실어서 공부하도록 합시다.

Q 저는 기초가 부족한데, 어떻게 공부해야 할까요?

기본적으로 고졸 검정고시 도덕 시험은 난도가 높지 않고, 상식으로 해결할 수 있는 문제가 몇 문제 가량 꼭 출제됩니다. 따라서 너무 어렵게 생각하여 부담감을 가지지 마세요. 부담감은 공부의 적입니다. 의욕이 아니라 무기력을 만들지요. 여러분은 충분히 시험을 치러낼 수 있는 능력이 있으니 걱정하지 마세요.

Tip 이렇게 공부해요!

책에 수록된 모든 내용을 외울 필요는 없습니다. 예를 들어, 각 사상가의 주장과 같은 내용은 어느 정도의 암기를 필요로 하지만, 윤리적 쟁점을 둘러싼 찬반 의견은 어떤 논거가 있는지 정도만 이해하고 넘어가도 충분히 상식에 근거하여 문제를 풀 수 있어요. 암기하여야 하는 부분과 이해하면 되는 부분을 구별하고, 중요한 것만 외우세요.

Q 대학 진학을 위해 고득점을 받아야 하는데, 어떻게 공부해야 할까요?

학습은 단숨에 끝나는 것이 아닙니다. 만점을 목표로 하고 있다면, 간혹 문제를 틀릴 때마다 스트레스를 받을 수 있지만 이는 모두 성장을 위한 진통이라 생각하세요. 부족한 개념은 관련 내용을 찾아서 다시 한 번 살펴보면 됩니다.

Tip 이렇게 공부해요!

고득점을 위한 공부는 새로운 것을 찾아서 무작정 학습의 양을 늘리는 것이 아니라, 모르는 것을 찾아서 학습의 양을 줄여가는 것임을 기억하세요. 기본서의 전체적인 이론을 꼼꼼히 학습하고, 수록되어 있는 문제를 풀며 틀린 개념을 전체적으로 다시 한 번 꼼꼼히 확인하세요. 그 후 최종적으로 다시 한 번 문제를 풀어보세요. 스스로 도덕 학습이 완료되었다는 것을 깨닫게 될 것입니다. 헷갈리는 개념은 따로 노트에 정리하여 두고 틈틈히 보다 보면 목표를 이룰 수 있을 거라 믿어요.

> 100점을 목표로 한다면 에듀윌 기출문제집, 핵심총정리, 모의고사를 추가로 공부하세요. 목표에 더 가까이 갈 수 있을 거예요!

I

현대의 삶과
실천 윤리

01 현대 생활과 실천 윤리

이번 단원에서는 오늘날 다양한 분야에서 발생하는 윤리 문제를 확인하고, 실천 윤리학의 특징을 이해합니다.

1 현대인의 삶과 다양한 윤리적 쟁점

1. 도덕과 윤리의 의미

(1) 도덕의 의미

인간이 집단을 형성하여 그 안에서 다른 사람과 함께 선하고 올바르게 살아가기 위한 °당위적 질서나 °규범으로, 사람들의 양심이나 여론, 관습 등에 의해 지켜지는 내적 규제이다.

(2) 윤리의 의미

인간이 지켜야 할 도덕적 행동의 기준이나 규범이다.

2. 새로운 윤리 문제의 등장과 특징

(1) 새로운 윤리 문제의 등장

과학 기술의 급격한 발전, 사회 모습과 가치관의 변화에 따라 다양하고 새로운 윤리 문제가 등장하였다.

> 📖 과학 기술의 발달에 따라 새롭게 등장한 유전자 조작 문제 등

(2) 새로운 윤리 문제의 특징

① 다양한 영역에 걸쳐서 광범위하게 영향을 미친다.
② 윤리 문제의 원인이 누구에게 있는지 판단하기 힘들어 책임의 소재를 따지기 어렵다.
③ 전통적인 이론 윤리학만으로는 새로운 윤리 문제를 설명하거나 해결하기 어렵다.

3. 현대 사회의 다양한 윤리적 쟁점

분야	핵심 쟁점
생명 윤리	생식 보조술, 인공 임신 중절, 안락사, 뇌사, 자살, 배아 복제, 인체 실험, 동물 실험 등에 관한 쟁점
성과 가족 윤리	성의 가치, 성차별, 성적 소수자, 성적 자기 결정권, 성 상품화, 양성 평등, 가족 해체 현상, 노인 문제 등에 관한 쟁점
사회 윤리	개인의 도덕성, 사회 구조와 제도, 분배의 기준, 사형 제도, 인권, 시민 불복종 등에 관한 쟁점
과학 기술과 정보 윤리	과학자의 책임, 과학 기술 지상주의와 혐오주의, 개인 정보 유출, 사생활 침해, 사이버 폭력, 저작권 침해 등에 관한 쟁점
환경 윤리	기후 변화 문제, 지속 가능한 발전 등에 관한 쟁점
문화 윤리	예술의 도덕성 기여 여부, 대중문화의 선정성과 폭력성, 종교, 의식주, 소비, 다문화 사회의 덕목 등에 관한 쟁점
평화와 공존의 윤리	세계화, 통일, 해외 원조, 국제 평화 등에 관한 쟁점

➕ 윤리의 어원적 의미

동양	윤리(倫理)는 무리 또는 질서를 뜻하는 '윤(倫)'과 이치나 도리를 뜻하는 '리(理)'가 합쳐진 말로서, 인간관계에서 반드시 지켜야 하는 도리를 말함
서양	윤리(ethics)는 습관을 의미하는 고대 그리스어 '에토스(ethos)'에서 유래한 것으로서, 사회적 관습이 개인의 품성으로 내면화된 것을 말함

🔍 꼼꼼 단어 돋보기

● **당위적**
마땅히 그렇게 하거나 되어야 하는

● **규범**
인간이 행동하거나 판단할 때에 마땅히 따르고 지켜야 할 가치 판단의 기준

2 실천 윤리학의 성격과 특징

1. 윤리학의 의미, 특징과 구분

(1) 윤리학의 의미
인간의 행위와 관련된 윤리를 연구 대상으로 삼아 도덕적 행동의 원칙과 규범을 연구하는 학문이다.

(2) 윤리학의 특징
① 어떤 행동에 대해서 '옳다/그르다', '선하다/악하다'의 근거를 제시한다.
② 도덕의 본질, 도덕 현상과 도덕적 행위 전반에 대해 연구하는 이론으로 구성된 지식의 체계이다.

(3) 윤리학의 구분✚ 다음에 제시된 윤리학의 구분은 탐구 방법에 따른 구분이에요.
① 규범 윤리학
인간의 도덕적 행위에 정당성을 부여하는 도덕 원리나 인간의 성품을 탐구하며, 이를 바탕으로 하여 윤리 문제를 해결할 수 있는 방안을 제시한다. 이론 윤리학과 실천 윤리학으로 구분할 수 있다.
  ㉠ 이론 윤리학: 도덕적 행위와 도덕 판단의 기준이 무엇인지 설명하고 이를 정당화하는 것에 중점을 둔다.
      예 의무론, 공리주의, 덕 윤리 등
  ㉡ 실천 윤리학: 현대인의 삶의 영역에서 제기되는 다양한 윤리 문제에 이론 윤리학이 제공한 도덕 원리를 적용하여 구체적인 해결책을 모색하는 데 중점을 둔다.
      예 생명 윤리, 환경 윤리, 정보 윤리, 사회 윤리, 직업 윤리 등
② 메타 윤리학(분석 윤리학): 도덕적 언어의 의미를 분석하고 도덕적 추론이 논리적으로 타당한지 따져 보며, 윤리학의 학문적 성립 가능성을 모색한다.
③ 기술 윤리학: 가치 중립적인 자세를 갖고 도덕 현상과 문제를 있는 그대로 기록하며, 인과관계를 설명한다.
  참고 기술(記述)은 대상이나 과정을 있는 그대로 기록하여 서술한다는 뜻이다.

✚ 윤리학의 구분

☆2. 실천 윤리학의 특징

(1) 학제적 성격
복잡한 윤리 문제를 해결하기 위해서는 그 문제와 관련된 다양한 학문의 전문적 지식과 과학 기술의 도움이 필요하다. 때문에 실천 윤리학은 다양한 학문 분야 간의 협력을 강조한다.
  예 생태 윤리적 문제의 해결책을 찾기 위해서는 생태학과 관련된 학문 분야의 지식이 필요하다.

(2) 실천적 성격✚
이론 윤리학의 도덕 원리를 바탕으로 하여 삶에서 나타나는 구체적인 윤리 문제를 적극적으로 해결하고자 한다.

(3) 이론 윤리학과의 유기적 관계
실천 윤리학은 윤리 문제의 해결을 위해 이론 윤리학의 성과를 활용한다. 도덕 원리는 이론 윤리학이 제공하지만 구체적인 문제 해결의 방법은 실천 윤리학이 제시하며, 실천 윤리학을 통해 그 도덕 원리가 문제 해결에 적합한지 검증할 수 있다. 따라서 실천 윤리학은 이론 윤리학과 상호 의존적이며 유기적인 관계를 지닌다.

✚ 윤리학의 실천적 성격
이론 윤리학과 실천 윤리학은 모두 윤리 문제를 해결하려는 실천 지향적인 특징이 있다.
다만, 실천 윤리학이 좀 더 구체적인 해결책을 모색하는 데에 중점을 두므로, 이러한 점이 실천 윤리학의 주된 특징으로 부각된다.

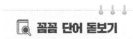

🔍 꼼꼼 단어 돋보기

● 학제적
여러 학문에 관계되는 성격을 가지거나 그 범위가 여러 학문에 미치는

02 현대 윤리 문제에 대한 접근

이번 단원에서는 동서양의 윤리 이론을 알아보고, 현대 사회의 윤리 문제를 해결함에 있어 동서양 사상의 의미를 찾아봅니다.

1 동양 윤리의 접근

1. 유교 윤리적 접근

(1) 도덕적 인격의 완성 중시

① 공자: 사람을 사랑하는 어진 마음인 인(仁)을 타고난 내면적 도덕성으로 보았다.

② 맹자: 사람은 누구나 사단(四端)이라는 네 가지의 선한 본성을 타고난다고 주장하며, 그 본성을 다음과 같이 제시하였다.

측은지심(惻隱之心)	불쌍하고 가엽게 여기는 마음
수오지심(羞惡之心)	불의를 부끄러워하고 미워하는 마음
사양지심(辭讓之心)	공경하고 양보하는 마음
시비지심(是非之心)	옳고 그름을 가릴 줄 아는 마음

③ 성현의 말씀을 공부하고 선악에 대한 분별적 지혜를 길러야 한다고 보았다.

④ 사후 세계보다는 현실에서의 도덕적 삶을 중요하게 생각하였다.

⑤ 이기심을 극복할 수 있는 방법으로 경(敬)과 성(誠)을 강조하였다.

(2) 도덕적 공동체 추구

① 정명(正名)과 오륜(五倫)을 통해 사람들 사이에서의 관계와 역할을 중시하였다.

② 덕치(德治) 사상: 백성을 통치할 때 형벌이나 무력보다는 덕으로 인도하고 예의로 다스려야 한다고 보았다.

③ 군주는 백성들이 도덕성을 잃지 않도록 기본적인 생계를 보장해 주어야 함을 강조하였다. → 항산(恒産)과 항심(恒心)

④ 대동 사회: 큰 도(道)가 행해지고 모두가 더불어 살아가는 이상 사회를 제시하였다.

> **쏙쏙 이해 더하기** **인(仁)의 실천 덕목**
>
> • **충서(忠恕)**: 진실된 마음으로 상대를 대하고, 자기가 하고 싶지 않은 일은 타인에게 시키지 않는 것이다.
> • **효제충신(孝弟忠信)**: 부모에게 효도하는 것, 형제간에 우애가 있는 것, 임금에게 충성하는 것, 친구 사이에 믿음이 있는 것을 말한다.
> > **참고** 공자는 존비친소의 구별에 따라 부모에 대한 효와 형제간의 우애를 인(仁)의 출발점이라 보았다.
> • **오륜(五倫)**: 기본적인 인간관계에서 지켜야 할 다섯 가지 도덕 규범을 말한다.
>
> | | |
> |---|---|
> | 군신유의(君臣有義) | 임금과 신하 사이에는 의리가 있어야 함 |
> | 부자유친(父子有親) | 아버지와 아들 사이에는 친함이 있어야 함 |
> | 부부유별(夫婦有別) | 부부 사이에는 서로 분별이 있어야 함 |
> | 붕우유신(朋友有信) | 친구 사이에는 믿음이 있어야 함 |
> | 장유유서(長幼有序) | 어른과 어린아이 사이에는 차례와 순서가 있어야 함 |

＋ 경(敬)과 성(誠)

경(敬)은 사욕이 없게 하는 태도를 말하고 성(誠)은 도덕적 본성을 지키는 것을 말한다.
유교에서는 이를 통해 자기의 이기심을 극복하고 사회 규범인 예(禮)를 따르는 극기복례를 강조하였다.

＋ 정명(正名)

> "군주는 군주다워야 하고 신하는 신하다워야 하며, 부모는 부모다워야 하고 자식은 자식다워야 한다(君君, 臣臣, 父父, 子子)."
> – 공자 –

사회 구성원들 각자가 자신의 역할과 신분에 따라 맡은 바를 다해야 한다는 것이다.

＋ 항산(恒産)과 항심(恒心)

> "백성은 일정한 생업이 없으면 올바른 마음가짐을 지닐 수 없다."
> – 맹자 –

항산(恒産)은 백성들이 살아갈 수 있는 생업을 말하며, 항심(恒心)은 올바른 마음가짐인 도덕성을 말한다.

🔍 꼼꼼 단어 돋보기

● 성현

지혜와 덕이 뛰어난 성인과 어질고 총명하여 성인에 버금가는 현인을 아울러 이르는 말

(3) 자연과 인간의 조화 추구

① 천인합일(天人合一): 하늘과 사람을 하나로 보았다.

② 자연은 도덕적 존재로, 자연의 생명력으로부터 만물의 근원이 나오며, 그것이 곧 도(道)라고 보았다.

쏙쏙 이해 더하기 | 유교의 이상적 인간상

유교에서는 타고난 도덕성을 바탕으로 하여 지속적인 수양을 하면 성인(聖人), 군자(君子)가 될 수 있다고 보고, 이를 이상적 인간상으로 제시하였다. 성인과 군자는 자신의 인격을 수양하고 가족과 나라를 다스리며 천하를 평안하게 하는 수기안인(修己安人)을 실현하는 사람이다.

(4) 유교 윤리의 시사점

① 개인의 내면적 도덕성을 강조하는 가르침을 통해 인간 존엄성을 회복하는 데 도움을 준다.

② 공동체 윤리를 강조하여 지나친 개인주의와 이기주의를 극복하는 데 기여한다.

③ 자연과 인간의 조화를 추구하는 관점을 통해 생명의 소중함을 일깨워 주어 환경 보호에 기여한다.

2. 불교 윤리적 접근

(1) 연기를 통한 깨달음

① 연기(緣起): 모든 존재와 현상은 다양한 원인과 조건에 의해 상호 연결되어 존재한다고 보았다.[+]

② 자비(慈悲): 연기를 통해서 남을 사랑하고 가엾게 여기는 마음이 생기며, 이를 실천해야 한다고 강조하였다.

③ 공(空): 모든 존재와 현상은 다양한 원인과 조건에 의해 생겨났다가 없어지므로 변하지 않는 것은 없고, 모든 것은 변화하여 고정된 실체가 없다고 보았다.

(2) 깨달음의 실천

① 인간은 누구나 삼학(三學)[+]을 주체적으로 수행하면 진리를 깨달을 수 있다.

② 열반과 해탈을 통해 진리를 깨달으면 번뇌와 고통에서 벗어날 수 있다.

③ 살아 있는 것을 죽이지 말라는 불살생(不殺生)과 살아 있는 것을 죽임에는 가림이 있어야 한다는 살생유택(殺生有擇)을 통해 생명의 존엄성을 일깨운다.

(3) 평등한 세계관 제시

① 인간은 누구나 불성을 가지고 있기 때문에 평등하다고 보았다.

② 깨달음을 얻으면 누구나 부처가 될 수 있다고 보았다.

쏙쏙 이해 더하기 | 불교의 이상적 인간상

불교에서는 깨달음을 얻어 자비를 실천하고 중생을 구제하는 보살을 이상적 인간상으로 제시하였다.

(4) 불교 윤리의 시사점

① 인간의 내면을 성찰하고 정신을 수양하는 데 기여한다.

  예 참선 수행을 통해 깨달음을 얻는다.

② 생명 경시 풍조와 생태계 훼손 문제를 해결하는 데 도움을 준다.

③ 자비의 실천으로 보편적 인류애를 되새기고 세계 평화에 기여한다.

+ 불교의 연기적 세계관

"이것이 있으면 저것이 있고, 이것이 생기면 저것이 생기고, 이것이 없으면 저것이 없고, 이것이 멸하면 저것이 멸한다."

– 「잡아함경」 –

모든 존재와 현상은 여러 원인과 조건의 결합으로, 만물은 상호 의존적 관계를 가진다고 본다.

+ 삼학(三學)

· 계(戒): 나쁜 짓을 하지 않도록 계율로 다스린다.

· 정(定): 어지러운 마음을 한곳으로 모으는 선정으로 분노를 다스린다.

· 혜(慧): 진리를 있는 그대로 보는 지혜로 어리석음을 다스린다.

🔍 꼼꼼 단어 돋보기

● 열반
모든 번뇌의 속박에서 해탈한 최고의 경지

● 해탈
고통으로부터 벗어난 상태

3. 도가 윤리적 접근

(1) 자연스러운 삶 강조
① 도(道): 우주의 근원이자 만물의 법칙이다.
② 노자: 무위자연(無爲自然)과 상선약수(上善若水)의 삶을 살 것을 강조하였다.
③ 소국 과민(小國寡民): 무위의 다스림이 이루어지는 영토가 작고 인구가 적은 나라를 이상 사회로 제시하였다.

(2) 평등한 세계관 제시
① 제물론: '제물(齊物)'이란 만물과 나 사이의 대립을 해소하고, 모든 것을 차별하지 않는 상태를 말한다. 도가에서는 제물의 경지에 이르기 위한 방법으로 좌망(坐忘)과 심재(心齋)를 제시하였으며, 세상의 만물은 평등한 가치를 지닌다고 보았다.
② 소요유(逍遙遊): 어떠한 것에도 얽매이지 않고 일체의 분별과 차별을 하지 않으며 외물로부터 해방된 절대 자유의 경지이다.

> **쏙쏙 이해 더하기** | **도가의 이상적 인간상**
>
> 도가에서는 인간과 자연의 만물이 조화를 이루는 물아일체의 경지에 도달하여, 모든 차별이 소멸된 정신적 자유의 경지에 오른 지인(至人), 진인(眞人), 신인(神人), 천인(天人)을 이상적 인간상으로 제시하였다.

(3) 도가 윤리의 시사점
① 자연의 질서를 따르는 삶을 강조하여 환경 문제를 해결하는 데 도움을 준다.
② 세속적 가치에 대한 욕망보다는 내면의 자연스러움을 추구함으로써 지나친 욕망에서 벗어나 마음을 안정시키는 데 기여한다.

+ 무위자연(無爲自然)

> "도는 자연을 본받아 어긋나지 않는다."

사람의 힘을 더하지 않은 그대로의 자연과 같이 억지로 무언가를 하려 하지 않는 이상적인 경지를 말한다.

+ 상선약수(上善若水)

> "으뜸이 되는 선은 물과 같다."

만물을 이롭게 하는 물의 성질을 최고의 이상적인 선으로 삼는 것을 말한다.

---

2 서양 윤리의 접근

1. 의무론적 접근+
언제 어디서나 따라야 할 보편타당한 법칙이 존재하며, 행위가 이 법칙을 따르면 옳고, 따르지 않으면 옳지 못하다고 판단하는 윤리예요.

(1) 자연법 윤리
① 자연법이란 인간 본성에 의거하는 절대적인 법이며, 모든 인간에게 자연적으로 주어진 보편적인 법을 말한다.
② 자연의 원리를 윤리의 기초로 보며, 자연의 원리에 부합하는 행동을 옳은 행동으로 여긴다.
③ 윤리적 의사 결정에서 선을 행하고 악을 피하는 것을 핵심 명제로 강조한다.
　　㉠ 스토아 학파: 인간은 누구나 자연법을 파악할 수 있는 이성인 로고스(logos)를 가지고 있다고 보았다.
　　㉡ 아퀴나스: 인간이 본성적으로 지니는 자연적 성향으로 자기 보존, 종족 보존, 신과 사회에 대한 진리 파악을 제시하였다. → 자연법의 원리로부터 생명의 불가침성 및 존엄성, 인간 양심의 자유, 만민 평등 등 구체적인 자연법적 권리를 도출할 수 있다고 보았다.
④ 자연법 윤리의 시사점: 인간의 자연적 생명권 및 생명의 불가침성을 옹호하는 입장의 이론적 근거를 제공한다.
　　예 인공 임신 중절에 대해 '무고한 인간 생명인 태아를 죽여서는 안 된다'는 주장의 근거를 제시한다.

+ 의무론적 접근의 구분

꼼꼼 단어 돋보기

● 좌망
조용히 앉아서 자신을 구속하는 모든 것을 잊는 것

● 심재
마음을 깨끗이 비우는 것

(2) 칸트 윤리

① 도덕성을 판단할 때 행위의 결과보다 동기를 중요하게 여긴다.

② 오로지 도덕 법칙을 따라야 한다는 의무 의식과 ˙선의지에서 나온 행위만이 도덕적 가치를 지닌다고 보았다.

③ 도덕 법칙

    ⊙ 실천 이성˙이 우리 자신에게 부과한 자율적 명령이자 누구나 무조건 따라야 하는 절대적인 명령을 말한다. 칸트는 이성적이고 자율적인 인간은 보편적인 도덕 법칙을 의식할 수 있다고 보았다.

    ⓛ 행위의 결과에 구애됨이 없이 행위 그 자체가 선(善)이기 때문에 무조건적으로 행함이 요구되는 정언 명령의 형식으로 나타난다. 이는 명령 자체가 목적이 되며, '무조건 ~ 해라'의 형식으로 표현된다.

    참고 정언 명령과 반대되는 것으로는 가언 명령이 있다. 어떤 목적을 달성하기 위한 수단으로서 내리는 조건부 명령으로, '~ 하면 ~ 해라'의 형식으로 표현된다. 이는 도덕 법칙이 될 수 없다.

    ⓒ 정언 명령의 대표적인 정식

보편 법칙의 정식	"네 의지의 ˙준칙(격률)이 언제나 동시에 보편적 입법의 원리가 될 수 있도록 행위하라." → 내가 하는 행위를 모든 사람들에게 적용해도 되는지 확인해야 함 (보편화 가능성)
목적의 정식	"너 자신과 다른 모든 사람의 인격을 결코 단순히 수단으로만 취급하지 말고 언제나 동시에 목적으로 대우하도록 행위하라." → 사람을 경제적 이익이나 다른 목적을 위한 수단으로 이용해서는 안 됨(인간 존엄성)

④ 칸트 윤리의 시사점과 한계

    ⊙ 시사점: 보편적 도덕 판단의 근거를 제시해 주며, 인간 존엄성을 강조하여 인권 보호에 기여한다.

    ⓛ 한계: 도덕 판단의 형식만 제공하기 때문에 구체적인 행동 지침을 제시하지 못한다.

2. 공리주의적 접근

(1) 공리주의

① 쾌락과 행복을 가져다주는 행위는 옳고, 고통과 불행을 가져다주는 행위는 옳지 않다고 판단하는 유용성의 원리를 도덕적 행위의 기준으로 삼는다.

② 행위의 동기보다는 결과를 중요하게 여긴다.

③ 행위의 결과가 쾌락과 행복을 가져오면 그 행위를 도덕적 행위라고 본다.

(2) 대표 사상가

① 벤담의 양적 공리주의

    ⊙ 쾌락은 모두 질적으로 동일하고 양적으로만 차이가 있다고 주장하였다. 이에 기초하여 쾌락과 고통의 양을 계산할 수 있는 방법을 제시하였다.˙

    ⓛ 행위의 결과가 쾌락을 증진시키면 선이고, 고통을 만들면 악이라고 보았다.

    ⓒ '최대 다수의 최대 행복'을 도덕과 입법의 원리로 제시하였다.

    ⓔ 사회를 이루는 것은 개인들이고 그 개인들이 행복하면 사회 전체가 행복할 것이기 때문에 많은 사람들이 행복을 누리는 일을 좋은 일로 보았다.

✚ 실천 이성

인간에게 도덕 법칙이 무엇인지를 알려 주고 그것을 따르도록 하는 이성이다. 칸트 윤리에서는 동물이 쾌락을 추구하고 고통은 피하고자 하는 본능적인 욕구와 성향(자연적 경향성)의 지배를 받는 것에 반해 인간은 실천 이성을 지녀 이성적이고 자율적인 존재라고 본다.

✚ 유용성의 원리

행위의 결과가 모든 사람의 쾌락과 행복을 어느 정도 증가 또는 감소시키는 지의 정도에 따라 그 행위를 승인할지, 부인할지 결정하는 원리이다.

✚ 벤담의 쾌락의 계산법

행위로 산출되는 쾌락의 총량을 계산하는 방법으로, 쾌락의 강도, 지속성, 확실성, 근접성, 생산성, 순수성, 파급 범위에 따라 계산한다.

🔍 꼼꼼 단어 돋보기

● **선의지**
선을 행하고자 하는 순수한 동기에서 나온 의지

● **준칙**
행위의 규범 원칙. 격률이라고도 함

② 밀의 질적 공리주의
  ㉠ 기본적으로 벤담의 공리주의를 따르나 쾌락이 질적으로 동일하다고 본 벤담과
    는 달리 쾌락의 질에는 차이가 있다고 주장하였다.
  ㉡ 쾌락에는 낮은 수준의 쾌락과 높은 수준의 쾌락이 있으며, 육체적인 쾌락보다
    정신적인 쾌락의 질이 더 높다고 보았다.
  ㉢ 정상적인 인간이라면 누구나 질적으로 높고 고상한 쾌락을 추구할 것이라고 보
    았다.[+]

(3) 행위 공리주의와 규칙 공리주의
공리주의는 유용성의 원리를 적용하는 대상에 따라
행위 공리주의와 규칙 공리주의로 구분할 수 있어요.
  ① 행위 공리주의
    ㉠ "어떤 행위가 최대의 유용성을 가져오는가?"를 중시한다.
    ㉡ 개별적인 행위가 가져오는 쾌락이나 행복에 따라 행위의 옳고 그름을 결정한다.
    ㉢ 한계: 개별적인 행위의 결과를 매번 계산하기 힘들고, 도덕 상식에 어긋나는
      행위가 정당화될 수 있다.
  ② 규칙 공리주의
    ㉠ "어떤 규칙이 최대의 유용성을 가져오는가?"를 중시한다.
    ㉡ 행위 공리주의의 한계를 극복하기 위해서 제시되었다.
    ㉢ 개별적인 행위의 결과가 아니라 일반적으로 최대의 유용성을 가져오는 행위의
      규칙을 따르는 것이 옳다고 보았다.
    ㉣ 한계: 서로 다른 규칙이 충돌하거나, 특수한 상황에서 일반적인 규칙을 따랐을
      때 좋지 않은 결과가 발생할 수 있다.

(4) 공리주의적 접근의 시사점과 한계
  ① 사익과 공익의 조화를 추구한다.
  ② 도덕의 목적이 행복의 증진에 있음을 명확히 한다.
  ③ 융통성 있고 가장 좋은 결과를 가져오는 대안을 도출할 수 있다.
  ④ 다수결 원칙이 정책의 정당화 논리로 작용하여 근대 민주주의 성립에 기여하였다.
  ⑤ 한계: 다수의 의견을 따르는 것을 추구하기 때문에 소수의 의견이 무시될 수 있다.

3. 덕 윤리적 접근
(1) 덕 윤리의 등장 배경
  ① 의무론과 공리주의는 행위 자체에 주목하기 때문에 그 행위를 하는 행위자의 내면
    에 대한 탐구가 소홀하다는 비판적 시각이 대두되었다.
  ② 기존의 윤리적 접근 방식은 개인의 자유와 권리를 지나치게 강조하여, 공동체에서
    중요한 덕목인 용기나 진실성 등을 가볍게 여기는 경향이 있다고 보았다.

(2) 덕 윤리의 특징
덕 윤리에서는 인간의 성품과 공동체를 중요하게 여겨요.
  ① 고대 그리스의 사상가 아리스토텔레스의 사상에 뿌리를 두고 있다.[+]
  ② 올바른 행위를 하려면 옳고 선한 행위를 습관화하고 내면화하여 유덕한 성품을 갖
    추어야 한다고 본다.
  ③ 행위자의 성품을 먼저 평가하고, 이에 근거하여 행위의 옳고 그름을 판단해야 한
    다고 본다.
  ④ 보편타당한 원리나 규칙을 따르기보다는 정직하고 덕 있는 사람이 할 법한 행위를
    하라고 요구한다.

✚ 쾌락의 질을 추구하는 인간

"만족스러워하는 돼지보다 불만
족스러워하는 인간이 되는 것이
더 낫다. 만족스러운 바보보다 불
만족스러워하는 소크라테스가 되
는 것이 더 낫다."   – 밀 –

✚ 아리스토텔레스의 덕
행위자의 성품과 덕을 중시한 아리스토
텔레스는 덕을 지성적 덕과 품성적 덕
으로 구분하였다. 지성적 덕은 주로 교
육을 통해서 길러지며, 품성적 덕은 유
덕한 행위를 지속적으로 실천하여 습관
화함으로써 기를 수 있다고 보았다.

⑤ 성품에서 자연스럽게 우러나오는 행위는 도덕적 실천력을 높일 수 있다고 본다.
⑥ 행위자의 인성과 더불어 공동체 구성원으로서의 삶에 관심을 가진다.

(3) 매킨타이어의 덕 윤리 매킨타이어는 아리스토텔레스의 사상을 계승하였다고 평가돼요.

① 개인의 자유와 선택보다는 역사와 전통이라는 맥락을 지닌 공동체를 중시하여, 덕성의 함양 역시 공동체 안에서 가능하다고 주장하였다.
② 도덕 판단은 구체적이며 맥락적인 사고를 반영하여야 한다고 보았다.

(4) 덕 윤리적 접근의 시사점과 한계

① 윤리학의 논의 범위를 확장하는 데 기여하였다.
② 개인의 도덕적 실천력을 높이는 데 기여하였다.
③ 한계: 보편타당한 도덕 원칙이 아닌 구체적인 상황에서의 개별적인 도덕 판단과 행위가 강조되기 때문에 윤리 상대주의로 흐를 우려가 있다.

✚ 윤리 상대주의

행위의 옳고 그름의 기준이 개인과 사회마다 다르므로 절대적이고 보편적인 도덕 기준은 없다고 보는 관점이다. 이는 자칫 비도덕적 행위마저 관습이나 전통이라는 이유로 정당화할 수 있으므로 경계해야 한다.

4. 도덕 과학적 접근 2015 개정 교육과정에서 새롭게 등장한 내용이에요. 눈여겨볼 필요가 있어요.

(1) 도덕 과학적 접근의 의미와 기원

① 의미: 인간이 왜 도덕적으로 행동하는지와 같은 도덕성과 관련된 현상을 과학적 근거를 통해 설명하려는 접근 방식이다.
② 기원: 과학적 내용을 윤리학의 밑바탕으로 삼으려는 시도에서 시작되었다.

(2) 신경 윤리학

도덕적 판단 과정에서 인간의 이성과 정서의 역할이 무엇인지, 인간이 자유 의지 및 공감 능력을 갖추고 있는지 등을 뇌 영상 촬영과 같은 과학적인 측정 방법을 통해서 입증하고자 한다.

(3) 진화 윤리학

이타적 행위는 생존과 번식에 도움을 주기 때문에 환경에 잘 적응하기 위한 자연 선택의 산물이라고 보며, 진화의 측면에서 도덕성을 설명한다.

(4) 도덕 과학적 접근의 시사점

① 인간이 도덕적 판단과 행동을 하는 데 어떤 과정을 거치며, 어떤 요인이 이에 영향을 주는지 과학적으로 해명할 수 있도록 돕는다.
② 인간이 어떻게 도덕성을 갖추게 되었는지를 설명하는 데 과학적 근거를 제공한다.

쏙쏙 이해 더하기 │ 그 밖의 윤리적 접근 방법

참고 다음에 제시된 윤리적 접근 방법은 의무론적 접근법과 공리주의적 접근법의 한계를 극복하고 현대 사회의 다양한 윤리적 문제를 해결하고자 한다.

배려 윤리적 접근	• 기존의 의무론적 윤리가 객관적이고 합리적인 이성을 중시한 나머지 타인의 마음을 헤아리지 못했다고 비판하며, 여성적 관점에서의 윤리를 새롭게 제시하며 등장함 • 타인의 입장에서 타인이 어떤 감정을 갖고 어떤 생각을 하는지를 중요하게 여기기 때문에 배려, 사랑, 공감 등의 감정을 강조함
책임 윤리적 접근	• 이미 행한 행동의 결과의 책임을 묻는 전통적인 윤리적 접근 방식에서 벗어나 예측할 수 있는 행위의 결과까지 확장하여 책임을 물음 • 책임의 범위를 현세대를 넘어 미래 세대, 자연 등 시공간적으로 확장함
담론 윤리적 접근	• 인간은 이성적인 존재이기 때문에 의사소통으로 문제를 해결할 수 있다고 봄 • 의사소통을 통해서 규범의 정당성을 확보하려고 함

🔍 꼼꼼 단어 돋보기

● 자연 선택

자연계에서 주어진 생활 조건에 적응하는 생물은 생존하고, 적응하지 못한 생물은 저절로 사라지는 것

03 윤리 문제에 대한 탐구와 성찰

이번 단원에서는 도덕적 탐구 과정을 이해하고 더 나은 판단을 위한 성찰의 중요성을 알아봅니다.

1 도덕적 탐구

1. 도덕적 탐구의 의미와 특징

(1) 도덕적 탐구의 의미

① '옳다/그르다', '선하다/악하다'와 같이 가치를 따져야 하는 윤리 문제에서 도덕적 판단의 근거를 찾고 이를 실천하는 과정이다.

② 도덕적 사고를 통해 이루어지는 이론적이고 지적인 활동이다.

> **참고** 따라서 도덕적 탐구 능력을 갖추기 위해서는 도덕적 가치가 삶에 미치는 영향을 이해하고, 도덕적 추론의 기술을 익히고 적용할 수 있어야 한다.

☆(2) 도덕적 탐구의 특징

① 당위적 차원에 주목
  ㉠ 일반적인 탐구는 탐구 대상의 참과 거짓을 밝히는 데 중점을 두고 문제를 해결하기 위한 방법을 중시한다.
  ㉡ 도덕적 탐구는 도덕적 가치와 규범에 주목하여 탐구 대상의 옳고 그름 또는 선과 악을 따져보아 행위를 정당화하고, 도덕적으로 올바른 행위를 마땅히 실천하는 것에 중점을 둔다.

② 도덕적 추론: 딜레마 상황에서 올바른 선택과 행동이 무엇인지에 관해 도덕 원리[＋]와 사실 판단을 근거로 도덕 판단을 내리는 과정을 말한다. 도덕적 탐구는 대체로 도덕적 추론으로 이루어진다.

＋도덕 원리
윤리 문제에 대해 '좋거나 나쁨' 혹은 '옳거나 그름'을 진술하는 가치 기준을 말한다.

예 인공 임신 중절에 대한 도덕적 추론의 과정

도덕 원리	무고한 인간을 죽이는 것은 도덕적으로 옳지 않다. (대전제)
사실 판단	태아는 무고한 인간이다. (소전제)
도덕 판단	태아의 생명을 빼앗는 인공 임신 중절은 도덕적으로 옳지 않다. (결론)

③ 이성과 정서 고려: 논리적 사고, 합리적 사고, 비판적 사고와 같은 이성적 사고와 공감, 배려 등의 정서적 측면이 함께 고려된다.

쏙쏙 이해 더하기 | 이성적 사고의 종류

논리적 사고	어떤 주장에 모순이나 오류가 있는지 따지고, 주어진 조건이 결론 혹은 주장을 타당하게 도출하는지 검토하는 사고
합리적 사고	보편적으로 인정되는 이치에 맞는 사고, 즉, 객관적이고 보편적인 인과 관계를 정확하고 공정하게 따져 보는 사고
비판적 사고	어떤 주장을 그대로 받아들이는 것이 아니라 논리적이고 합리적으로 사고하면서 도덕 원리나 사실 판단이 적절한지, 주장에 대한 근거가 올바르게 제시되었는지 되짚어 보는 사고

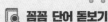

꼼꼼 단어 돋보기

● **딜레마**
두 가지 중 하나를 선택해야 하는데, 그 어느 쪽을 선택해도 바람직하지 않은 결과가 나오게 되는 곤란한 상황

2. 도덕적 탐구의 중요성과 고려 사항

(1) 도덕적 탐구의 중요성

① 현대 사회의 복잡하고 다양한 문제를 합리적으로 해결하는 데 도움이 된다.

② 도덕적으로 살아가는 데 필요한 가치관을 세우는 데 도움이 된다.

③ 타인을 배려하는 ˙역지사지(易地思之)의 마음을 기르는 데 도움이 된다.

(2) 도덕적 탐구 과정에서 고려해야 할 사항

① 상대방의 입장을 고려하고 자신의 선택이 보편화 가능성을 지니는지 검토해야 한다.

② 어떤 선택이 불러일으키는 단기적인 결과뿐만 아니라 장기적인 결과까지 고려해야 한다.

③ 도덕적 책임과 배려의 범위를 인간뿐만 아니라 동물, 식물에까지 확대해야 한다.

3. 도덕적 탐구의 방법

(1) 윤리적 쟁점 또는 딜레마 확인

윤리 문제가 발생하게 된 이유를 검토하고, 서로 충돌하는 도덕적 의무와 도덕 원칙을 확인한다.

(2) 자료 수집 및 분석

윤리 문제를 정확하게 파악하고 이해하기 위해 다양한 자료를 수집하고 분석한다.

(3) 입장 채택 및 정당화 근거 제시

① 자료 수집의 결과에 따라 가장 정당하다고 생각되는 입장을 선택한다.

② 입장에 대한 합당한 근거를 제시한다.

③ 공감과 배려와 같은 도덕적 정서를 고려한다.

④ 도덕 판단의 근거가 되는 도덕 원리의 검토에는 다음과 같은 검사법을 활용한다.

역할 교환 검사	제시된 도덕 원리를 자신의 입장에 적용해 보고 그 결과를 받아들일 수 있는지 생각해 보는 것 ⑩ 내가 약속을 어길 때의 입장과 상대방이 약속을 어길 때의 입장을 비교해 본다.
보편화 가능성 검사	제시된 도덕 원리를 모든 사람들이 따랐을 때의 결과를 예측해 보는 것 ⑩ 모든 사람들이 자신의 욕구를 따르게 된다면, 서로의 욕구가 부딪혀서 갈등이 발생할 것이다.
반증 사례 검사	상대가 제시한 도덕 원리에 반대되는 사례를 제시하여 그 도덕 원리가 잘못되었다는 점을 깨닫게 하는 것 ⑩ 누구나 좋아하는 것을 할 수 있어야 한다. 그렇다면 좋아하는 일이라면 마약, 폭력, 도둑질도 허용될 수 있을까?
포섭 검사	제시된 도덕 원리보다 더 일반적이고 확장된 도덕 원리를 제시하여 그 도덕 원리가 올바른지 확인하는 것 ⑩ 표절을 하는 것은 도둑질을 하는 것과 같다.

(4) 최선의 대안 도출

① 토론을 통해 제시된 해결책의 장단점을 비교하고, 가장 최선이라고 생각되는 대안을 결정한다.

② 토론의 순서: 토론은 '주장하기 → 반론하기 → 재반론하기 → 정리하기'의 순서로 진행된다.

　　㉠ 주장하기: 자신의 주장에 대한 근거를 찾고 주장을 발표한다.

　　㉡ 반론하기: 상대방 주장의 오류나 부당성을 밝힌다.

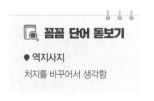

🔍 **꼼꼼 단어 돋보기**

● 역지사지

처지를 바꾸어서 생각함

© 재반론하기: 상대방의 반론이 옳지 않음을 밝히거나 자신의 주장을 뒷받침할 더 많은 근거를 제시한다.

② 정리하기: 상대방의 반론을 참고하여 자신의 최종 입장을 발표한다.

쏙쏙 이해 더하기 | **토론의 의의와 토론에 임하는 태도**

영국의 사상가 밀(Mill, J. S.)은 그의 저서 『자유론』에서 다른 의견을 가질 자유와 그것을 표현할 수 있는 자유를 강조하였다. 그에 따르면 다수의 의견이 반드시 옳다고 할 수 없으며, 절대적인 진리를 앞세워 오류의 가능성을 배척하는 사회는 발전할 수 없다. 이는 토론의 자유가 보장될 때 개인과 사회가 발전할 수 있다는 것으로, 밀은 나와 다른 의견일지라도 무조건 배척하지 말고 수용하는 자세의 중요성을 강조하였다.

(5) 반성적 성찰

도덕적 탐구 과정을 되돌아보면서 자신의 태도와 판단 과정을 성찰하여 실수를 반복하지 않도록 하고, 성숙한 탐구자로 발전하기 위한 자세를 가진다.

2 윤리적 성찰

1. 윤리적 성찰의 의미와 중요성

(1) 윤리적 성찰의 의미

자신의 마음, 자신의 도덕적 판단, 자신의 도덕적 행위 등을 윤리적 관점으로 살펴서 더 나은 윤리적 실천을 하기 위해 반성하는 것을 말한다.

(2) 윤리적 성찰의 중요성

① 도덕적 자각: 도덕적으로 잘못된 행동을 점검하여 도덕적으로 옳은 것이 무엇인지 깨닫게 해 준다.

② 인격 함양: 윤리적 실천력을 높여 주고 나아가 자신의 도덕적 성장을 도모하여 인격이 성숙되도록 도움을 준다.

쏙쏙 이해 더하기 | **도덕적 탐구와 윤리적 성찰**

공통점	윤리적 실천을 추구한다는 점에서 그 지향점이 같음
차이점	• 도덕적 탐구: 윤리 문제에 대한 이해와 분석에 중점을 둠 • 윤리적 성찰: 도덕적 주체의 도덕성에 중점을 둠

2. 윤리적 성찰의 방법

(1) 서양의 방법

① 소크라테스

> "반성하지 않는 삶은 살 가치가 없다."

㉠ 자신과 다른 사람의 삶을 부단히 검토하는 것이 신으로부터 부여받은 소명이라고 하며 성찰의 중요성을 강조하였다.

㉡ 열린 마음으로 타인과 이야기함으로써 윤리적 성찰을 하는 것이 최상의 기쁨이라고 하였다.

㉢ 인간을 자신의 삶을 성찰하고 변화시킬 수 있는 존재라고 보았다.

② 끊임없는 질문을 통해 자신의 무지를 자각할 수 있도록 하였다.⁺

② 아리스토텔레스: 행위와 태도를 성찰하는 방법으로서 마땅한 때에, 마땅한 일에 대하여, 마땅한 사람에게, 마땅한 동기로 느끼거나 행하는 중용을 강조하였다.

(2) 동양의 방법

① 유교

㉠ 증자: 일일삼성(一日三省)으로 매일 세 가지를 스스로에게 질문하면서 윤리적 성찰을 실천하였다.

> "남을 돕는 데 정성을 쏟았는가?",
> "친구와 교제하는 데 신의를 다하였는가?",
> "스승이 알려 주신 것은 익히고 실천하였는가?"
>
> – 「논어」 –

㉡ 거경(居敬): 마음을 한곳으로 모아 흐트러지지 않도록 하는 수양 방법이다. 이는 홀로 있을 때도 도리에 어긋나지 않도록 언행을 신중히 하는 신독(愼獨)을 예로 들 수 있다.

② 불교: 무엇이 인간의 참된 삶인지를 깨닫고, 자신의 맑은 본성을 찾아 바르게 살아가기 위해서 앉아서 하는 수행법인 참선을 제시하였다.

쏙쏙 이해 더하기 | 윤리적 성찰의 과정

① 행동과 감정 등을 포함한 과거의 도덕적 경험을 떠올린다.
② 과거의 도덕적 경험을 분석하여 그 당시 적용했던 도덕 원리가 타당했는지 살핀다.
③ 과거와 현재를 성찰하여 미래에 어떻게 윤리적 실천을 할지를 설정한다.

+ 소크라테스의 산파술

소크라테스는 상대방에게 계속적인 질문을 던짐으로써 상대방이 스스로 무지를 깨닫게 하여 사물에 대한 올바른 개념이나 새로운 사상을 낳도록 하였다. 소크라테스는 이러한 자신의 활동을 산모가 아이를 잘 낳을 수 있도록 돕는 산파에 비유하여 산파술이라 하였다.

이론 쏙! 핵심 딱!

쏙딱 TEST

I

정답과 해설 **2쪽**

현대의 삶과 실천 윤리

01 현대 생활과 실천 윤리

02 현대 윤리 문제에 대한 접근

03 윤리 문제에 대한 탐구와 성찰

📢 **선생님이 알려 주는 출제 경향**

다양한 윤리적 접근 방법에 대한 문제가 많이 출제됩니다. 그중 의무론적 접근과 공리주의적 접근이 자주 비교되어 출제되므로 꼼꼼한 학습이 필요합니다.

주제 1 | 현대인의 삶과 다양한 윤리적 쟁점

01 새로운 윤리 문제가 등장한 배경을 〈보기〉에서 모두 고른 것은?

보기
ㄱ. 사회 구조의 단순화
ㄴ. 과학 기술의 급격한 발전
ㄷ. 사회 모습과 가치관의 변화
ㄹ. 전통적 가치관으로의 회귀

① ㄱ, ㄴ ② ㄱ, ㄷ
③ ㄴ, ㄷ ④ ㄷ, ㄹ

주목
02 현대 사회에 등장한 새로운 윤리 문제의 특징은?

① 단순명료한 성격을 띤다.
② 파급 효과가 제한적으로 나타난다.
③ 문제의 원인과 책임의 소재가 분명하다.
④ 전통적인 윤리 규범만으로는 해결하기 어렵다.

03 생명 윤리 영역의 윤리적 쟁점으로 가장 적절한 것은?
2021년 1회

① 안락사를 허용해야 하는가?
② 예술과 도덕은 갈등할 수밖에 없는가?
③ 직업을 통해 어떻게 행복한 삶을 영위할 수 있는가?
④ 정보 사회에서 표현의 자유는 어디까지 허용해야 하는가?

04 윤리학의 특징으로 거리가 먼 것은?

① 이론을 중시하며 실천을 지양한다.
② 도덕적 행동의 원칙과 규범을 연구한다.
③ 어떤 행동이 '옳다/그르다'라는 근거를 제시한다.
④ 인간의 행위와 관련된 윤리를 연구 대상으로 삼는다.

05 ㉠, ㉡에 들어갈 말로 알맞은 것은?

> 규범 윤리학은 도덕적 행위와 판단의 기준을 연구하는 (㉠) 윤리학과 이를 실제 현실 문제에 적용하여 해결책을 모색하고자 하는 (㉡) 윤리학으로 분류된다.

	㉠	㉡		㉠	㉡
①	실천	이론	②	메타	실천
③	이론	실천	④	이론	기술

주목

06 실천 윤리학에 관한 설명으로 옳지 않은 것은?

① 다양한 학문 분야 간 협력을 강조한다.
② 윤리 이론을 정립하고 도덕적 판단의 기준을 명확히 하려 한다.
③ 삶의 영역에서 제기되는 다양한 윤리 문제를 해결하고자 한다.
④ 환경 윤리, 정보 윤리, 문화 윤리 등으로 영역이 세분화되고 있다.

07 다음 대화에 나타난 이론 윤리와 실천 윤리의 관계는?

이론 윤리는 도덕적 행위에 대한 보편적인 원리를 연구하여 제시하지만, 구체적인 윤리 문제에 적용하기에는 어려움이 있어.

실천 윤리는 이론 윤리를 활용하여 윤리 이론의 타당성을 밝히고 윤리 문제에 실질적인 해결책을 제시할 수 있어.

① 실천 윤리는 이론 윤리보다 더 중요하다.
② 실천 윤리는 이론 윤리와 통합되어야 한다.
③ 실천 윤리는 이론 윤리와 유기적인 관계이다.
④ 실천 윤리는 시대의 변화와 무관하게 이론 윤리를 따른다.

08 유교 윤리적 접근의 관점으로 적절한 것은?

① 모든 존재는 원인과 조건으로 연결되어 있다.
② 삼학을 주체적으로 수행하면 진리를 깨닫게 된다.
③ 물아일체의 경지에 도달하는 것이 가장 이상적이다.
④ 개인은 이기심을 극복하고, 다른 사람을 배려해야 한다.

09 다음에 드러난 불교의 관점으로 적절한 것은?

> 이것이 있으면 저것이 있고, 이것이 생기면 저것이 생기고, 이것이 없으면 저것이 없고, 이것이 멸하면 저것이 멸한다.
> — 「잡아함경」 —

① 모든 존재는 연기(緣起)에 따라 연결되어 있다.
② 불성(佛性)이 있는 사람이 있고 없는 사람도 있다.
③ 탐욕과 집착에서 벗어나려면 충서(忠恕)를 실천해야 한다.
④ 인간은 누구나 윤회를 거쳐 다시 인간으로 태어난다.

주목

10 다음에서 알 수 있는 도가 윤리의 입장이 아닌 것은?

> • 소국 과민(小國寡民)을 이상 사회로 본다.
> • 최고의 선은 물과 같다(上善若水).

① 무위와 무욕을 강조한다.
② 자연스러운 삶을 추구한다.
③ 자연 그대로의 질서를 따르는 것이 이상적이다.
④ 도덕 규범을 정립하여 사회 질서를 확립해야 한다.

빠른 정답 체크

01 ③　　02 ④　　03 ①　　04 ①　　05 ③　　06 ②　　07 ③
08 ④　　09 ①　　10 ④

11 자연법 윤리에 관한 설명으로 옳지 <u>않은</u> 것은?

① 자연의 원리를 윤리의 기초로 본다.
② '선을 행하고 악을 피하라'를 강조한다.
③ 인간은 본성적으로 자연의 법칙을 따른다.
④ 생명 복제를 인간의 자연적 성향의 결과로 본다.

주목
12 다음 내용을 주장한 사상가는?

> 행위에 대한 도덕적 판단은 결과와 무관하게 인간으로서 당연히 지켜야 할 도덕 법칙을 따라야 한다.

① 홉스   ② 벤담
③ 칸트   ④ 니부어

13 칸트(Kant, I.)의 의무론에 대한 설명으로 옳지 <u>않은</u> 것은?   2019년 2회

① 도덕적 의무에 따른 행동 강조
② 행위의 동기보다는 결과를 중시
③ 정언 명령의 형식으로 도덕 법칙을 제시
④ 인간 존엄성과 보편적 윤리의 중요성 강조

주목
14 다음에서 소개하는 윤리 사상가는?

> ◈ 도덕 인물카드 ◈
>
> • '최대 다수 최대 행복'의 도덕 원리를 강조한다.
> • 사람은 쾌락을 추구하며, 그 쾌락은 모두 질적으로 동일하고 양적으로만 차이가 있다고 본다.

① 베버   ② 로크
③ 벤담   ④ 밀

15 덕 윤리적 접근에서 강조하는 내용으로 옳은 것은?

① 보편적인 도덕 법칙을 따라야 한다.
② 이성적인 인간에게 부여된 의무를 따라야 한다.
③ 윤리적으로 바른 결정을 내리기 위해서는 성품이 중요하다.
④ 결과적으로 최대 다수의 최대 행복을 산출하는 행위가 도덕적 행위이다.

16 덕 윤리적 접근에 관한 설명으로 옳지 <u>않은</u> 것은?

① 공동체와 상관없이 도덕성이 발달된다.
② 유덕한 성품은 습관화를 통해서 얻어진다.
③ 성품이 선하면 바람직한 행동을 더 쉽게 한다.
④ 개별적인 상황을 고려하여 도덕 판단을 해야 한다.

17 다음 내용과 관련이 깊은 윤리적 접근은?

> 뇌에서 감정 처리를 담당하는 복내측 전전두엽이 손상된 사람은 타인의 고통에 무감각한 경우가 많다는 것을 발견하였다. 그렇다면 뇌를 조작해 도덕적 행동을 하도록 하는 것도 가능할까?

① 신경 윤리학   ② 진화 윤리학
③ 메타 윤리학   ④ 기술 윤리학

18 ㉠에 들어갈 도덕 원리는? 2019년 1회

> • 도덕 원리: (㉠   )
> • 사실 판단: 폭력은 타인의 인권을 침해하는 행위이다.
> • 도덕 판단: 폭력은 옳지 않다.

① 폭력은 필요에 따라 사용할 수 있다.
② 폭력은 타인의 인권 침해와 상관이 없다.
③ 타인의 인권을 침해하는 행위는 옳지 않다.
④ 타인의 인권을 침해하는 학생은 나쁜 학생이다.

19 도덕적 탐구에 있어 올바른 자세를 지닌 사람은?

① 갑: 도덕적 탐구는 실천과 관계가 없어.
② 을: 상대방의 판단이라면 무조건 따를 거야.
③ 병: 근거가 되는 도덕 원리의 정당성을 검증할 거야.
④ 정: 탐구 과정에서는 합리적 사고를 발휘할 필요
가 없어.

20 도덕적 탐구의 과정을 바르게 나열한 것은?

> (가) 최선의 대안 도출
> (나) 반성적 성찰
> (다) 자료 수집 및 분석
> (라) 입장 채택 및 정당화 근거 제시
> (마) 윤리적 쟁점 또는 딜레마 확인

① (가) – (다) – (라) – (마) – (나)
② (나) – (가) – (다) – (마) – (라)
③ (다) – (나) – (가) – (마) – (라)
④ (마) – (다) – (라) – (가) – (나)

21 다음 대화에서 사용된 도덕 원리 검사 방법은?

> 갑: 쓰레기통이 보이지 않네. 그냥 길에다 쓰레기를 버
> 려야겠어.
> 을: 모두가 너처럼 길거리에 쓰레기를 버린다고 생각
> 해 보렴.

① 포섭 검사
② 역할 교환 검사
③ 반증 사례 검사
④ 보편화 가능성 검사

22 다음에서 설명하고 있는 윤리적 태도는?

> 윤리적 관점에서 자신의 삶을 반성하고 고민하여 더
> 욱 풍요롭고 성숙한 삶을 살도록 한다.

① 성찰
② 성공
③ 성장
④ 성품

주목

23 다음에서 두 사상가가 공통으로 강조하는 개념은?
2018년 1회

> • 숙고하지 않는 삶은 살 가치가 없다.
> – 소크라테스(Socrates) –
> • 나는 매일 세 가지로 나 자신을 반성한다. …(중략)…
> 스승에게 배운 것을 익히고 실천했는가?
> – 증자(曾子) –

① 불관용
② 사실 판단
③ 인권 존중
④ 윤리적 성찰

24 다음에서 설명하고 있는 윤리적 성찰 방법은?

> 마음을 한곳으로 모아 흐트러짐이 없게 한다.

① 거경
② 중용
③ 참선
④ 산파술

![단원을 끝내는 엔드노트]

01 새로운 윤리 문제와 윤리학의 성격과 특징

1 새로운 윤리 문제의 등장

등장 배경	과학 기술의 발전, 가치관의 변화 등
특징	• 광범위하게 영향을 미침 • 책임 소재가 불분명함 • 기존 윤리학으로 해결이 어려움

2 윤리학의 의미, 특징과 구분

① 윤리학의 의미: 도덕적 행동의 원칙과 규범을 연구하는 학문

② 윤리학의 특징

   ㉠ 어떤 행동에 대한 '옳다/그르다'의 근거를 제시함

   ㉡ 도덕의 본질, 도덕 현상, 도덕적 행위 전반에 대해 연구하는 이론으로 구성됨

③ 윤리학의 구분

규범 윤리학	• **이론 윤리학**: 도덕적 행위와 도덕 판단의 기준을 제시하고, 이를 정당화하는 것에 중점을 둠 • **실천 윤리학**: 다양한 윤리 문제에 이론 윤리학이 제공한 도덕 원리를 적용하여 구체적인 해결책을 찾는 것에 중점을 두며, 학제적·실천적 성격을 띰 • 이론 윤리학과 실천 윤리학은 상호 의존적이며 유기적인 관계임
메타 윤리학	도덕적 언어의 의미를 분석하고 도덕적 추론이 논리적으로 정당한지 따져 봄
기술 윤리학	도덕 현상과 문제를 있는 그대로 기록함

02 현대 윤리 문제에 대한 다양한 접근

1 동양 윤리의 접근

유교 윤리적 접근	• **공자**: 도덕적 인격 완성 중시 → 인(仁) • **맹자**: 인간은 누구나 사단을 타고난다고 주장 → 측은지심, 수오지심, 사양지심, 시비지심 • 도덕 공동체 추구 → 정명 사상, 오륜 • 자연과 인간의 조화 추구 → 천인합일
불교 윤리적 접근	• 모든 존재와 현상은 연기의 원리에 따라 원인과 조건으로 연결되어 있음 → 이를 통해 자비의 마음이 생겨남 • 인간은 누구나 불성을 가지고 있으며, 깨달음을 얻으면 누구나 부처가 될 수 있음 • **깨달음의 실천 방법**: 삼학, 열반, 해탈, 불살생, 참선
도가 윤리적 접근	• 자연스러운 삶 강조 → 무위자연, 상선약수, 소국 과민, 물아일체 • 평등한 세계관 → 제물론, 소요유

30 I 현대의 삶과 실천 윤리

2 서양 윤리의 접근

의무론적 접근	• **자연법 윤리**: 자연의 원리에 부합하는 행동을 옳은 행동으로 여김 • **아퀴나스의 자연법 윤리**: 인간의 자연적 성향으로 자기 보존, 종족 보존, 신과 사회에 대한 진리 파악을 제시 • **칸트 윤리**: 동기 중시, 선의지, 실천 이성, 도덕 법칙(보편 법칙의 정식, 목적의 정식)
공리주의적 접근	• 결과 중시, 행위의 결과가 쾌락과 행복을 가져올 때 옳다고 여김 • '최대 다수의 최대 행복'의 도덕 원리를 따름 • **벤담**: 쾌락은 질적으로 동일, 쾌락의 양을 계산할 수 있다고 봄(양적 공리주의) • **밀**: 쾌락은 질적으로 차이가 존재, 육체적인 쾌락보다 정신적인 쾌락이 더 높은 쾌락이라고 봄(질적 공리주의)
덕 윤리적 접근	• 유덕한 성품과 옳은 행동의 습관화 강조 • **매킨타이어**: 공동체 안에서 덕성 함양이 가능하다고 봄
도덕 과학적 접근	• 과학적 근거를 통해서 도덕적 행동의 이유를 찾음 • 신경 윤리학, 진화 윤리학

03 윤리 문제에 대한 탐구와 성찰

1 도덕적 탐구

① **중요성**: 윤리 문제 해결, 윤리적 가치관 정립, 타인을 배려하는 마음 함양

② **도덕적 탐구의 과정**: 윤리적 쟁점 또는 딜레마 확인 → 자료 수집 및 분석 → 입장 채택 및 정당화 근거 제시 → 최선의 대안 도출 → 반성적 성찰

③ **도덕 원리 검사법**: 역할 교환 검사, 보편화 가능성 검사, 반증 사례 검사, 포섭 검사

2 윤리적 성찰

① **의미**: 자신의 도덕적 판단과 행위 등을 윤리적 관점으로 살펴보고 반성하는 것

② **방법**: 산파술, 일일삼성, 거경, 신독, 참선

첫 단원부터 이론적인 내용이 많이 등장해 어렵게 느껴졌을 듯 합니다. 하지만 이제 여러분은 앞으로의 도덕 학습에 필요한 기본기를 다지게 되었습니다. 시험에도 자주 출제되는 내용이 집중되어 있는 단원이니, 합격에 필요한 도구를 갖춘다고 생각하며 조금만 힘내서 정리해 두세요. 꼼꼼히 정리해 두면 앞으로의 단원부터는 부담 없이 학습할 수 있어요.

생명과 윤리

01 삶과 죽음의 윤리

이번 단원에서는 출생과 죽음의 윤리적 의미에 대해서 알아보고 인공 임신 중절, 생식 보조술, 죽음과 관련된 윤리적 쟁점에 대해서 학습합니다.

1 출생과 죽음의 의미

1. 출생의 의미

(1) 생물학적 의미

태아가 모체에서 분리되어 독립적 존재로서의 생명체가 되는 것이다.

(2) 윤리적 의미

① 생명을 유지하고 종족을 보존하고자 하는 인간의 자연적 성향을 실현하는 것이다.[+]

② 스스로 행동을 결정하고 책임을 다하는 도덕적 주체로서 사는 삶의 출발점이다.

③ 사회적 존재로서 사회 구성원들과 다양한 관계를 맺고, 사회의 인구수를 유지시켜 사회가 존속될 수 있도록 하며, 문화적 소산을 다음 세대로 계승·발전시킬 수 있도록 한다.

> **+ 생명의 윤리적 의미**
>
> 생명은 고유하고 유한하며 일회적인 것이다. 이러한 생명은 대체 불가능한 본래적 가치를 지닌다. 따라서 생명의 존엄성은 지켜져야 한다.

2. 죽음의 의미와 특성

(1) 생물학적 의미

한 생명체의 모든 기능이 완전히 정지되어 다시는 회복될 수 없는 상태이다.

(2) 윤리적 의미

① 죽음을 미리 생각해 봄으로써 삶의 방향을 설정할 수 있게 한다.

② 삶과 생명의 소중함과 인간관계의 소중함을 깨닫게 하는 계기가 된다.

(3) 죽음의 특성

① 평등성: 빈부귀천, 지위 고하 같은 조건에 상관없이 모든 인간은 죽는다.

② 불가피성: 인간은 죽음을 피할 수 없다.

③ 일회성: 누구나 한 번은 죽는다.

④ 불가역성: 한 번 죽으면 다시 살아날 수 없다.

⑤ 불확실성: 죽음이 언제 닥칠지 알 수 없다.

> **+ 죽음과 애도**
>
> 애도란 모든 의미 있는 것들을 상실했을 때 나타나는 슬픈 반응으로, 죽음에는 애도 문화가 뒤따른다. 유교에서는 죽음을 자연스러운 과정 중 하나로 보기 때문에 그에 지나치게 집착하는 것을 경계하였을 뿐, 상례와 제례 등과 같은 죽음에 대한 예절은 중요하게 여겼다.

⭐ 3. 죽음에 대한 동서양의 견해

(1) 동양의 관점   동양에서는 죽음을 자연적이고 필연적인 과정이라 보기 때문에 죽음에 집착하지 않아요.

① 공자

> "사람을 섬길 줄도 모르면서 어떻게 귀신을 섬길 수 있으며,
> 삶도 아직 모르면서 어떻게 죽음을 알겠는가?"

㉠ 죽음을 자연스러운 과정의 하나로 보았다.

㉡ 죽음에 관심을 가지기보다 삶이 끝날 때까지 성실하게 도덕적인 삶을 살아갈 것을 주장하였다.

㉢ 죽음에 대해 애도하는 것을 당연한 것으로 여겼다.[+]

> **🔍 꼼꼼 단어 돋보기**
>
> ● **빈부귀천**
> 가난함과 부유함, 귀함과 천함을 아울러 이르는 말
>
> ● **지위 고하**
> 지위의 높음과 낮음

② 장자

> "삶은 기(氣)가 모인 것이고, 죽음은 기가 흩어진 것으로,
> 사계절의 운행과 같이 서로 연결되는 과정이다."

㉠ 삶과 죽음을 서로 연결된 자연적·필연적인 순환 과정이라 보았다.
㉡ 죽음을 너무 슬퍼하지 말고, 삶에 지나치게 집착하지도 말 것을 강조하였다.

③ 석가모니

> "전생에 뿌려진 씨앗은 이번 생에 받는 것이고
> 다음 생에 거둘 열매는 이번 생에 행하는 바로 그것이다."

㉠ 생사일여(生死一如): 삶과 죽음을 하나라고 보았다.
㉡ 죽음은 인생의 대표적 고통인 •생로병사 중 하나이다.
㉢ 삶과 죽음은 인과응보에 따른 •윤회 과정이며, 전생의 업에 따라서 선행을 하면 안락한 삶으로, 악행을 하면 고된 삶으로 죽음 이후의 삶이 결정된다고 보았다.

🖻 자료 스크랩   장자의 죽음관

나라고 아내가 죽었을 때 어찌 슬프지 않겠는가? 그러나 곰곰이 생각해 보니 인간이 처음부터 살아 있지 않았고 형체도 없었고 기(氣)라는 것도 없었네. 흐릿하고 아득함 속에 섞여 있다가 그것이 변화하여 기가 있게 되었고, 기가 변하여 형체가 생겼고, 형체가 변하여 생명이 생겼고 지금은 그것이 또 변화하여 죽은 것이지. 이것은 봄, 여름, 가을, 겨울 사계절이 운행하는 것과 같은 변화일세.

(2) 서양의 관점   서양에서는 죽음을 두려워할 필요가 없다고 봐요.

① 플라톤

> "삶은 육체 안에 갇힌 영혼의 감금 생활이요,
> 죽음은 육체로부터 영혼의 해방이자 분리이다."

㉠ 영혼은 죽음을 통해 인간의 육체로부터 해방되어 이데아(Idea)⁺의 세계로 들어 가게 된다고 보았다.
㉡ 육체는 죽음을 맞이하지만 영혼은 불멸하다고 믿었다.

② 에피쿠로스

> "살아 있으면 죽음은 없고, 죽으면 느끼는 내가 없으므로
> 죽음을 의식하거나 두려워할 필요가 없다."

㉠ 죽음은 살아 있는 동안에는 경험할 수 없으므로 두려워할 필요가 없다고 보았다.
㉡ 인간은 원자로 구성되어 있고, 죽음은 이러한 원자가 흩어지는 것이라고 하였다.

③ 하이데거

> "자신이 죽는다는 사실을 자각하는 것은
> 단순한 삶의 종말이 아니라 삶이 시작되는 사건이다."

㉠ 죽음을 통해 인간의 실존을 파악할 수 있다고 보았다.
㉡ 동물은 자신의 죽음을 인식하지 못하지만 •현존재인 인간은 죽는다는 사실을 안 다고 하였다.
㉢ 죽음에 대한 자각을 통해 삶을 더 의미 있게 살 수 있다고 보았다.

✚ 이데아(Idea)
플라톤 철학의 주요 개념으로, 사물의 이상적 원형이다. 이데아의 세계는 이성과 지성으로 알 수 있는 참되고 영원불멸한 실재의 세계이다.

🔍 꼼꼼 단어 돋보기

● 생로병사
사람이 나고 늙고 병들고 죽는 네 가지 고통

● 윤회
수레바퀴가 끊임없이 구르는 것처럼 중생이 그 업(業)에 따라 생사 세계를 돌고 도는 일

● 현존재(Dasein)
하이데거의 철학에서, 자기를 인간으로서 이해하고 있는 주체로서의 존재자를 이르는 말

② 출생과 관련된 윤리적 쟁점

1. 인공 임신 중절

(1) 인공 임신 중절의 의미
임신 중에 태아를 인공적으로 산모의 몸 밖으로 분리시켜서 임신을 끝내는 행위를 말한다.

☆(2) 인공 임신 중절에 대한 입장
① **찬성 입장**: 여성의 선택과 권리를 중시하는 입장이다. 선택 옹호주의 또는 프로초이스(pro-choice, 친선택론)라고 한다.

소유권 논거	여성은 자기 몸에 대한 소유권을 가지며, 태아는 여성의 몸의 일부이므로 여성은 임신을 지속할 것인지 중단할 것인지를 선택할 수 있음
생산 논거	여성은 태아를 생산하므로 태아에 대한 권리가 있음
자율 논거	여성은 자신의 삶을 스스로 선택할 수 있으므로 인공 임신 중절 여부도 스스로 결정할 수 있음
평등권 논거	여성은 남성과 동등한 권리가 있으므로 인공 임신 중절에 대한 결정을 자유롭게 할 수 있음
정당방위 논거	여성은 원치 않은 임신이나 강간과 같은 범죄 등에 대한 자기방어의 권리가 있으므로 특정 상황에 따라 인공 임신 중절을 할 권리가 있음
사생활 논거	인공 임신 중절은 여성의 사생활 문제이므로 자유롭게 선택할 수 있음

② **반대 입장**: 태아를 인간으로 보고 생명을 강조하는 입장이다. 생명 옹호주의 또는 프로라이프(pro-life, 친생명론)라고 한다.

존엄성 논거	모든 인간의 생명은 존엄하며, 태아도 인간이므로 인간의 지위와 생명에 대한 권리를 가짐
생명권 우선 논거	그 어떤 권리보다 생명권이 우선되므로, 여성의 선택권보다 태아의 생명권이 우선됨
잠재성 논거	태아는 태어나서 한 사람의 성인으로 발달할 잠재성이 있으므로 인간으로서의 지위를 가짐
무고한 인간의 신성불가침 논거	잘못이 없는 인간을 해치는 것은 도덕적으로 옳지 못하므로 무고한 태아를 해쳐서는 안 됨

쏙쏙 이해 더하기   인공 임신 중절을 반대하는 사상

자연법 윤리	인공 임신 중절은 생명과 종족 보존이라는 자연적 성향에 어긋남
칸트 윤리	인간을 수단으로 여기는 것은 옳지 못함
불교	인공 임신 중절은 생명을 해치면 안 된다는 불살생(不殺生)의 계율을 어기는 행위임

(3) 한국에서의 인공 임신 중절
한국에서는 원칙적으로 인공 임신 중절을 금지하며, 「모자보건법」에 의해 법률이 정한 범위 내에서만 예외적으로 인공 임신 중절을 허용하고 있다.

> 참고 우리나라는 2019년 「형법」에 규정된 낙태죄 조항에 위헌 결정을 내렸다.

✚ 태아가 인간으로 규정되는 시기

태아를 언제부터 인간으로 인정하는가는 인공 임신 중절의 도덕적 허용 여부와도 관련이 있다. 어느 시점부터 태아에게 인간의 지위를 부여하는지에 관해서는 다음과 같이 다양한 입장이 있다.
- 정자와 난자가 수정되는 때부터
- 산모가 태동을 느끼고 모체 내에서 태아의 모습을 띠게 되는 때부터
- 태아가 모체 밖에서 성장할 수 있는 시기인 6개월 이후부터
- 출산 후부터

🔍 꼼꼼 단어 돋보기

● **정당방위**
급박하고 부당한 타인의 침해를 막기 위해 부득이하게 취하는 가해 행위

● **신성불가침**
고결하고 거룩하여 함부로 침범할 수 없음

다음 어느 하나에 해당하는 경우에만 본인과 배우자의 동의를 받아 의사가 인공 임신 중절 수술을 할 수 있다.
- 본인이나 배우자가 우생학적 또는 유전학적 정신 장애나 신체 질환이 있는 경우
- 본인이나 배우자가 전염성 질환이 있는 경우
- 강간 또는 준강간에 의하여 임신된 경우
- 법률상 혼인할 수 없는 혈족 또는 인척 간에 임신된 경우
- 임신의 지속이 보건 의학적 이유로 모체의 건강을 심각하게 해치고 있거나 해칠 우려가 있는 경우

－「모자보건법」－

2. 생식 보조술⁺

(1) 생식 보조술의 의미
임신을 원하지만 임신이 어려운 부부를 대상으로 과학 기술을 이용하여 인공적으로 임신을 유도하는 방법이다.

(2) 생식 보조술의 종류와 윤리적 문제
① 인공 수정
- ㉠ 의미: 여성의 배란을 유도한 뒤 여성의 체내에 남성의 정액을 관을 통해 직접 주입하여 수정하게 하는 방법이다.
- ㉡ 윤리적 문제: 신성한 생명의 탄생에 인간이 인위적으로 개입하여 생명의 존엄성을 해친다는 비판이 있을 수 있다.

② 시험관 아기 시술
- ㉠ 의미: 부모로부터 채취한 생식 세포(난자와 정자)를 체외에서 수정시킨 후 시험관에서 수정란을 배양하고 이를 여성의 자궁에 이식하는 방법이다.
- ㉡ 윤리적 문제
  - 수정란과 배아를 잠재적 인간으로 보는 입장에서는 시술 과정에서 이용된 여분의 수정란과 배아의 처리가 인간을 죽이는 행위와 같다고 본다.
  - 생식 세포의 매매 문제가 발생할 수 있다.

③ 대리모 출산
- ㉠ 의미: 부부 중 여성이 건강 등의 이유로 임신이 어려운 경우, 체외에서 수정된 수정란을 난자 제공자가 아닌 다른 여성(대리모)의 몸에 착상시켜 출산하는 방법이다.
- ㉡ 윤리적 문제
  - 임신을 할 수 있는 신체를 가졌더라도 임신의 수고와 고통을 피하기 위해 대리모 임신을 계약할 수 있다.
  - 자녀의 정체성과 부모가 누구인지에 대한 혼란이 생길 수 있다.
  - 기형아 출산 시 자녀의 친권을 포기하는 문제가 발생할 수 있다.
  - 대리 임신에 대한 금전적 보상의 문제, 생식 세포의 매매 문제 등이 발생할 수 있다.

④ 비배우자 인공 수정
- ㉠ 의미: 배우자가 아닌 사람의 생식 세포를 이용하여 인공 수정을 하는 방법이다.
- ㉡ 윤리적 문제
  - 한쪽 부모와 자식이 유전적으로 관련이 없으며 친권 설정 문제가 발생한다.
  - 생식 세포의 매매 문제가 발생할 수 있다.

＋ 생식 보조술에 대한 평가
생식 보조술은 난임 부부의 고통을 덜어 주고 행복을 증진하며, 출산율을 높여 사회를 존속시키는 데 이바지한다고 평가되기도 한다. 그러나 이는 생명이 탄생하는 과정에 인간이 인위적으로 개입하는 것이므로 여러 가지 윤리적 문제가 발생할 수 있다.

꼼꼼 단어 돋보기

● 생식 세포
생식에 관계하는 세포로 수컷의 정세포 또는 정자, 암컷의 난세포 또는 난자를 말함

3 죽음과 관련된 윤리적 쟁점

1. 자살

(1) 자살의 의미
죽으려는 의도를 가지고 스스로 자신의 목숨을 끊는 행위를 말한다.

(2) 자살의 윤리적 문제
① 인간 존중과 생명 존중의 원칙 위배
  ㉠ 다른 사람을 해치는 것이 잘못된 행위이기에 허용되지 않는 것처럼 자신의 생명을 해치는 것 또한 허용되어서는 안 된다.
  ㉡ 생명은 존엄하고 어떠한 상황에서든 소중하므로 자살은 이에 위배된다.
② 자아실현 가능성 차단과 회복 불가능성
  ㉠ 고통스러운 상황을 회피하기 위해 충동적인 판단으로 삶을 마감하게 되면 자아실현의 기회를 잃어버리게 된다.
  ㉡ 상실된 자아실현 기회는 다시는 되돌릴 수 없다.
③ 사회에 미치는 부정적 영향
  ㉠ 자신을 사랑했던 가족 및 친구들에게 슬픔과 고통을 안겨 주며, 사회 공동체의 결속을 약화시킨다.
  ㉡ 자살은 개인적 차원에서 그치는 것이 아니라 타인의 삶에도 영향을 끼친다.

(3) 자살을 금지하는 입장

유교	부모로부터 물려받은 신체를 훼손하지 않는 것이 효의 시작이므로 자살은 매우 큰 불효임
불교	생명을 해치면 안 된다는 불살생(不殺生)의 계율에는 자신의 생명을 해치지 않는 것도 해당함
도가	스스로 목숨을 끊는 행위는 자연의 흐름을 따르지 않는 것으로, 무위자연(無爲自然)의 원리에 어긋남
아리스토텔레스	자살은 올바른 이치에 어긋나는 행위이자 공동체에 대해 정의롭지 않은 행위임
그리스도교	신이 생명을 주셨기 때문에 자살은 신을 거역하는 행위임
자연법 윤리	• 인간은 자신을 보존하려는 자연적 성향을 지니고 있는데, 자살은 이를 거스르는 것으로 자연법에 어긋남 • 아퀴나스: 자살은 자연법의 측면에서 자연적 성향인 자기 보존을 거스르며, 공동체를 훼손하고, 신을 거스르는 행위이므로 금지해야 함
칸트+	인간은 생명과 인격을 수단으로 취급하지 말고 언제나 목적 그 자체로 대해야 하는데, 자살은 고통에서 벗어나고자 자신의 생명을 수단화한 것이므로 의무를 위반하는 행위임
쇼펜하우어	자살은 문제를 해결하는 것이 아니라 회피하는 것임

＋ 자살에 대한 칸트의 의견

"고통스러운 상황을 모면하기 위해 스스로의 목숨을 끊으려고 하는 것은 자신을 수단으로 이용하는 것이다. 인간을 언제나 그 자체로 존중해야 한다."

2. 안락사   안락사(euthanasia)는 그 어원이 '좋은 죽음', '편안한 죽음'이라는 의미에서 유래되었어요.

(1) 안락사의 의미
불치병으로 죽음이 임박한 환자가 겪는 극심한 고통을 제거하고자 환자 혹은 그 가족의 요구에 따라 의료진이 인위적·의도적으로 생명을 단축하는 행위이다.

안락사 허용의 조건

- 환자가 스스로 지속적으로 안락사를 원해야 한다.
- 참기 힘든 고통의 상태가 지속되고 치료 가능성이 없는 상태여야 한다.
- 안락사 결정이 올바른지 미리 환자, 가족, 의사가 깊이 있게 논의해야 한다.
- 안락사 시행에 대한 모든 상황과 조건을 보고서로 작성해야 한다.
- 반드시 의사가 안락사를 시행해야 한다.

(2) 안락사의 구분

① 환자의 동의 여부에 따른 구분[+]

자발적 안락사	• 환자가 스스로 동의하여 행해짐 • 환자가 이성적으로 판단하여 선택한 것인지에 관한 의문이 있을 수 있고, 자살과 비슷하다는 윤리적 문제가 제기될 수 있음
비자발적 안락사	• 환자가 의사를 표현할 수 없는 상황일 때 행해짐 • 주변 사람이 다른 사람의 생명에 관한 결정을 할 수 있는 권리가 있는지에 대한 문제가 제기될 수 있음

+ 반자발적 안락사
환자가 반대함에도 행해지는 안락사이다. 이는 대체로 살인이라고 보기 때문에 윤리적 논의에서는 제외된다.

② 시술 행위의 적극성에 따른 구분

적극적 안락사	약물을 투여하는 등 구체적 행위를 통해 환자의 생명을 단축함
소극적 안락사	• 연명 치료를 중단하여 환자가 자연스럽게 죽음에 이르도록 함 • 인간답게 최소한의 품위를 유지하면서 죽음을 맞이한다는 점에서 존엄사와 연결되기도 함

연명의료결정법

회생 가능성이 없는 환자의 연명 치료를 중단하는 것에 관한 법률이다. 우리나라에서는 2018년 2월부터 시행되고 있으며 몇몇 조건에 따라 연명 의료를 중단하고 존엄하게 죽음을 맞이할 수 있도록 하여 환자의 자기 결정권을 존중하고 있다.

☆ (3) 안락사의 윤리적 쟁점

① 찬성 입장 개인의 삶의 질과 권리 그리고 사회의 이익을 강조해요.

ㄱ 환자의 삶의 질과 권리 강조: 고통 속에서 생명을 연장하는 것은 무의미하며 불치병을 앓고 있는 인간도 자율적 주체로서 죽음을 선택할 권리, 즉 인간답게 죽을 권리가 있다.

ㄴ 공리주의적 관점: 불치병 환자에 대한 연명 치료는 본인과 가족에게 심리적·경제적 부담을 주며, 제한된 의료 자원을 효율적으로 사용할 수 없도록 하여 사회의 이익에도 부합하지 않는다.

② 반대 입장 생명과 인간의 존엄성은 절대적으로 지켜져야 함을 강조해요.

ㄱ 생명 존엄성: 인간의 생명은 절대적으로 존엄하기 때문에 인위적으로 생명을 단축해서는 안 된다.

ㄴ 개인의 권리 부정: 죽음은 인간이 선택할 수 있는 문제가 아니다.

ㄷ 자연법 윤리적 접근: 죽음을 인위적으로 앞당기는 행위는 자연법 질서에 어긋나는 행위이다.

꼼꼼 단어 돋보기

● 연명 치료
단지 생명을 유지하기 위해 인공 의료 장치에 의존하는 치료

● 존엄사
인간이 최소한의 품위와 가치를 지키면서 죽을 수 있게 하는 행위

   ② 의무론적 접근: 고통을 줄이기 위해서 생명을 버리는 행위는 생명을 수단으로
    여기는 것이므로 옳지 않다.
   ⑩ 사회적 관점: 생명 경시 풍조를 심화시키며, 무분별하게 남용되어 범죄로 이어
    질 수 있다.
   ⑪ 의료인의 책무 강조: 의료인은 환자를 살리는 것이 기본 의무이므로 환자의 죽
    음을 앞당기는 의료 행위는 옳지 않다.

3. 뇌사

(1) 뇌사의 의미
  뇌의 전체 기능이 손상되거나 모든 장기의 조절과 호흡을 관장하는 뇌간이 손상되어
자발적 호흡이 불가능한 상태를 말한다.[+]

(2) 뇌사의 윤리적 쟁점
  심폐사와 달리 뇌사 환자의 장기는 생체 기증자와 유사한 조건으로 장기 이식이 가능
하여 장기 이식 문제와 밀접한 연관이 있다.

뇌사를 죽음으로 인정하는 입장	뇌사를 죽음으로 인정하지 않는 입장
• 인간을 규정하는 가장 중요한 장기는 심장과 폐가 아니라 뇌임 • 뇌의 기능이 중단되면 인간 활동의 고유 기능이 중단되기 때문에 살아 있는 상태로 보기 어려움 • 심장과 폐의 기능도 곧 정지하므로 죽음의 단계에 들어섰다고 볼 수 있음 • 연명 치료로 인한 가족의 심리적·경제적 고통을 줄일 수 있음 • 뇌의 기능 정지는 충분히 판정할 수 있음 • 뇌사자의 장기를 이식하여 다른 환자들의 생명을 살릴 수 있음 • 뇌사를 죽음으로 판정하면 인공호흡기 등의 의료 자원을 효율적으로 이용할 수 있음	• 뇌의 기능이 중단되어도 연명 장치에 의해 호흡과 심장 박동이 가능하기 때문에 아직 사망에 이른 것이라 볼 수 없음 • 생명에 인위적으로 개입하는 것은 생명의 존엄성을 해치는 행위임 • 뇌사 판정에 오류가 있을 수 있음 • 장기 제공을 위한 수단으로 뇌사 판정이 악용될 수 있음 • 의료 자원의 효율적 이용과 장기 이식을 위해 뇌사 문제에 접근하는 실용주의 관점은 생명의 존엄성을 가볍게 여기는 태도임 • 뇌사를 인정하면 사망 시점을 분명하게 알 수 없어 여러 가지 법적 문제가 발생할 수 있음

(3) 뇌사에 대한 각국의 입장
  미국, 프랑스, 이탈리아 등 대부분의 나라에서는 뇌사를 죽음으로 인정하고 있다. 우
리나라에서는 심폐사를 법적 사망으로 인정하고 있으며, 생전에 장기 기증을 신청한
경우에만 뇌사를 죽음으로 인정하고 있다.

쏙쏙 이해 더하기   **뇌사 인정의 역사**

인간의 죽음은 일반적으로 심폐 기능의 정지를 의미하였다. 그런데 1971년 핀란드에서 세계 최초로 뇌사를
공식적으로 인정하면서 "무엇을 죽음의 판단 기준으로 볼 것인가?"라는 문제가 제기되었다. 우리나라에서는
2000년에 처음으로 장기 이식을 위한 뇌사 판정이 이루어졌으며, 이때부터 공식적으로 뇌사를 죽음으로 인정
하기 시작하였다. 그러나 여전히 뇌사를 죽음의 판단 기준으로 인정해야 한다는 입장과 심폐 기능의 정지를
죽음의 판단 기준으로 보아야 한다는 입장이 대립하고 있다.

+ 뇌사와 식물인간의 구분
• 뇌사: 뇌간을 포함한 모든 뇌의 활동이 회복할 수 없을 정도로 정지된 상태이다.
• 식물인간: 뇌간의 기능은 살아 있어 스스로 호흡과 맥박, 체온 유지 등이 가능한 상태로, 회복되는 경우가 있다.

🔍 꼼꼼 단어 돋보기

● 심폐사
심장과 폐의 기능이 정지된 상태, 즉 심장 박동과 호흡이 영구적으로 정지한 상태

02 생명 윤리

이번 단원에서는 생명의 존엄성과 생명 과학 기술과 관련한 윤리적 문제에 대해서 학습하고 동물의 권리 문제를 살펴봅니다.

1 생명 과학 기술과 생명 윤리

1. 생명 과학

(1) 생명 과학의 의미

생명의 본질과 특성을 연구하는 학문을 말한다.

(2) 생명 과학의 의의

건강 회복, 질병 퇴치, 생명 연장, 삶의 질 향상에 기여한다.

2. 생명 윤리

(1) 생명 윤리의 의미

의료나 생명 과학 기술의 윤리적 정당성과 그 한계를 다루는 응용 윤리의 한 분야이다.

(2) 생명 윤리의 등장 배경

생명 과학 기술은 생명체에 직접적으로 영향을 끼치기 때문에 생명과 생태계에 큰 혼란을 일으킬 수 있다는 우려와 생명 과학 기술이 발달할수록 인간이 어디까지 생명 현상에 개입할 수 있는 것인가에 대한 의문이 제기되었다.

> **✚ 생명 과학의 위험성**
> 생명 과학의 성과를 무분별하게 활용하면 인간의 존엄성 훼손, 생태계 파괴, 더 나아가 인류의 파멸을 초래할 수도 있다.

(3) 생명 윤리의 의의

① 생명과 관련하여 제기된 모든 도덕적 문제를 다루어 생명 과학의 발달 범위와 방향을 제시하며, 보호의 범위를 인간뿐만 아니라 동물, 생태계까지 확장하여 생각하게 한다.

② 생명 과학은 주로 생명의 겉으로 드러나는 현상을 다루기 때문에 생명의 존엄성에 대한 근거를 제시하지 못하는 한계가 있다. 생명 윤리는 생명의 존엄성에 대한 인식을 바탕으로 생명 과학 기술의 윤리적 정당성과 한계를 성찰하여 생명 과학 기술의 건전한 발전을 추구한다.

(4) 동서양의 생명관   생명의 존엄성에 대한 근거를 알 수 있으며, 이는 생명 윤리의 바탕이 되므로 참고하여 살펴볼 필요가 있어요.

동양	• 유교: 부모로부터 물려받은 생명을 소중히 여겨야 함 • 불교: 생명의 상호 작용과 생명의 보존을 주장함 • 도가: 인위적인 것을 경계하고 자연스러움을 강조함
서양	• 의무론: 생명의 존엄성을 강조함 • 그리스도교: 신의 피조물인 생명은 존엄하면서도 일정한 위계를 가짐 • 슈바이처: 생명은 두려워하고 공경해야 할 대상임

3. 생명 과학과 생명 윤리의 바람직한 관계

생명 과학과 생명 윤리는 상호 보완적인 관계를 유지하며 생명의 존엄성을 실현하는 것을 공통의 목적으로 삼아야 한다. 생명 윤리는 생명 과학의 지식을 기반으로 삼아서 문제를 제기하고, 생명 과학은 생명 윤리를 통해 문제를 최소화하여야 한다.

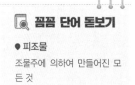

📖 꼼꼼 단어 돋보기

● 피조물
조물주에 의하여 만들어진 모든 것

2 생명 복제와 유전자 치료

1. 생명 복제와 관련된 윤리적 논쟁

(1) 생명 복제의 의미와 종류
① 의미: 동일한 유전자를 가진 생명체를 인위적으로 만드는 것을 말한다.
② 종류: 크게 동물 복제와 인간 복제(배아 복제, 개체 복제)로 나뉜다.

(2) 동물 복제에 관한 논쟁

찬성	반대
• 희귀한 동물을 보존하고, 멸종된 동물을 복원할 수 있음 • 우수한 품종을 개발하고 유지할 수 있음	• 자연의 질서에 어긋나는 행위임 • 종의 다양성을 해치고 동물의 생명을 인간을 위한 수단으로 여기게 됨

(3) 인간 복제에 관한 논쟁
① 배아 복제
　㉠ 의미: 체세포 핵 이식 기술을 이용해 세포를 복제한 후 배아 단계까지만 발생을 진행시키는 것을 말한다. 주로 줄기세포를 이용한 질병 치료에 목적이 있다.
　㉡ 배아 복제에 관한 논쟁

찬성	반대
• 복제 배아는 인간 개체가 될 가능성이 확정되지 않은 세포 덩어리임 • 복제 배아로부터 획득하는 줄기세포는 연구나 질병 치료에 유용하게 사용됨	• 복제 배아는 인간의 지위를 가진 생명이므로 연구를 위해 이를 파괴하는 것은 살인과 같음 • 배아 복제 과정에서 많은 수의 난자가 사용되며, 난자를 확보하는 과정에서 여성의 건강과 권리가 훼손될 수 있음

쏙쏙 이해 더하기 인간 배아의 도덕적 지위를 주장하는 논거

종의 구성원 논거	배아는 인간 종(種)에 속하여 도덕적 주체가 될 수 있음
잠재성 논거	배아는 인간이 될 수 있는 잠재성을 가짐
연속성 논거	배아는 연속적인 인간의 발달 과정 속에 있음
동일성 논거	배아는 인간과 동일한 속성을 가짐

② 개체 복제
　㉠ 의미: 체세포 복제로 만들어진 배아를 자궁에 착상시켜 완전한 개체로 자라게 한 뒤 태어나게 하는 것을 말한다.
　㉡ 개체 복제에 관한 논쟁

찬성	반대
• 불임 부부가 유전적 연관이 있는 자녀를 가질 수 있음 • 복제 인간도 일란성 쌍둥이처럼 독자적인 삶을 살아갈 수 있음	• 인간이 수단으로 전락하고, 인간의 존엄성이 훼손됨 • 자연스러운 출산 과정에 어긋남 • 인간의 고유성을 갖기 어려움 • 가족 구성원에 대한 혼란이 생길 수 있음 • 모를 권리를 보장받지 못함

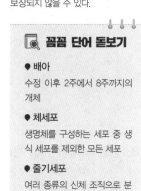

2. 유전자 치료와 관련된 윤리적 논쟁

(1) 유전자 치료의 의미와 방법

① 의미: 이상 유전자로 인해 발생된 질병을 유전자 공학을 이용하여 치료하는 것을 말한다.

② 방법: 체세포 또는 생식 세포 안에 정상 유전자를 넣어 유전자의 기능을 바로잡거나 이상 유전자 자체를 바꿔서 치료한다.

(2) 체세포 유전자 치료

① 의미: 체세포에 유전 물질을 삽입하여 질병을 치료하는 방법이다.

② 현황: 주입된 유전자는 주로 환자 개인에게만 영향을 끼치므로 치료를 위해 제한적으로 허용되고 있다.

(3) 생식 세포 유전자 치료

① 의미: 수정란이나 발생 초기의 배아에 유전 물질을 삽입하여 질병을 치료하는 방법이다.

② 현황: 생식 세포 치료로 변형된 유전 정보가 생식 세포에 의해 후세대에 유전되어 직접적인 영향을 미치므로 허용 여부에 대한 윤리적 논란이 있다. 우리나라는 생식 세포에 관한 유전자 치료를 금지하고 있다.

③ 생식 세포 유전자 치료에 관한 논쟁

찬성	반대
• 유전적 질병으로 인한 후세대의 고통을 없앨 수 있음 • 유전 질환을 물려주고 싶어 하지 않는 부모의 자율적 선택을 존중해야 함	• 임상 실험의 위험성과 의학적 부작용이 발생할 수 있음 • 치료가 일반화될 경우 인간의 유전적 다양성의 상실이 우려됨 • 후세대를 유전적으로 개량하려는 우생학적 시도로 변질될 수 있음

3 동물 실험과 동물 권리

1. 동물 실험과 관련된 윤리적 논쟁

(1) 동물 실험

① 의미: 의학 및 생명 과학 연구 과정에서 살아 있는 동물을 대상으로 수행하는 실험을 말한다.

② 활용: 신약 개발을 위한 연구, 화장품의 안정성 검사, 교육 등에서 광범위하게 이루어지고 있다.

③ 동물 실험의 3아르(3R) 원칙: 동물의 희생과 고통을 최소화하기 위해 만든 동물 실험의 세 가지 원칙이다.

대체(Replacement)	가능한 한 동물을 이용하지 않는 다른 실험 방법이나 실험 대상으로 대체함
감소(Reduction)	실험에 활용되는 동물의 수를 줄임
개선(Refinement)	동물이 받는 고통과 스트레스를 최소화하기 위해 실험 방법이나 기술을 정교화함

✚ 우생학

인류를 유전적으로 개량하기 위해서 연구하는 학문을 말한다. 우생학에는 원하는 유전 형질이 나타나도록 하는 적극적 우생학과 유전자 치료와 관련해 문제를 발생시키는 유전 형질이 나타나지 않도록 유전적 처치를 하는 소극적 우생학이 있다. 우생학은 유전자 기술을 미래 세대의 유전 형질 개량을 위해 사용해도 되는가에 대한 또 다른 논쟁을 불러일으킬 수 있다.

(2) 동물 실험에 관한 논쟁

찬성	반대
• 인간은 동물을 이용할 수 있는 지위에 있음 • 인간과 동물은 생물학적으로 유사하므로 실험의 결과가 인간에게도 유효함 • 동물 실험을 통해 인체 실험으로 인한 위험성을 줄일 수 있음 • 동물 실험을 통해 치료법과 약을 개발하여 인간의 생명과 건강을 보호할 수 있음	• 인간과 동물은 지위에 차이가 없음 • 인간과 동물은 생물학적으로 차이가 있어 실험의 결과를 인간에게 적용하기가 어려움 • 인간의 세포 조직을 배양하거나 컴퓨터 모의 실험 실시 등의 대안적 방법이 존재함 • 목적이 불분명한 실험으로 동물이 불필요한 고통을 당할 수 있음 • 동물 실험자에게도 정서적 문제가 발생할 수 있음

2. 동물의 권리와 관련된 윤리적 논쟁

(1) 논쟁의 핵심

'동물은 도덕적으로 고려를 받을 권리를 갖는가?'에 대한 물음이다.[+]

(2) 동물의 도덕적 권리를 인정하지 않는 입장 인간 중심주의 관점이에요.

아리스토텔레스	동물은 인간을 위해서 존재하므로, 인간이 동물을 사용하는 것은 문제가 되지 않는다고 봄
데카르트	동물은 움직이는 기계에 불과하며, 동물에게는 영혼이 없어서 쾌락이나 고통을 느낄 수 없으므로 도덕적 권리가 없다고 봄
아퀴나스	식물은 모두 동물을 위해서 존재하고 동물은 모두 인간을 위해서 존재한다고 봄 **참고** 아퀴나스는 그리스도교의 생명관과 아리스토텔레스의 사상을 수용하였다.
칸트	동물은 이성을 갖고 있지 않아 도덕적 지위를 갖지 못하므로 어떤 목적을 위한 수단일 뿐이라고 봄. 다만, 동물을 학대하는 것은 인간의 품성에 부정적인 영향을 끼치므로 동물에 대한 인간의 의무는 직접적인 의무가 아닌 간접적인 의무를 가진다고 봄 **참고** 아퀴나스와 칸트는 모두 동물의 도덕적 권리를 인정하지 않으면서도, 인간이 동물을 함부로 다루지 않을 것을 주장하였다. 그 이유는 동물을 함부로 다루는 태도가 인간의 품성에 악영향을 끼쳐 인간을 대상으로도 잔혹한 행동을 할 수도 있기 때문이다(인간 중심주의 관점).
코헨	동물은 윤리 규범을 스스로 연구하고 생각해 낼 능력이 없기 때문에 도덕적 권리를 가질 수 없다고 봄. 또한 동물 실험을 통해서 인간은 많은 의학적 업적을 이룰 수 있다고 주장함

(3) 동물의 도덕적 권리를 인정하는 입장 동물 중심주의 관점이에요.

벤담	동물도 고통을 느끼기 때문에 도덕적 고려 대상이 된다고 봄
싱어[+]	동물도 쾌락과 고통, 즉 쾌고(快苦)를 느낄 수 있는 능력이 있고, [●]이익 관심을 가지므로 동물의 이익 역시 동등하게 고려되어야 한다고 봄. 따라서 종이 다르다는 이유로 동물을 차별하는 것은 인종 차별이나 성차별과 다를 바가 없다고 주장함
레건	의무론적 관점에서 동물은 스스로 삶을 누리는 삶의 주체이기 때문에 도덕적 권리를 가진다고 주장함. 동물도 인간처럼 [●]내재적 가치를 가지므로 동물을 수단으로 이용하는 것은 옳지 않다고 봄

[+] 동물의 지위에 대한 관점

• 인간 중심주의 관점: 동물이 도덕적으로 고려 받을 권리를 부정하는 관점으로, 동물을 인간의 목적을 달성하기 위한 수단으로 본다.
• 동물 중심주의 관점: 동물이 도덕적으로 고려 받을 권리를 인정하는 관점으로, 동물도 도덕적 지위를 가지므로 존중하여야 하며 동물을 인간의 목적을 달성하기 위한 수단으로 희생시켜서는 안 된다고 본다.

[+] 싱어의 동물 해방론

싱어는 동물의 고통을 줄여야 한다는 동물 해방론을 주장하면서 동물 실험이 동물에게 고통을 주기 때문에 반대하는 입장을 취한다.

🔍 꼼꼼 단어 돋보기

● **이익 관심**
고통은 줄이고 쾌락은 추구하면서 자신의 이익에 관심을 갖는 것

● **내재적 가치**
그 대상 자체가 가지고 있는 가치

사랑과 성 윤리

이번 단원에서는 사랑과 성의 의미와 가치, 사랑과 성의 관계, 가족 간의 도리에 대해 학습합니다.

1 사랑과 성의 관계

1. 사랑과 성의 의미와 가치

(1) 사랑의 의미와 가치
① 의미: 인간의 근원적인 감정으로, 타인을 좋아하고 아끼는 마음이다.
② 가치: 타인을 이해하고 배려할 수 있는 동기가 되어 사람들과 인격적 관계를 맺도록 한다.

☆ (2) 프롬의 사랑의 기본 요소

보호	사랑하는 사람의 성장과 생명에 관심을 갖고 그 사람을 보호하는 것
존경	사랑하는 사람을 있는 그대로 받아들이며 존경하는 것
이해	사랑하는 사람에 대해 제대로 이해하는 것
책임	사랑하는 사람의 욕구를 배려하면서 자신의 행동에 책임을 지는 것

> **➕ 프롬(Fromm, E.)**
> 미국의 사회 심리학자이다. 저서 『사랑의 기술』을 통해 사랑의 네 가지 요소를 제시하였다. 프롬은 진정한 사랑은 수동적인 감정이 아니라 적극적인 활동이고, 빠져드는 것이 아니라 참여하는 것이며, 수동적으로 받는 것이 아니라 능동적으로 주는 것이라고 주장하였다.

> **쏙쏙 이해 더하기**   사랑의 삼각형 이론
>
> 친밀감
> 낭만적 사랑 (친밀감+열정)
> 우애적 사랑 (친밀감+책임감)
> 완전한 사랑 (친밀감+열정+책임감)
> 열정   책임감
> 얼빠진 사랑 (열정+책임감)
>
> 미국의 심리학자 스턴버그(Sternberg, R.)는 『사랑의 삼각형 이론』을 통해 사랑이 친밀감, 열정, 책임감으로 구성된다고 하며, 각 요소의 배합에 따라 나타나는 다양한 사랑의 유형을 제시하였다. 스턴버그는 그중 친밀감, 열정, 책임감 세 가지 요소가 조화를 이룰 때 완전한 사랑을 이룬다고 보았다.

(3) 성의 의미
① 생물학적 성(sex): 선천적으로 타고난 육체적 특성으로 남자와 여자를 구분하는 생물학적 성을 말한다.
② 사회적·문화적 성(gender): 사회적·문화적으로 학습이 되는 남성다움 혹은 여성다움을 말하며, 사회에서 바라는 남녀의 역할과 관련이 있다.
③ 욕망으로서의 성(sexuality): 인간의 욕망에서 비롯된 성과 관련된 심리, 행동 등을 포괄적으로 의미한다.

(4) 성의 가치
① 생식적 가치: 종족 보존과 관련된 것으로, 새로운 생명을 탄생시키는 원천이 된다.
② 인격적 가치: 사랑을 전제로 상대방을 존중하고 배려하여 인간다움이 실현된다.
③ 쾌락적 가치: 인간의 감각적인 쾌락을 충족시켜 준다.➕

> **➕ 쾌락의 역설**
> 쾌락을 추구할수록 역설적으로 진정한 쾌락을 얻을 수 없는 경우를 쾌락의 역설이라 한다. 감각적 쾌락을 목적으로 그것만을 추구하게 되는 경우 오히려 쾌락보다는 권태와 고통을 초래할 수 있으므로 책임감 있고 절제하는 행동이 필요하다.

2. 성과 사랑의 관계

제시된 세 가지 입장은 사랑과 성을 바라보는 관점이 서로 다르지만, 모두 사람으로서 상대방을 존중한다는 공통점이 있어요.

(1) 보수주의적 입장

① 결혼과 출산 중심의 성 윤리를 제시한다.

② 사랑과 성은 결혼을 통해 이루어져야 함을 강조한다.

③ 결혼을 한 부부간의 성적 관계만 도덕적이라고 본다.

(2) 중도주의적 입장(온건한 자유주의)

① 사랑 중심의 성 윤리를 제시한다.

② 결혼을 하지 않아도 사랑을 한다면 성적 관계가 허용된다고 본다.

(3) 자유주의적 입장(급진적 자유주의)

① 개인의 자발적 동의 중심의 성 윤리를 제시한다.

② 타인에게 피해를 주지 않는 범위에서 성인들의 자발적 동의에 따른 성적 관계가 허용된다고 본다.

③ 성에 관한 개인의 자유로운 선택을 중시한다.

3. 성과 관련된 윤리적 문제

(1) 성차별

① 의미: 성별을 이유로 열등하다거나 나쁘다는 판단을 내리고 사회적으로 불평등하게 대우하는 것을 말한다.

② 원인: 성 역할에 대한 고정 관념에 의해 발생하거나, 남녀의 역할 구분을 남녀의 능력 차이로 오해하여 발생한다.

③ 윤리적 문제

㉠ 개인의 소질과 개성을 표현할 기회를 박탈하여 자아실현을 방해한다.

㉡ 인간이 누려야 하는 자유와 평등, 인간 존엄성을 훼손한다.

㉢ 국가적으로 능력 있는 인재를 놓치게 되는 등 사회적 손실을 야기한다.

④ 성차별을 막기 위한 윤리적 시도

㉠ 남녀의 차이를 인정하되 차별하지 않고 서로 존중하고 배려하는 태도를 갖는 양성평등 문화를 정착시킨다.

㉡ 사회와 가정에서 성별이 아니라 개인의 능력에 따라서 상호 보완적인 역할 분담을 한다.

㉢ 여성주의 윤리: 여성에 대한 차별 금지와 양성평등을 주장한다.

㉣ 배려 윤리: 여성주의 윤리를 바탕으로 하며, 남성 중심의 정의 윤리와는 달리 공감, 동정심, 관계성 등의 가치를 강조한다.

➕ 정의 윤리

이성을 중심으로 정의, 권리, 존엄성 등의 도덕 법칙을 강조하는 남성적 특성을 지닌 기존의 윤리 사상을 말한다.

📋 자료 스크랩   보부아르의 『제2의 성(性)』

- 여성은 태어나는 것이 아니라 그렇게 만들어지는 것이다.
- 남녀 양성의 관계는 두 개의 전극의 관계가 아니다. 왜냐하면 남성은 양극인 동시에 전체이기 때문이다. 프랑스어에서 남성을 뜻하는 'homme'란 말은 동시에 인간을 가리키는 말이다. 반면, 여성은 음극으로 간주되며 이러한 개념 규정은 제한을 의미한다.

'제2의 성'이란 남성에게 예속되어 제대로 인정받지 못하는 여성을 의미한다. 여성주의 윤리학자 보부아르(Beauvoir, S.)는 저서 『제2의 성(性)』을 통해 남성과 여성이 동등한 인격을 갖고 있음에도 불구하고 남성이 여성을 객체로 규정하며 여자다움을 강요했다고 주장하였다. 보부아르는 성차별이 발생하는 것을 지적하면서 양성평등을 강조하였다.

🔍 꼼꼼 단어 돋보기

● 양성평등

모든 영역에서 남자와 여자를 사회적·법적으로 차별하지 않고 똑같이 대우하는 것

(2) 성적 자기 결정권

① 의미: 타인에게 피해를 주지 않는 자유의 범위에서 외부의 강요 없이 자기 스스로의 선택에 의해 성적 행동을 결정하는 권리를 말한다.

② 성적 자기 결정권 남용의 윤리적 문제 <small>성적 자기 결정권의 진정한 의미를 올바로 인식하지 못하고 이를 남용하여 발생하는 문제예요.</small>

　㉠ 타인이 가진 성적 자기 결정권을 침해할 수 있다.

　㉡ 성의 인격적 가치를 훼손하는 부도덕한 결과를 초래할 수 있다.

③ 성적 자기 결정권에 대해 가져야 할 자세

　㉠ 타인의 성적 자기 결정권도 동등하게 존중해야 한다.

　㉡ 자신의 성적 욕망과 성적 활동에 대해 책임을 져야 한다.

> **참고** 타인에게 해가 되지 않는 성적 자기 결정권의 행사라고 할지라도 성의 인격적 가치를 훼손하는 행위는 도덕적으로 정당화될 수 없다.

(3) 성 상품화

① 의미: 직접적 수단(예 성매매) 및 간접적 수단(예 성적 이미지)을 통해 성을 상업적 목적을 위한 수단으로 이용하는 행위를 말한다.

② 윤리적 문제: 인간의 성을 돈을 벌기 위한 수단으로 전락시켜 성의 인격적 가치를 훼손할 수 있다.

③ 성 상품화에 대한 논쟁

찬성	반대
• 법의 테두리 내에서 성을 상품화하여 이윤을 추구하는 것은 자본주의 사회에 부합함 • 성적 자기 결정권의 행사 및 표현의 자유를 인정해야 함	• 성이 가진 본래의 의미와 가치가 훼손되어 가치 전도 현상이 발생함 • 정신적인 성보다는 육체적 쾌락에 집착하여 왜곡된 성 의식을 갖게 함 • 외모 지상주의를 조장함

＋ 외모 지상주의

외모가 개인의 가치를 평가하는 기준이 되어 지나치게 외모에 집착하는 경향을 말한다. 무리한 성형 수술이나 다이어트 등이 외모 지상주의에서 비롯되었다고 볼 수 있다.

＋ 음양론

우주나 인간 사회의 현상을 음과 양, 두 가지 원리로 나누어 설명하는 사상이다. 음과 양은 서로 다른 특징을 갖고 있으면서도 단독으로 존재할 수 없고 서로 조화를 이룬다. 부부도 이처럼 차이를 인정하면서도 조화를 이루며 각자의 역할에 최선을 다해야 한다.

2 결혼과 가족의 윤리

1. 결혼의 윤리적 의미와 부부간의 윤리

(1) 결혼의 의미

① 일반적 의미: 남녀가 정식으로 부부 관계가 되는 것을 사회적으로 인정하는 제도를 말한다.

② 윤리적 의미

　㉠ 부부가 서로에 대한 사랑을 지키겠다는 약속이다.

　㉡ 부부가 서로의 차이를 존중하겠다는 의지의 표현이다.

　㉢ 삶 전체를 공동으로 영위하여 가족 구성의 시작이 되는 의식이다.

(2) 부부간의 윤리

① 전통 사회의 부부 윤리

　㉠ 남녀 간의 역할을 구분하면서 서로 존중할 것을 강조한다. → 부부유별(夫婦有別), 부부상경(夫婦相敬), 상경여빈(相敬如賓)

　㉡ 음양론에 근거하여 상호 보완적인 관계를 강조한다.

② 오늘날의 부부 윤리

　㉠ 서로의 의사와 자유를 존중해야 함을 강조한다.

　㉡ 부부는 서로를 차별해서는 안 되고 각 주체로서 평등해야 한다. 즉, 양성평등을 강조한다.

📖 꼼꼼 단어 돋보기

● **가치 전도 현상**
가치의 순서나 위치가 거꾸로 된 상태

● **부부유별**
부부 사이에는 서로 구별이 있다는 것으로, 남편과 아내 사이의 도리는 서로 침범하지 않음에 있음을 뜻함

● **부부상경**
부부간에 서로 존중하고 공경해야 함

● **상경여빈**
부부가 서로 손님을 대하듯 공경해야 함

★(3) 부부간에 발생하는 문제와 바람직한 부부 관계
　① 부부간에 발생하는 문제: 가사 분담·자녀 양육·부모님 부양에 대한 문제, 경제적 문제, 생활 습관과 가치관의 차이에서 기인하는 갈등 등 다양한 문제가 발생할 수 있다.
　② 바람직한 부부 관계
　　㉠ 삶의 동반자로서 상호 발전할 수 있도록 서로 도우면서 살아가야 한다.
　　㉡ 각자의 주체성과 자유를 인정하면서 가족 공동체를 유지하기 위해 노력해야 한다.

2. 가족 해체의 문제점과 가족 윤리

(1) 가족의 의미와 기능
　① 가족의 의미: 혼인과 혈연, 입양 등으로 이루어지는 공동체를 말한다.
　② 가족의 기능
　　㉠ 사회의 유지: 사회를 이루는 가장 기본적인 공동체로서 사회의 토대가 된다.
　　㉡ 정서적 안정: 가족을 통해 몸과 마음의 피로와 긴장을 풀고, 정서적으로 안정된 상태를 유지한다.
　　㉢ 생계유지: 한 개인은 가족 내에서 재화의 생산과 소비를 통해 생계를 유지한다.
　　㉣ 사회화: 개인이 가족 구성원과 관계를 맺으며 그 사회의 규범과 예절을 습득할 수 있게 하고, 개인의 바람직한 인격 형성을 돕는다.
　　㉤ 문화의 계승: 생활 속에서 자연스럽게 전통과 문화를 후대에 전승한다.

(2) 가족 해체 현상
　① 가족 해체의 의미: 가족 구성원의 역할과 가족의 기능이 제대로 이루어지지 않는 상태를 말한다.
　　예 가족 간의 대화 단절, 아동 학대, 이혼 등
　② 오늘날의 가족 해체 현상의 발생 원인
　　㉠ 가족 간에 소통할 기회가 줄어들었다.
　　㉡ 사회 변화로 인해 혼인율과 출산율이 저조해짐에 따라 핵가족의 보편화 및 1인 가구 증가 등으로 가족의 형태가 축소되었다.
　③ 가족 해체의 결과
　　㉠ 가족의 정서적 안정과 사회화 기능이 잘 수행되지 않아 개인이 삶을 영위하는 데 있어 고독과 불안을 느끼게 된다.
　　㉡ 가족 공동체가 무너진다.
　　㉢ 개인과 가족뿐만 아니라 더 나아가 사회 전체에 부정적인 영향을 미친다.

(3) 바람직한 가족 윤리✚
　① 전통 사회의 바람직한 가족 윤리
　　㉠ 부모와 자녀 간의 윤리✚

부자유친 (父子有親)	부모와 자녀 간에는 친밀함이 있어야 함
부자자효 (父慈子孝)	부모는 자녀에게 자애로워야 하고 자녀는 부모에게 효를 다해야 함 **참고** 자애(慈愛)란 부모가 자녀를 헌신적으로 사랑하는 마음으로, 자녀가 부모를 섬기는 효(孝)와 구분하여야 한다.

✚ 바람직한 가족 관계를 위한 다섯 가지 도리

중국의 역사서 『사기』에서는 바람직한 가족 관계를 위해 지켜야 할 다섯 가지 도리로 다음을 제시하였다.
· 아버지는 의로움이 있어야 한다.
· 어머니는 자애로워야 한다.
· 형은 동생을 벗처럼 대하여야 한다.
· 동생은 형을 공경해야 한다.
· 자식은 부모에게 효도해야 한다.

✚ 부모와 자녀 간의 관계
부모는 자녀가 태어나서 가장 처음 맺는 인간관계의 대상이자 첫 교사로, 자녀에게 가장 의미 있는 존재이다.

ⓒ 형제자매⁺ 간의 윤리

수족지의 (手足之義)	손발이 서로 돕듯 형제자매가 서로 도우면서 살아가야 함
형우제공 (兄友弟恭)	형은 동생을 사랑하고 동생은 형을 공경한다는 뜻으로, 형제가 우애 깊게 지냄을 나타냄

참고 형제자매 간에 지켜야 할 규범을 익히는 것은 사회적 관계의 규범을 익히는 데 밑거름이 된다.

② 현대 사회의 바람직한 가족 윤리

ⓐ 가족 구성원은 서로 사랑, 배려, 존중, 책임 등의 덕목을 실천해야 한다.

ⓑ 부모는 자녀를 독립적인 인격체로 존중하고, 신체와 인격을 건강하게 양육해야 한다.

ⓒ 부모는 모범적으로 자신의 역할에 최선을 다하고 자녀를 정의와 사랑으로 대하여야 한다.

ⓓ 자녀는 부모에 대해 언제나 감사한 마음을 가지고 효도하며, 형제자매 간에는 우애 있게 지낸다.

➕ 형제자매를 일컫는 다른 명칭
형제자매는 부모의 기운을 동일하게 이어 받았다고 하여 동기간(同氣間)이라고도 한다.

쏙쏙 이해 더하기   전통적인 효(孝)의 실천 방법

불감훼상(不敢毁傷)	부모로부터 물려받은 몸을 건강하게 지킴
입신양명(立身揚名)	사회적으로 출세하여 이름을 널리 알림
봉양(奉養)	부모에게 물질적인 지원을 하거나 근검절약을 하여 경제적 도움을 드림
양지(養志)	부모를 공경하고 부모의 마음을 헤아려 기쁘게 해 드림
공대(恭待)	표정을 항상 부드럽게 하여 부모가 편안한 마음으로 지낼 수 있도록 모심
불욕(不辱)	부모를 욕되지 않도록 함
혼정신성(昏定晨省)	부모에게 아침저녁으로 문안을 드림

이론 쏙! 핵심 딱!

쏙딱 TEST

생명과 윤리

정답과 해설 **5쪽**

01 삶과 죽음의 윤리

02 생명 윤리

03 사랑과 성 윤리

📢 선생님이 알려 주는 **출제 경향**

죽음에 대한 각 사상가의 견해와 출생, 죽음과 관련된 윤리적 쟁점이 자주 출제됩니다. 이와 더불어 올바른 가족 간의 윤리가 골고루 출제되므로 놓치지 말아야 합니다.

주제 1   출생의 의미와 죽음에 대한 동서양의 견해

01 출생의 윤리적 의미를 〈보기〉에서 모두 고른 것은?

> 보기
> ㄱ. 삶에 대한 성찰과 반성
> ㄴ. 종족 보존의 성향 실현
> ㄷ. 애도를 통한 내면의 성숙
> ㄹ. 도덕적 주체로서의 삶의 시작

① ㄱ, ㄴ   ② ㄱ, ㄷ
③ ㄴ, ㄷ   ④ ㄴ, ㄹ

주목

02 다음 두 사상가의 공통된 입장으로 가장 적절한 것은?

> • 삶은 기가 모인 것이고, 죽음은 기가 흩어진 것으로, 사계절의 운행과 같이 서로 연결되는 과정이다.
> – 장자 –
> • 삶과 죽음은 인과응보에 따른 윤회 과정이다.
> – 석가모니 –

① 죽음은 자연스러운 과정이다.
② 죽음을 회피하고자 노력해야 한다.
③ 죽음 이후의 세계를 탐구하여야 한다.
④ 육체는 죽음을 맞이할지라도 영혼은 불멸하다.

03 다음과 같이 주장한 윤리 사상가는?

> 삶은 육체 안에 갇힌 영혼의 감금 생활이요, 죽음은 육체로부터 영혼의 해방이자 분리이다.

① 칸트   ② 플라톤
③ 하이데거   ④ 아리스토텔레스

04 ㉠에 들어갈 내용으로 적절한 것은?

> **서술형 평가**
> • 인공 임신 중절의 찬반 입장을 구분하여 서술하시오.
>
> | 찬성 입장 | |
> |---|---|
> | 반대 입장 | (㉠) |

① 여성은 자신의 삶을 선택할 수 있다.
② 태아도 인간의 지위와 생명에 대한 권리를 갖는다.
③ 여성은 태아를 생산하므로 태아에 대한 권리를 갖는다.
④ 태아는 여성 몸의 일부이므로 여성은 자기 몸에 대한 소유권을 갖는다.

05 ㉠에 들어갈 도덕 원리의 내용으로 적절한 것은?

> • 도덕 원리: (㉠)
> • 사실 판단: 인공 임신 중절은 잘못이 없는 태아의 생명을 해친다.
> • 도덕 판단: 죄가 없는 태아의 생명을 해치는 인공 임신 중절은 옳지 않다.

① 태아는 여성의 선택에 따라 죄가 결정된다.
② 죄가 없는 사람을 처벌하는 것은 옳지 않다.
③ 인간은 상황에 따라 죽음을 선택할 수 있다.
④ 인간이 아니면 인공적으로 생명이 중단될 수 있다.

06 다음 대화의 쟁점으로 가장 적절한 것은?

뇌와 주요 장기가 형성된 시기부터 인간이라 생각합니다.

수정란이 산모의 자궁에 착상될 때부터 인간이 될 잠재성이 있어요.

① 태아의 장기 발달 과정
② 태아가 인간으로 규정되는 시기
③ 인공 임신 중절에 대한 여성의 권리
④ 인간 배아의 도덕적 지위 인정 여부

07 다음 중 사상과 자살에 대한 견해가 바르게 연결되지 않은 것은?

	사상	자살에 대한 견해
①	불교	불살생(不殺生)의 계율을 어기는 것이다.
②	자연법 윤리	자신의 생명과 인격을 수단으로 삼는 것이다.
③	그리스도교	신으로부터 받은 목숨을 끊어서는 안 된다.
④	유교	부모로부터 물려받은 몸을 훼손하는 것은 불효이다.

주목

08 안락사에 반대하는 입장의 근거로 적절한 것은?

① 생명은 절대적으로 존엄하다.
② 환자의 고통을 줄여 주어야 한다.
③ 환자는 치료를 거부할 권리를 가진다.
④ 인간은 자신의 생명과 죽음에 대한 권리가 있다.

09 다음 ㉠에 들어갈 토론 주제로 가장 적절한 것은?

(㉠)에 대한 의견을 말해 볼까요?

뇌의 기능이 중단되면 인간의 주요 활동이 같이 멈추므로 살아 있다고 볼 수 없습니다.

판정에 오류가 있을 수 있고, 호흡과 심장 박동이 연명 장치에 의해 가능하기 때문에 죽었다고 볼 수 없습니다.

① 뇌사   ② 자살
③ 안락사   ④ 심폐사

빠른 정답 체크

01 ④   02 ①   03 ②   04 ②   05 ②   06 ②   07 ②
08 ①   09 ①

10 생명 과학 기술의 발달에 따라 발생할 수 있는 윤리적 문제점으로 적절한 것은?

① 생명의 가치가 상품화된다.
② 난임 부부의 임신을 유도할 수 있다.
③ 인류의 질병을 퇴치하여 삶의 질을 높인다.
④ 장기가 손상된 환자의 건강을 찾아줄 수 있다.

11 다음에 나타난 생명 윤리와 생명 과학의 관계로 볼 수 없는 것은?

> 생명 과학 기술은 인간의 삶에 큰 영향을 끼치므로 연구와 활용에 대해 윤리적 판단이 필요하다.

① 서로 관심을 갖고 발전을 도와야 한다.
② 생명의 존엄성 실현은 공통의 목적이다.
③ 생명 윤리는 과학 지식을 기반으로 고민해야 한다.
④ 생명 과학은 윤리보다 앞서 독자적으로 발전해야 한다.

주목
12 동서양의 생명관에 대한 설명으로 옳지 <u>않은</u> 것은?

① 불교: 생명은 두려워해야 할 대상이다.
② 유교: 부모로부터 물려받은 생명을 소중히 해야 한다.
③ 의무론: 생명은 존엄하다.
④ 그리스도교: 인간은 신의 피조물이므로 그 생명은 존엄하다.

13 도가(道家)의 자연관에 대한 설명으로 가장 적절한 것은?
　　　　　　　　　　　　　　　　　　　　2020년 1회

① 생명을 존중하기 위해 인위적 규범을 따라야 한다고 본다.
② 모든 생명에 대해 인(仁)을 베풀어야 한다고 본다.
③ 연기설에 따라 자비를 실천해야 한다고 본다.
④ 무위자연(無爲自然)을 추구해야 한다고 본다.

14 다음 기사에 대한 반박으로 적절하지 <u>않은</u> 것은?

제○○호	도덕신문	○○○○년 ○월 ○일

인류의 희망이 될 배아 복제

　배아 복제는 배아로부터 획득한 줄기세포를 활용해 난치병으로 고통받는 환자들에게 새 삶을 선물해 줄 수 있다. 정부는 배아 복제를 전면적으로 허가하고 연구 개발에 있어 모든 지원을 아끼지 말아야 한다.

① 배아를 파괴하는 것은 살인과 마찬가지이다.
② 배아 세포는 연속적인 인간의 발달 과정 속에 있다.
③ 수정된지 14일 내의 배아는 세포 덩어리에 불과하다.
④ 난자를 추출하는 과정에서 여성의 건강과 권리가 훼손된다.

15 (가), (나)에 들어갈 내용으로 적절하지 <u>않은</u> 것은?
　　　　　　　　　　　　　　　　　　　　2021년 1회

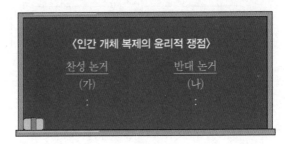

〈인간 개체 복제의 윤리적 쟁점〉

찬성 논거	반대 논거
(가)	(나)
:	:

① (가): 가족 관계를 명확하게 할 수 있다.
② (가): 불임 부부의 고통을 해소할 수 있다.
③ (나): 인간의 존엄성을 훼손할 수 있다.
④ (나): 자연의 고유한 질서를 해칠 수 있다.

16 (가)에 들어갈 용어로 가장 적절한 것은?

① 동물 실험   ② 성능 실험
③ 심리 실험   ④ 화학 실험

17 다음 윤리적 문제 상황의 원인으로 적절한 것은?

> 휴가지에서 버려지는 동물의 수가 매년 급증하고 있다. 이를 방지하기 위해 정부는 동물 등록제를 시행하고 책임감 있는 반려동물 입양을 강조하고 있으나 개선이 쉽지 않다.

① 동물 생명 경시   ② 관광지의 환경 오염
③ 동물 안락사 합법화   ④ 유기 동물의 야생화

18 다음과 같이 주장한 윤리 사상가는?

> 동물은 윤리 규범을 스스로 연구하고 생각해 낼 능력이 없기 때문에 도덕적 권리를 가질 수 없다.

① 레건   ② 코헨
③ 칸트   ④ 싱어

19 프롬(Fromm, E.)이 주장한 사랑의 기본 요소에 해당하지 않는 것은?

① 존경   ② 열정
③ 보호   ④ 책임

20 다음 주장에 대한 설명으로 옳은 것은?

> 성적 관계는 남녀가 결혼을 거쳐 출산과 관련 있을 때에만 정당하다.

① 성의 생식적인 면을 강조한다.
② 사랑이 없어도 성적 관계가 허용된다.
③ 성적 쾌락을 추구하는 것을 인정한다.
④ 결혼을 하지 않아도 사랑하는 사이의 성적 관계는 정당하다.

21 다음 사상가가 제기하는 문제 상황으로 적절한 것은?

여성은 태어나는 것이 아니라 그렇게 만들어지는 것입니다.

보부아르

① 성차별   ② 지역 불균형
③ 가족 해체 현상   ④ 예술의 상업화

빠른 정답 체크

| 10 ① | 11 ④ | 12 ① | 13 ④ | 14 ③ | 15 ① | 16 ① |
| 17 ① | 18 ② | 19 ② | 20 ① | 21 ① | | |

22 다음 설명에 해당하는 개념은?　　2018년 1회

> 성(性) 문제에 있어 자신이 원하는 성적 행동을 할 수 있는 권리일 뿐 아니라 자신이 원치 않는 성적 행동을 거부할 수 있는 권리이다.

① 자아실현권
② 지적 재산권
③ 단체 행동권
④ 성의 자기 결정권

23 다음 (　　)에 들어갈 알맞은 말은?　　2017년 1회

◈ 체크리스트를 통해 자신의 (　　) 의식을 점검해 보자.

번호	항목	○	×
1	남자는 다른 사람 앞에서 울지 않는다.		
2	딸은 여성답게, 아들은 남성답게 키워야 한다.		
3	설거지를 하거나 식사 준비를 하는 남자는 한심하다.		
4	남성과 여성은 생물학적 차이가 뚜렷하기 때문에 맡아야 하는 사회적 역할이 다른 것은 당연하다.		

① 진로
② 청렴
③ 평화 통일
④ 양성평등

주목
24 양성평등을 실현하기 위한 노력에 해당하는 것을 〈보기〉에서 고른 것은?　　2019년 1회

보기
ㄱ. 성 차이 인정
ㄴ. 상호 인격 존중
ㄷ. 출산 휴가 제한
ㄹ. 성 역할에 대한 고정 관념에 집착

① ㄱ, ㄴ
② ㄱ, ㄹ
③ ㄴ, ㄷ
④ ㄷ, ㄹ

주제 9 　부부간의 윤리

25 부부간의 바람직한 관계를 나타내는 말이 <u>아닌</u> 것은?

① 상경여빈(相敬如賓)
② 부부유별(夫婦有別)
③ 부부상경(夫婦相敬)
④ 혼정신성(昏定晨省)

26 다음 설명에 해당하는 것은?　　2019년 2회

> 인간관계의 출발점인 가정을 구성하는 것으로 예로부터 인륜지대사(人倫之大事)라 일컬음

① 우정
② 결혼
③ 효도
④ 공감

27 현대 부부간의 윤리에 대한 올바른 자세는?　　2018년 1회

① 아내의 일과 남편의 일을 성차별적으로 구분한다.
② 부부간에 엄격하게 고정된 위계질서가 있음을 인정한다.
③ 서로 부족한 점을 상호 보완하여 대등하게 대우한다.
④ 육아는 여성의 몫, 경제 활동은 남성의 몫이라고 생각한다.

28 〈보기〉에 제시된 효의 특징으로 알맞은 것은?

> **보기**
>
> 부모는 자식에게 공경만 바라는 것이 아니라 자식에게 자애(慈愛)의 모습을 보여야 한다.

① 효는 호혜적이다.
② 내리사랑을 강조한다.
③ 보상을 바라고 실천하는 것이다.
④ 자식은 부모에게 희생해야 한다.

주목
29 다음 내용이 설명하는 효의 실천 방법은?　　2019년 1회

> 부모의 뜻을 헤아려 실천함으로써 부모를 기쁘게 해 드리는 것

① 불혹(不惑)　　② 양지(養志)
③ 이순(耳順)　　④ 맹목(盲目)

30 다음 내용이 공통으로 설명하는 것은?　　2017년 2회

> • 인간의 가장 기본적인 도리
> • 부모님을 공경하는 마음과 사랑
> • 노인 공경의 실천을 위한 도덕적 기초

① 효도　　② 평화
③ 자율　　④ 우애

31 다음에서 설명하는 형제 간의 도리는?

> 사람의 손과 발이 서로 돕듯이 서로 도우면서 살아가야 함을 말한다.

① 군신유의(君臣有義)
② 부자유친(父子有親)
③ 불감훼상(不敢毁傷)
④ 수족지의(手足之義)

32 다음에서 설명하는 형제 간의 도리는?　　2018년 2회

> 형은 동생을 벗으로 대하고 동생은 형을 공경하는 마음으로 대해야 한다.

① 형우제공(兄友弟恭)
② 교우이신(交友以信)
③ 죽마고우(竹馬故友)
④ 붕우유신(朋友有信)

빠른 정답 체크

22 ④	23 ④	24 ①	25 ④	26 ②	27 ③	28 ①
29 ②	30 ①	31 ④	32 ①			

01 삶과 죽음의 윤리

1 출생과 죽음의 윤리적 의미

① **출생**: 자연적 성향의 실현, 도덕적 주체의 시작, 사회적 존재의 시작

② **죽음**: 삶과 생명의 소중함을 깨닫게 하고, 삶의 방향을 설정하게 하는 계기

③ 죽음에 대한 동서양의 견해

동양	• **공자**: 자연스런 삶의 과정, 죽음보다 삶에 집중, 죽음에 대한 예절 중시 • **장자**: 자연 현상과 같이 자연적·필연적인 순환 과정 • **석가모니**: 인과응보에 따른 윤회의 과정 중 하나
서양	• **플라톤**: 이데아의 세계로 영혼이 해방되는 과정 • **에피쿠로스**: 살아서는 경험할 수 없으므로 두려워하지 않아도 되는 대상 • **하이데거**: 인간의 실존을 파악하고 삶을 더 의미 있게 여길 수 있게 하는 계기

2 출생·죽음과 관련된 윤리적 쟁점

① 인공 임신 중절

찬성			반대		
• 소유권 논거	• 생산 논거	• 자율 논거	• 존엄성 논거	• 생명권 우선 논거	• 잠재성 논거
• 평등권 논거	• 정당방위 논거	• 사생활 논거	• 무고한 인간의 신성불가침 논거		

② 생식 보조술

찬성	반대
난임 부부에게 희망을 줌	생명을 수단으로 여김

③ 자살

동양	• **유교**: 부모에 대한 불효 • **도가**: 무위자연의 원리에 어긋나는 것	• **불교**: 불살생 계율을 어기는 것
서양	• **그리스도교**: 신을 거역하는 행위 • **아퀴나스**: 자연적 성향인 자기 보존을 거스르는 것	• **쇼펜하우어**: 문제를 회피하는 것 • **칸트**: 자신의 생명을 수단화하여 의무를 위반하는 행위

④ 안락사

찬성	반대
환자의 삶의 질과 권리 강조	생명의 존엄성 강조

⑤ 뇌사

뇌사를 인정하는 입장	뇌사를 부정하는 입장
• 뇌의 기능 중단은 살아 있는 상태로 보기 어려움 • 장기 이식을 통해 다른 생명을 구하는 데 기여할 수 있음	• 호흡과 심장 박동이 유지되기 때문에 살아 있다고 볼 수 있음 • 장기 제공을 위한 수단으로 뇌사 판정이 악용될 수 있음

02 생명 윤리

1 동서양의 생명관

동양	효, 연기설, 불살생, 무위자연 등을 근거로 생명의 존엄성 강조
서양	의무론적 관점, 신의 피조물, 슈바이처의 외경 사상 등을 근거로 생명의 존엄성 강조

2 생명 복제

동물 복제	• 찬성: 희귀한 동물을 보존하고 멸종 동물을 복원할 수 있음 • 반대: 자연의 질서에 어긋나고, 생명을 수단시하는 행위임
배아 복제	• 찬성: 연구나 질병 치료에 이용할 수 있음 • 반대: 복제 배아도 생명이며, 난자의 채취 과정에서 여성의 건강과 권리를 훼손함
개체 복제	• 찬성: 불임 부부가 유전적 연관이 있는 자녀를 가질 수 있음 • 반대: 인간의 수단화, 인간의 존엄성 훼손, 가족 관계의 혼란을 야기함

3 생식 세포 유전자 치료

찬성	반대
유전적 질병을 예방함	임상 실험의 위험성과 부작용 발생 우려

4 동물 실험

찬성	반대
실험을 통해 치료법과 약을 개발하여 인간의 생명과 건강을 보호함	동물과 인간은 생물학적으로 같지 않아 실험 결과를 적용하기 어려움

03 사랑과 성 윤리

1 성의 가치와 윤리적 문제

① 성의 가치: 생식적 가치, 인격적 가치, 쾌락적 가치

② 성과 관련된 윤리적 문제: 성차별, 성적 자기 결정권, 성 상품화

2 가족 윤리

부부간의 관계	부부유별, 부부상경, 상경여빈, 음양론, 양성평등
부모 자녀의 관계	자애-효도, 부자자효, 부자유친
형제자매 간의 관계	우애, 수족지의, 형우제공

단원을 닫으며 생명과 관련된 다양한 윤리와 쟁점이 등장한 단원이었습니다. 출생과 죽음의 윤리적 의미를 꼼꼼히 정리하고, 주요 윤리적 쟁점은 찬성과 반대 논거가 어떤 것들이 있는지 살펴보세요.

사회와 윤리

01 직업과 청렴의 윤리

이번 단원에서는 직업의 윤리적 자세를 살펴보고 청렴한 삶의 필요성에 대해서 알아봅시다.

1 직업 생활과 행복한 삶

1. 직업의 의미와 어원, 기능

(1) 직업의 의미

① 적성과 능력에 따라 일정한 기간 동안 일에 종사하여 경제적 보상을 받는 자발적이고 지속적인 활동을 말한다.

> **참고** 경제적 보상, 자발성, 지속성을 기준으로 직업과 직업이 아닌 것을 구별할 수 있다. 예를 들어 봉사 활동은 자발성이 있으나 경제적 보상이 없고, 아르바이트는 경제적 보상을 위해 자발적으로 일하는 것이나 지속성을 갖기 어려워 직업과 구별된다.

② 사회 속에서 규정되는 인간의 역할과 밀접하게 관련되어 있으며, 사회적 지위의 획득과 생계유지를 동시에 의미한다.

(2) 직업의 어원

동양	• 직(職): 사회적 지위나 직분 • 업(業): 생계유지를 위한 노동(생업)
서양	• occupation, job: 생계유지를 위해 보수와 금전을 획득하는 노동 활동(생계직) • profession: 사회적 지위나 위상(전문직) • vocation, calling: 종교적·도덕적 의미를 포함하여 신으로부터 부여 받아 행하는 일(소명직)

(3) 직업의 기능

① 생계유지: 경제적으로 안정된 삶을 영위하게 한다.
② 사회 참여: 사회 구성원으로서 사회에서 필요한 역할을 나누어 수행하여 사회 발전에 기여할 수 있게 한다.
③ 자아실현: 개인이 잠재력과 능력을 발휘하여 성취감과 만족감을 얻을 수 있게 한다.

2. 직업 윤리

(1) 직업 윤리의 의미와 필요성

① 직업 윤리의 의미: 직업을 가지고 일을 할 때 지켜야 할 마땅한 도리를 말한다.
② 직업 윤리의 필요성: 개인의 자아실현과 공동체의 발전에 기여한다.

(2) 직업 윤리의 구분⁺

일반 직업 윤리 (직업 윤리의 일반성)	모든 직업에서 공통적으로 지켜야 하는 행동 규범 예 근면성, 성실성, 책임감 등
특수 직업 윤리 (직업 윤리의 특수성)	특정 직업에서 지켜야 하는 특수한 행동 규범으로, 전문 직종이 증가하고 직업이 세분화되면서 강조되고 있음 예 의료계 종사자의 환자 비밀 보호 준수 등

✚ 일반 직업 윤리와 특수 직업 윤리 간의 관계

특수 직업 윤리는 일반 직업 윤리를 바탕으로 정립되어야 한다. 보편적인 직업 윤리를 간과하고 직업 윤리의 특수성만을 강조하면 윤리 상대주의에 빠질 수 있다.

3. 동서양의 직업관

(1) 동양의 직업관

① 공자: 자신이 맡은 직분에 충실해야 한다는 정명(正名) 사상을 주장하였다.

> "군주는 군주다워야 하고 신하는 신하다워야 하며,
> 부모는 부모다워야 하고 자식은 자식다워야 한다(君君, 臣臣, 父父, 子子)."

② 맹자

> "어떤 사람은 마음을 수고롭게 하고, 어떤 사람은 몸을 수고롭게 한다."

㉠ 생계가 편안해야 마음도 바르게 우러나온다고 보아 일정한 생업[항산(恒産)]이 없으면 도덕적인 마음[항심(恒心)]을 가지기가 어렵다고 주장하였다. 즉, 경제적 안정을 위한 생업이 윤리적 인격 형성과 정서적 안정의 조건이라 보았다.

㉡ 정신노동처럼 마음을 수고롭게 하는 •대인(大人)의 일과 육체노동처럼 몸을 수고롭게 하는 •소인(小人)의 일을 구별하였다.

> 참고 정신노동과 육체노동의 구별은 사회적 분업과 직업 간의 상호 보완성을 주장한 것으로, 직업의 귀천과 우열을 따진 것이 아님에 유의하여야 한다.

③ 순자

㉠ 인간은 본래 이기적이며 욕망을 추구하는 존재라고 보아 예(禮)를 따름으로써 욕망을 절제할 필요가 있다고 하였다.

㉡ 인간이 물질적 욕망을 추구하는 데에는 직업(생업) 활동이 중요하다고 보았으며, 각자의 능력과 적성에 맞게 사회적 역할을 분담해야 한다는 역할 분담론을 주장하였다.

④ 장인 정신

㉠ 평생 자신의 기술을 갈고닦아 일에 긍지를 가지고 전념하는 정신을 말한다.

㉡ 직업적 전문성과 바른 품성을 가지고 사회적 책임을 다하고자 한다.

(2) 서양의 직업관

① 플라톤

㉠ 각자가 타고난 기질에 따라 통치자, 수호자, 생산자 등의 적합한 일에 배치되어야 한다고 보았다.

㉡ 각 계층의 사람들이 사회적 역할을 분담하고 고유한 기능을 발휘하면 덕(德)을 실현할 수 있다고 보았다.

② 중세 그리스도교: •원죄에 대한 벌로써 인간은 속죄의 차원에서 죽을 때까지 노동을 해야 한다고 보았다.

③ 근대 프로테스탄티즘

㉠ 칼뱅: 직업 소명설을 주장하며 자신의 직업에 충실히 임하는 것이 바로 신의 명령을 따르는 것이라고 보았다.＋

㉡ 베버: 칼뱅주의와 같은 프로테스탄티즘 윤리가 직업을 통한 이윤 창출과 부의 축적을 종교적으로 정당화하여, 이후 자본주의를 발전시키는 데 기여하였다고 주장하였다.

④ 마르크스

㉠ 인간은 노동을 통해서 개인의 소질을 발휘할 수 있다고 보았다.

㉡ 자본주의 체제의 노동 분업화는 인간 소외 현상을 야기한다고 비판하였다.

＋ 프로테스탄티즘 윤리에 따른 직업

칼뱅은 모든 직업은 신이 우리에게 내린 소명이며, 신의 영광을 실현하는 수단이라고 보았다. 그러므로 아무리 천한 일을 하더라도 소명을 따른다면 그 일은 결코 천한 일이 될 수 없다고 보았다.

🔍 꼼꼼 단어 돋보기

● 대인
언행이 바르고 덕이 높은 사람으로 맹자가 주장한 이상적 인간상

● 소인
도량이 좁고 간사하여 의로움보다 이로움을 추구하는 사람

● 원죄
인류의 시조인 아담과 하와가 선악과를 따 먹은 죄 때문에 모든 인간이 태어날 때부터 가지고 있다는 죄

4. 직업 생활과 행복한 삶의 관계

(1) 개인적 차원

경제적 재화를 획득하여 물질적 토대를 마련할 뿐만 아니라, 적성과 능력을 발휘하여 자아실현을 함으로써 행복한 삶을 살 수 있다.

(2) 사회적 차원

사회 구성원으로서의 역할을 다하며 사회 발전에 기여할 수 있고, 타인에게 존경과 인정을 받으며 소속감과 보람을 느끼게 된다.

2 다양한 직업 윤리와 청렴

1. 기업가와 근로자 윤리

(1) 기업가 윤리

① 건전한 이윤 추구: 법과 사회 규범을 어기지 않으면서 이윤을 추구한다.
② 근로자의 권리[+] 존중: 근로자의 역할을 인정하고 권리를 보장한다.
③ 소비자에 대한 책임 이행: 소비자에게 양질의 서비스와 제품을 제공한다.
④ 기업가의 사회적 책임

법적 책임	법을 준수하며 기업을 경영해야 함
경제적 책임	제품 생산, 서비스 제공, 제품 및 서비스를 적절한 가격으로 판매해야 함
윤리적 책임	사회가 요구하는 윤리를 준수해야 함
자선적 책임	기부, 봉사 등 공익을 위한 활동을 해야 함

+ 근로자의 권리

단결권	근로자의 지위 향상을 위해 노동 단체를 결성할 수 있음
단체 교섭권	기업가와 노동 단체가 근로 조건을 상의할 수 있음
단체 행동권	근로자는 본인들의 권리를 위해 파업 등의 단체 행위를 할 수 있음

쏙쏙 이해 더하기 | 기업의 사회적 책임에 대한 학자별 견해

- **기업에게 사회적 책임을 요구하는 관점**

애로우	기업이 사회적 책임을 다하게 되면 소비자에게 좋은 인상을 남기고 기업에 대한 신뢰도가 높아져 결국 구매로 이어지므로 기업 이윤 추구에 도움이 됨
보겔	기업의 책임감 있는 행동은 충성스러운 소비자의 지지를 받게 되고 기업 발전에 있어 자원의 역할을 하게 된다고 봄. 따라서 장기적인 이익을 위해서 사회적 책임을 이행하는 것이 중요함

- **기업의 목적을 이윤 추구로 보는 관점**

프리드먼	기업의 목적은 이윤에 있으므로 사회적 책임을 강요하는 것은 자유 시장 원리를 침해하는 것이기 때문에 옳지 않음
스미스	개인의 이기심이 '보이지 않는 손'을 만들어 수요와 공급에 따라 자연스레 가격이 형성되는 시장 원리가 작동한다고 봄

(2) 근로자 윤리

① 기업과 맺은 근로 계약에 따라 근로자는 성실히 자신의 업무를 수행해야 한다.
② 자신의 직업적 위치를 굳건하게 유지하고 노동 생산성을 높이기 위해 자신의 일에 전문가가 되도록 노력해야 한다.
③ 직장 내 동료들과 유대 관계를 돈독히 하며, 함께 의지하고 노력하여 원만한 분위기에서 일의 만족도를 높일 수 있도록 한다.

(3) 기업가와 근로자의 올바른 관계

① 기업가와 근로자가 서로 소통하고 협력할 때 근로자의 권리가 보장되고 기업도 성장할 수 있다. → 상보적 관계

② 기업가는 회사의 경영 상태를 투명하게 공개하고, 근로자의 노고에 대해 정당하게 보상해 주어야 한다.

③ 근로자는 불필요한 대립을 지양하고, 장기적인 공동의 이익을 추구해야 한다.

④ 기업가와 근로자의 이해관계를 공정하게 조정할 수 있는 제도가 마련되어야 한다.

예 경제사회노동위원회 등

2. 전문직 윤리

(1) 전문직의 의미와 특징

① 전문직의 의미
  ㉠ 고도의 훈련과 교육을 거쳐 일정한 자격을 갖춘 사람만이 종사할 수 있는 직업을 말한다.
  ㉡ 과거에는 법조인, 의사, 약사, 교수 등을 전문직이라 일컬었으나, 오늘날에는 기자, 아나운서, 프로그래머 등 다양한 직업도 전문직으로 간주된다.

② 전문직의 특징

전문성	고도의 훈련을 통해 전문 지식과 기술을 갖추어야 함
독점성	일정한 자격을 갖추어 사회적으로 승인된 사람만이 직업을 수행할 수 있음
자율성	전문 지식을 바탕으로 독자적이고 자율적으로 업무를 수행할 수 있음

(2) 전문직 윤리

① 사회적·경제적으로 유리한 위치에 있는 전문직 종사자의 판단과 행동은 사회에 미치는 영향이 크다. 따라서 전문직 종사자들은 더욱 높은 수준의 도덕심과 책임 의식을 가져야 한다. → 노블레스 오블리주

② 직업에 대한 숙련된 기술을 축적하여 자신의 전문성을 통해 사회에 공헌할 수 있도록 노력해야 한다.

③ 사회적인 품위를 유지하고 타인을 배려하는 태도를 지녀야 한다.

3. 공직자 윤리

(1) 공직자의 의미와 특징

① 공직자의 의미: 국가 기관이나 정부의 예산에 의해 운영되는 공공 단체의 일을 담당하는 직책이나 직무를 맡은 사람을 말한다.

② 공직자의 특징
  ㉠ 공권력을 위임받은 대리인으로, 이때의 공권력은 국민의 합의로 제한된다.
  ㉡ 국민이 부여한 임무이므로 국민을 섬기고 국가를 위해 봉사해야 한다. 그러면서 동시에 국민에게 명령을 내릴 수 있는 이중성을 가지고 있다.

(2) 공직자 윤리

① 멸사봉공의 자세로 사적인 이익보다는 국가와 국민을 위해 일해야 한다.

② 직무를 효율적으로 수행해야 할 뿐만 아니라, 국민의 의사를 반영하여 직무를 민주적이고 공정하게 수행해야 한다.

③ 준법정신과 청렴 의식, 청백리 정신을 지녀야 한다.

✚ 노블레스 오블리주
사회 지도층에게 요구되는 도덕적 의무와 책임을 말한다. 즉, 유리한 위치에 있음으로써 얻게 되는 부와 권리를 남용하지 말고 사회에 대한 책임감을 갖자는 것이다. 단, 강제적으로 요구되는 것은 아니다. 노블레스 오블리주가 실현될 때 계층 간의 대립을 줄일 수 있으며, 사회 통합에 이바지할 수 있다.
참고 노블레스 오블리주는 프랑스어로 '귀족의 의무'라는 뜻이다.

✚ 청백리 정신
자신의 직무에 충실하고 청빈한 생활 태도를 유지하는 선비의 정신을 말한다. 예로부터 나라에서 이에 맞는 인물을 청백리로 뽑아 이들을 우대하고 이상적인 관료상으로 권장하였다. 청백리의 대표적 인물로 맹사성, 황희, 이황 등이 있다.

🔍 꼼꼼 단어 돋보기

● **상보적 관계**
서로 모자란 부분을 보충하는 관계

● **공권력**
국가나 공공 단체가 국민에게 명령하고 강제할 수 있는 권리

● **멸사봉공**
사욕을 버리고 공익을 위하여 힘씀

멸사봉공(滅私奉公)	사적인 것을 배제하고 공적인 일을 우선시하여 나라와 공공을 위해 마음을 다하는 것
견리사의(見利思義)	눈앞에 이익이 있을 때 의리를 먼저 생각하여 의리에 합당할 때 이익을 취하는 것
선공후사(先公後私)	사적인 것보다 공적인 일을 우선시하여 개인적 이익과 출세만을 먼저 취하려 하지 않고 바른 마음으로 백성과 함께하는 정치를 하는 것

4. 청렴의 의미와 필요성

(1) 청렴의 의미와 이를 위한 노력

① 청렴의 의미

  ㉠ 행동이 맑고 깨끗하며 탐욕을 부리지 않는 상태를 말한다. 반부패, 투명성[+], 공정성, 책임성을 모두 포함하는 개념이다.

  ㉡ 모든 사회 구성원에게 요구되며, 그중 특히 공직자에게 강하게 요구된다.[+]

② 청렴을 위한 노력[+]

  ㉠ 사사로운 이익을 접할 때는 의로움을 먼저 생각하는 자세를 갖는다.

  ㉡ 업무를 투명하게 관리하고 부정부패를 방지하기 위한 제도를 마련한다.

(2) 부정부패의 의미와 문제점

① 부정부패의 의미: 불법적이거나 부당한 방법으로 재물, 사회적 지위, 기회 등과 같은 금전적·사회적 이득을 얻거나 다른 사람들이 그것을 얻도록 돕는 일탈 행위를 말한다.

② 부정부패의 문제점

개인적 측면	개인의 권리를 침해할 수 있고, 바람직한 시민 의식을 형성하기 어려움
사회적 측면	비효율적인 업무 처리로 사회적 비용이 증가되거나, 국민 간에 위화감이 조성되어 사회 통합이 저해됨

③ 부정부패를 방지하기 위한 노력: 사회 정의와 도덕규범에 대한 의식을 강화하려는 개인적인 노력과 더불어 청렴한 사회를 실현하려는 사회적·제도적 노력이 필요하다.

  예 감시 기구 강화, 청탁 금지법 제정, 내부 공익 신고 제도 마련 등

(3) 청렴의 필요성

① 올바른 인격을 형성하여 자아실현에 도움을 준다.

② 공정하고 투명한 사회가 밑바탕이 되어 공동체 발전에 도움을 준다.

③ 개인과 사회의 안정과 행복에 기여한다.

+ 투명성

국가의 행정 절차가 얼마나 공개적으로 공정하고 깨끗하게 이루어지는지를 표현하는 것이다.

+ 정약용이 주장한 공직자의 덕목

정약용은 목민관(백성을 다스려 기르는 벼슬아치)의 임무는 절용(아껴 씀)으로, 청렴을 덕목으로 삼아야 한다고 주장하였다.

> "수령 노릇을 잘하려는 자는 반드시 자애로워야 하고, 자애로워지려는 자는 반드시 청렴해야 한다." – 『목민심서』 –

+ 조상들의 청렴 정신

• 선비 정신: 인격적 완성을 위해 학문과 덕을 갈고 닦으며 세속적 이익을 좇지 않고 근검절약하며, 대의와 의리를 위해 목숨까지도 버리는 정신이다.

• 청빈: 청렴하여 성품이 깨끗하고 재물에 대한 욕심이 없어 가난하게 사는 것이다.

사회 정의와 윤리

이번 단원에서는 분배를 어떻게 공정하게 할 것인지에 대한 기준에 대해서 고민해 보고, 잘못된 행위에 대한 처벌은 어떻게 하는 것이 정당한지 생각해 봅니다.

1 사회 윤리와 사회 정의

1. 개인 윤리와 사회 윤리

(1) 개인 윤리
① 개인 윤리적 관점에서 본 사회 문제의 원인: 개인의 비양심과 지나친 이기심으로 인해 사회 문제가 발생한다고 본다.
② 사회 문제의 해결 방안: 사회 문제는 개인의 양심과 도덕성 등의 함양을 통해 해결할 수 있다고 본다.

(2) 사회 윤리
① 등장 배경: 개인의 도덕성을 강조하는 것만으로는 해결하기 어려운 문제(예 계층 간 갈등, 빈부 격차, 인종 차별, 부정부패)가 등장하여 사회 윤리가 대두되었다.
② 사회 윤리적 관점에서 본 사회 문제의 원인: 사회 구조와 제도의 부조리로 인해 사회 문제가 발생한다고 본다.
③ 사회 문제의 해결 방안: 사회 문제는 사회 구조 혹은 제도의 개선을 중심으로 해결할 수 있다고 본다.
④ 니부어의 사회 윤리적 관점

> "개인의 도덕성만으로는 사회 집단의 비도덕성을 해결할 수 없다."

㉠ 개인의 도덕성과 집단의 도덕성을 구분하였다.
㉡ 개인의 도덕적 행위는 집단의 도덕성을 결정하지 못하고, 오히려 집단의 구조와 제도가 개인의 도덕성을 결정한다고 보았다. 즉, 도덕적인 개인도 비도덕적인 사회에서는 비도덕적인 행동을 하기 쉽다고 보았다.[+]
㉢ 정의로운 사회를 구현하기 위해서는 개인의 도덕성 함양뿐만 아니라 사회 구조와 제도가 도덕성 실현을 위해 노력해야 한다고 보았다.
㉣ 집단 간의 문제는 윤리적이기보다 정치적일 수 있으므로 쉽게 해결되지 않는다고 보고, 정의를 실현하기 위해서는 정치적인 강제력에 의한 방법도 병행되어야 한다고 주장하였다.

＋ 도덕적 개인과 비도덕적 집단

> "개인에 비해 집단은 충동을 억제할 수 있는 이성과 자기 극복 능력, 그리고 다른 사람들의 욕구를 수용하는 능력이 결여되어 있다. 게다가 집단을 구성하는 개인들이 개인적 관계에서 보여 주는 것에 비해 더욱 심한 이기주의가 모든 집단에서 나타난다."
>
> – 니부어 –

2. 사회 정의의 의미와 중요성

(1) 사회 정의의 의미
사회를 구성하고 유지하는 공정한 도리로, 사회가 추구해야 할 가장 핵심적이고 기본적인 덕목이다.

(2) 사회 정의의 중요성
사회 문제를 해결하기 위한 기준이 된다.

(3) 사회 정의의 분류

분배적 정의	사회의 재화와 이익과 부담에 대한 공정한 분배
교정적 정의	위법과 불공정에 대한 공정한 처벌과 배상
절차적 정의	합당한 몫을 결정하는 공정한 절차

(4) 정의를 바라보는 동서양의 관점

공자	눈앞에 이익을 보거든 의리를 먼저 생각하는 견리사의(見利思義)의 자세를 강조함
맹자	옳고 그름을 판단하는 기준으로서, 자신의 잘못된 행동을 스스로 부끄러워하고 부당한 일을 미워하는 마음인 의(義)와 수오지심(羞惡之心)을 강조함
소크라테스	질서가 잘 잡힌 영혼이 추구하는 본성이 정의라고 봄
플라톤	지혜, 용기, 절제가 완전한 조화를 이룰 때 나타나는 최고 덕목이 정의라고 봄
아리스토텔레스	각자가 자신의 것을 취하며 법이 정하는 대로 따르는 것을 정의라고 봄

참고 동양에서의 정의가 천리(天理)에 부합하는 '올바름' 혹은 올바른 도리로서 '의로움'이라면, 서양에서의 정의는 '올바름' 혹은 '공정함'으로서 사회적 재화의 분배와 관련이 있다.

쏙쏙 이해 더하기 　아리스토텔레스의 정의

일반적 정의		법을 준수함으로써 정치 공동체의 행복을 창출하는 것
특수적 정의	분배적 정의	권력, 지위, 명예 등을 각자의 가치에 비례하여 분배받는 것
	교정적 정의 (시정적 정의)	타인에게 이익을 주었으면 그만큼 되돌려받고, 타인에게 손해를 끼쳤으면 그만큼 보상을 하는 것

❷ 분배적 정의

1. 분배적 정의의 의미와 필요성

(1) 분배적 정의의 의미
다양한 사회적 이익과 부담을 공정하게 분배하는 것을 의미한다.

(2) 분배적 정의의 필요성과 기능
① 필요의 배경: 인간의 욕구는 끝이 없는데 반해 자원의 양은 정해져 있고(자원의 유한성), 인간은 자기 자신의 이익만 생각하는 이기심을 갖는 동시에 남을 배려하는 이타심도 갖기 때문에(인간의 이중성) 갈등이 발생한다.
② 기능: 분배적 정의의 실현으로 자유, 평등, 행복 추구권 등 개인의 권리를 보장하고 사회적 갈등을 방지한다.

☆(3) 분배적 정의의 다양한 기준
① 형식적 정의: 같은 것은 같게, 다른 것은 다르게 분배하는 것이다.

분배의 기준	장점	단점
절대적 평등	기회와 혜택이 균등하게 보장됨	생산 의욕과 책임 의식이 약화됨

② 실질적 정의: 차이를 고려하여 분배하는 것이다.

분배의 기준	장점	단점
필요	사회적 약자를 보호할 수 있음	모든 사람의 필요를 충족시키는 것은 불가능함
업적	객관적 평가가 용이하고 동기 부여를 촉진함	종류가 다른 업적을 평가하기 어려움
능력	능력이 뛰어난 사람에게 보상을 할 수 있음	우연적·선천적 요소가 개입되고 평가 기준이 모호함
노력	노력에 비례하여 분배할 수 있음	노력의 양과 결과가 일치하지 않을 수 있음

2. 롤스의 분배적 정의 – 공정으로서의 정의

(1) 절차적 정의

① 공정한 절차에 의해 합의된 것이라면 정의롭다고 본다.

② 개인의 기본적 자유를 보장하면서도 복지 정책과 같은 재분배 장치를 통해 실질적인 평등을 도모한다.

> **참고** 기본적 자유란 신체의 자유, 사유 재산을 가질 수 있는 자유, 정치적 자유, 언론과 집회의 자유, 양심과 사상의 자유, 자의적 구속과 체포로부터의 자유 등 기본적으로 보장되어야 하는 자유를 말한다.

(2) 정의의 원칙

사회 구성원은 무지의 베일⁺을 쓴 원초적 입장⁺에서의 자신을 가정하고 구성원 간의 합의를 통해 다음과 같은 정의의 원칙을 도출하게 된다.

제1원칙	평등한 자유의 원칙	모든 사람은 기본적 자유에서 평등한 권리를 가져야 한다는 것
제2원칙	차등의 원칙	사회적·경제적 불평등은 가장 불리한 위치에 있는 사람(최소 수혜자)에게 최대의 이익이 가도록 편성되어야 한다는 것 **예** 여성 고용 할당 제도, 지역 균형 선발 제도, 국가 유공자 특별 우대, 농어촌 자녀 특례 입학 제도 등
	기회균등의 원칙	불평등의 계기가 되는 사회적 지위에 접근할 기회가 누구에게나 주어져야 한다는 것

쏙쏙 이해 더하기 | **사회 구성원이 정의의 원칙에 합의하는 과정**

원초적 입장에서 개인은 타인의 이해관계에 관심이 없고 합리적인 존재이다.

↓

원초적 입장에서 개인은 무지의 베일로 인해 자신의 사회적 지위와 능력 등에 대해 알지 못한다.

↓

원초적 입장에서 개인은 자신이 가장 불리한 상황(최소 수혜자)에 놓이게 될 것을 가정한다.

↓

사회 구성원은 최소 수혜자를 배려할 수 있도록 합의하여 정의의 원칙을 도출하게 된다.

+ 무지의 베일

이해관계에 영향을 줄 수 있는 개인적 정보(사회적 지위, 능력, 지능, 체력 등)를 알지 못하도록 베일을 씌우는 것처럼 없애는 것이다. 이는 자연적 우연성과 사회적 우연성을 배제시키기 위함이다.

+ 원초적 입장

자유롭고 평등한 개인이 공정한 조건에서 정의의 원칙을 선택하는 가상적인 상황이다. 개인이 원초적 입장에 놓이게 되면 타인의 이해관계에 관심이 없기 때문에 시기심이 없으며, 자신이 가장 불리한 상황에 놓이게 될 가능성을 생각하기 때문에 정의의 원칙에 합의하게 된다.

3. 노직의 분배적 정의 – 소유권으로서의 정의

(1) 자유 지상주의적 입장에서의 정의
공정한 과정을 통해서 소유물을 취득 또는 양도한 것이라면 그 소유물에 관해서는 개인이 절대적인 권리를 가진다고 본다.

(2) 소유 권리의 원칙

취득의 원칙	정당한 노동을 통해 얻은 소유물은 그 사람이 소유할 권리를 갖는다는 것
양도(이전)의 원칙	소유했던 타인으로부터 자유롭게 양도받은 소유물에 대해서는 정당한 소유 권리가 있다는 것
교정의 원칙	취득과 양도 과정에서 잘못된 절차나 부정이 있었다면 바로잡아야 한다는 것

(3) 최소 국가
① 국가는 개인의 소유권을 침해하지 않고 개인의 권리를 보호하는 최소한의 역할만 수행해야 한다고 주장하였다.
② 국가에 의한 재분배는 개인의 소유권을 침해하는 것이며, 특히 근로 소득에 대한 과세는 강제 노동과 같다고 보았다.

쏙쏙 이해 더하기 **롤스와 노직의 분배적 정의**

롤스는 개인의 기본적 자유의 보장을 중시하면서도 복지 정책과 같은 재분배 장치를 통해 사회 정의를 구현해야 한다고 본다. 노직은 개인의 자유를 중시하는 점은 롤스와 동일하지만, 개인의 소유 권리를 최우선적으로 보장하는 것이 중요하다고 본다.

☆4. 왈처의 분배적 정의 – 복합 평등의 다원적 정의

(1) 복합 평등으로서의 정의
어떤 영역에서 유리한 위치를 차지한 특정 사회적 가치가 다른 영역에서도 영향을 미쳐 유리한 위치를 차지하도록 하는 것을 금지하고, 고유한 영역에 머무르게 하는 것을 말한다.

(2) 다원적 평등으로서의 정의
① 상이한 삶의 영역에서 각기 다른 공정한 기준과 절차에 따라 사회적 가치가 분배될 때 사회 정의가 실현된다고 본다.
> **참고** 왈처는 한 영역에서 유리한 위치에 있는 사람이 이를 바탕으로 다른 영역에서 유리한 위치를 차지하는 것을 비판한다. 그는 하나의 가치를 가지면 다른 가치도 쉽게 가질 수 있는 사회는 정의롭지 않다고 보았다.
② 개인이 속한 공동체의 특수한 역사적·문화적 맥락에 따른 다양한 정의 기준을 인정한다.

쏙쏙 이해 더하기 **기타 학자별 분배적 정의**

벤담	사회의 효용이 극대화되도록 나누는 것을 분배 정의라고 봄
마르크스	능력에 따라 일하고 실질적 필요에 따른 분배를 주장함

5. 분배적 정의와 관련된 윤리적 쟁점

(1) 소수자 우대 정책의 윤리적 쟁점

① 소수자 우대 정책의 의미: 역사적·사회 구조적으로 특정 집단(사회적 약자)에게 가해진 부당한 차별과 불평등을 바로잡기 위해 혜택을 제공하는 정책을 말한다.

② 소수자 우대 정책에 대한 찬반 논거

찬성	반대
• 과거 차별에 대해 보상을 해야 함 • 기회의 평등을 보장하여야 함 • 사회적 갈등을 완화하고 사회 전체의 이익을 증진해야 함	• 잘못이 없는 현세대에게 보상의 책임을 지우는 것은 옳지 않음 • 노력에 따른 대가를 받아야 정당함⁺ • 역차별을 초래함

(2) 부유세의 윤리적 쟁점

① 부유세의 의미: 일정액 이상의 자산을 보유하고 있는 사람에게 비례적 또는 누진적으로 세금을 부과하여 걷는 것을 말한다.

② 부유세에 대한 찬반 논거

찬성	반대
• 사회적 불평등을 해소함 • 빈부 격차를 완화하여 사회 통합에 기여할 수 있음	• 개인의 재산권에 대한 과도한 침해임 • 부자에게 세금을 이중으로 부과하는 것과 같으므로 부자에 대한 차별이 발생함

✚ 업적주의

개인의 재능과 노력으로 얻은 사회적 지위를 중요시하는 입장을 말한다. 소수자 우대 정책에 반대하는 입장은 노력에 따른 대가를 받아야 정당하므로, 소수자 우대 정책에 따라 사회적 약자에게 유리한 기회를 주는 것은 정당하지 않다고 주장한다.

3 교정적 정의

1. 교정적 정의의 의미와 구분

(1) 교정적 정의의 의미

사람 사이에 발생한 불평등(손해와 손실)을 바로잡거나 범죄 행위에 대해 처벌함으로써 공정함을 확보하는 것이다.

(2) 교정적 정의의 구분

배상적 정의	손해나 손실을 똑같은 가치로 회복해 주는 것
형벌적 정의	범죄자의 행위에 상응하는 처벌을 하는 것

(3) 교정적 정의의 필요성

사회 정의가 실현되지 않아 사회 구성원들이 차별적 대우를 받는다면 갈등이 심화되어 사회적 단합이 어려워진다.

쏙쏙 이해 더하기 | **정의의 여신**

영어에서 정의를 뜻하는 저스티스(Justice)는 로마 신화에 등장하는 정의의 여신 유스티티아(Justitia)에서 유래한 말이다. 유스티티아는 왼손에는 저울을, 오른손에는 칼을 들고 있다. 이를 통해 정의는 사사로움을 떠나 공정하게 재판하고, 이에 따라 엄중하게 처벌하는 것임을 알 수 있다.

2. 처벌에 대한 관점

(1) 응보주의적 관점 대표적 사상가로 칸트, 헤겔이 있어요.

① 처벌을 죄에 대한 마땅한 정도의 벌을 되갚아 주는 것이라 보며, 처벌 자체를 목적으로 한다.

② 칸트: 범죄자는 죄에 대한 벌을 인식하고 있었으므로 그에 대한 책임을 져야 한다고 주장하였다.

③ 비판

   ⊙ 처벌 자체에만 집중하여 ⦁교화에 도움이 되지 않아 범죄 예방이 되지 않는다.

   ⓒ 전과자가 사회 적응에 실패해 다른 범죄를 일으킬 수 있다.

(2) 공리주의적 관점 대표적 사상가로 벤담, 베카리아가 있어요.

① 최대 다수의 최대 행복을 위해 처벌을 이용하며, 사회적 이익 증진을 목적으로 한다.

② 처벌을 통해 사람들에게 두려움을 심어 주며 범죄를 교화할 수 있다고 본다.

③ 벤담: 모든 처벌은 고통을 가한다는 점에서 그 자체로 악이지만, 사회 전체의 행복을 위함이므로 ⦁필요악이라고 보았다.

④ 비판

   ⊙ 실제로 처벌이 범죄 예방 효과가 있는지에 대한 증명이 어렵다.

   ⓒ 인간을 사회 안정과 이익을 위한 수단으로 여겨 인간의 존엄성이 훼손된다.

3. 공정한 처벌의 조건

(1) 유죄 조건

① 유죄 조건에 부합하는지 확인 후 죄가 있다는 것이 확실한 경우에만 처벌해야 한다.

② 처벌의 근거가 되는 법이 존재해야 하며 그 법이 공정해야 한다.[+]

(2) 비례 조건 과잉 금지의 원칙이라고도 해요.

① 처벌의 목적이 정당해야 한다.

② 처벌의 수단이 처벌 목적에 적합해야 한다.

③ 처벌로 인한 기본권의 침해를 최소화해야 한다.

④ 처벌로 인해 예상되는 공익상의 효과를 능가하는 처벌을 하여서는 안 된다.

4. 사형 제도와 관련된 윤리적 쟁점

(1) 사형의 의미

인위적으로 범죄자의 생명을 빼앗는 법정 최고형을 말한다.

> 참고 사형은 생명을 빼앗기 때문에 생명형이라고 하거나 형벌이 가장 무거워 극형이라고도 한다.

(2) 사형 제도에 대한 관점

칸트	• 응보주의적 관점에 따라 타인의 생명을 해치면 그의 생명을 박탈하는 것이 정당하다고 봄(동등성의 원칙) • 사형은 죄책감을 느끼거나 고통을 받는 범죄자의 인격을 해방시켜 인간의 존엄성을 실현하는 것이라고 봄
루소	• 사회 계약은 계약자의 생명 보존을 목적으로 하며, 타인의 희생으로 자신의 생명을 보존하려는 사람은 타인을 위해 자신의 생명을 희생하는 것에 동의한 것이라 봄 • 살인자가 된다는 것은 사회 구성원임을 포기한 것이며 자신도 죽임을 당해도 좋다는 것에 이미 동의한 것이라고 봄

+ 죄형 법정주의

어떤 행위를 범죄로 처벌하려면 범죄와 형벌이 반드시 법률로 정해져 있어야 한다는 형법의 기본 원리이다. 공정한 처벌의 조건은 다양하게 제시되지만, 일반적으로 법적 정의를 실현해야 한다고 본다.

꼼꼼 단어 돋보기

● 교화
잘못된 것을 고쳐서 올바른 방향으로 나아가게 함

● 필요악
없는 것이 바람직하지만 사회적인 상황에서 어쩔 수 없이 요구되는 악

베카리아	• 공리주의적 관점에서 사형보다는 종신 노역형이 효과적인 보복 행위이며, 범죄 예방에 더욱 효과가 있다고 봄 • 생명은 양도할 수 없는 것이므로 사회 계약을 이유로 사형이 정당화될 수 없다고 봄
일반 예방주의	사형 제도를 통해 일반인들에게 경고하여 그들이 죄를 짓지 않도록 예방할 수 있음
특수 예방주의	사형을 집행하면 범죄자를 다시 사회화하는 것이 불가능하므로 사형 제도에 반대함

☆ (3) 사형 제도에 대한 찬반 논쟁+

찬성	반대
• 극형이므로 범죄 예방 효과가 큼 • 흉악범의 생명을 박탈하는 것은 정당함 • 과학 수사의 발달로 오심 가능성이 줄어듦 • 종신형은 경제적 비용이 많이 들고 비인간적임 • 국민의 자유, 재산, 생명, 안전을 지키기 위한 사회 방어 수단임 • 국민의 일반적 법 감정이 사형 제도를 지지함	• 범죄 예방 및 억제 효과에 대한 확실한 증거가 없음 • 범죄자를 재사회화할 수 없음 • 교화라는 형벌의 목적에 부적합함 • 오심의 가능성이 있음 • 인간의 생명권을 침해하는 비인도적인 행위임 • 정치적으로 반대 세력을 제거하기 위한 용도로 악용될 수 있음

+ 우리나라의 사형 제도
우리나라는 사형 제도가 존재하여 재판에서 사형이 언도되고 있으나 1997년 이후부터 집행되지 않고 있다. 따라서 사실상 사형 폐지 국가로 간주된다.

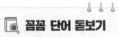

🔍 **꼼꼼 단어 돋보기**

● 종신 노역형
기간을 정하지 않고 평생 동안 교도소 안에 가두어 괴롭고 힘든 노동을 시키는 형벌

03 국가와 시민의 윤리

이번 단원에서는 국가의 바람직한 역할에 대해 살펴보면서 시민 불복종의 필요성에 대해서 알아봅니다.

❶ 국가의 권위와 시민에 대한 의무

1. 국가 권위의 정당성

(1) 국가 권위의 의미와 특징

① **국가 권위의 의미**: 국가가 시민들에게 명령을 내릴 수 있고, 시민들을 통치할 수 있는 힘(권리)을 말한다.

> 참고 국가의 권위는 주로 '명령을 내릴 수 있는 권리', '통치할 수 있는 권리'를 말한다.

② **국가 권위의 특징**: 법적으로 정당화되어야 하며, 시민들이 자발적 지지와 동의로 국가에 복종할 때 정당성을 가질 수 있다.

(2) 국가 권위의 정당성에 대한 관점

① 국가 권위의 정당화 근거

　㉠ 동의론: 시민은 국가에 복종하기로 동의하였으므로 국가에 마땅히 복종해야 한다고 본다.

　㉡ 혜택론: 국가가 제공하는 여러 혜택 때문에 국가에 복종해야 한다고 본다.

② 국가 권위의 정당화 관점

유교	군주가 덕을 갖추고 백성을 다스린다면, 백성에게 국가에 대한 충(忠)을 요구하는 것이 정당화됨 → 백성은 부모에게 효도하는 것과 같이 국가에 충성하는 것이 당연하다고 봄
소크라테스	국가가 시민에게 혜택을 주고, 시민은 국법에 복종하기로 합의하였기 때문에 국가의 정당성이 발생한다고 봄
플라톤	• 개인이 타고난 기능은 국가를 통해서 실현될 수 있음 • 선의 이데아를 통찰한 통치자에게 복종하는 것이 정의로운 것이라 봄✚
아리스토텔레스	국가는 최상의 선을 추구하는 공동체로, 인간은 본질적으로 국가 속에서 행복을 실현할 수 있음✚
사회 계약론	• 국가는 개인의 생명, 재산, 자유에 대한 권리를 보호해 주는 조건으로 계약이 이루어져 성립되었으며, 개인은 국가의 명령을 따르기로 약속했다고 봄 • 대표 사상가: 홉스, 루소, 로크 참고 사회 계약론은 국가 권위의 정당화 근거에서 동의론과 혜택론의 관점을 모두 포함한다.
흄	국가로부터의 얻는 이익과 혜택이 사라지면 정치적 의무를 다할 필요가 없다고 봄
공리주의	국가의 권위를 따를 때 최대 다수의 최대 행복을 실현할 수 있다고 봄

✚ **플라톤의 이상 국가**

플라톤은 계층을 통치자, 수호자, 생산자 세 가지로 나누어 각각 타고난 본성에 따라 그에 부합하는 고유의 기능을 수행하여 전체적으로 조화를 이룰 때 이상 국가를 이룩할 수 있다고 보았다.

✚ **아리스토텔레스의 국가**

> "국가는 자연적으로 존재하는 것들에 속하며 인간은 본질적으로 국가에서 살게 되어 있는 동물이다."

아리스토텔레스는 인간은 본성적으로 정치적 존재이며, 국가는 이러한 인간의 본성에 따라 가족이나 부락과 같이 자연스럽게 만들어진 공동체라 보았다.

2. 시민에 대한 국가의 역할

(1) 동양에서의 국가의 역할

공자	큰 도가 행해지고 재화가 고르게 분배되는 대동 사회를 이상 사회로 제시하며, 덕과 지혜를 갖춘 통치자가 백성을 위할 때 지지를 얻을 수 있다고 주장함[+]
맹자	• 군주는 인의(仁義)의 덕으로 왕도 정치를 해야 하며, 백성들의 생계를 보장해 주어야 한다고 봄 • 군주가 백성을 위하지 않으면 역성혁명이 가능하다고 주장함
묵자	• 군주는 남의 나라를 내 나라 돌보는 듯이 하고, 남을 자신을 돌보는 듯이 해야 천하의 혼란이 없다고 강조함 • 겸애(兼愛)와 교리(交利)가 실현되는 사회를 이상적으로 생각함
한비자	• 백성은 이기적인 존재이므로 엄격한 법으로 나라를 통치하는 법치(法治)를 주장함 • 군주는 적정한 상과 벌로 사회 질서를 유지해야 한다고 봄
정약용	• 목민관은 백성을 사랑하는 마음인 애민(愛民)을 실현해야 한다고 강조함 • 국가는 어려운 처지의 백성들을 돌보아야 한다고 주장함

(2) 서양에서의 국가의 역할   홉스, 로크, 루소는 사회 계약론을 주장한 학자들임을 알아두세요.

홉스	• 자연 상태[+]를 '만인의 만인에 대한 투쟁 상태'라고 봄 • 국가는 시민들의 생명과 재산, 자유를 보호해야 함
로크	• 자연 상태를 평화롭지만 인간의 오류 가능성 때문에 분쟁의 여지가 있는 상태라 봄 • 국가는 분쟁을 해결하고 시민들의 생명, 재산, 자유를 보호하며 행복한 삶을 보장해야 함 • 국가가 시민의 권리를 보장하지 못하면 시민은 국가에 대한 저항권[+]을 행사할 수 있음
루소	• 인간은 선하기 때문에 초기 자연 상태는 평화로웠으나, 사유 재산의 증가로 불평등이 심화되면서 사회 계약이 필요하게 되었다고 봄 • 국가는 개인의 생명을 보호하고 번영하도록 해야 함
밀	국가는 시민이 타인에게 해악을 끼칠 때를 제외하고 시민의 자유와 기본권을 보장해야 함
롤스	사회 정의를 실현하여 '질서 정연한 사회'를 구현해야 한다고 봄

2 민주 시민의 참여와 시민 불복종

1. 민주 시민의 권리와 의무

(1) 민주 시민의 권리

민주 시민은 민주 국가의 주권자로서 자유를 행사할 수 있으며, 국가에 대해 생명·재산·기본권의 보호와 공공재의 관리 및 제공 등을 요구할 수 있다.

(2) 민주 시민의 의무

① 사회 질서 유지를 위해 국방, 납세, 교육, 정치 참여의 의무 등을 수행하여야 한다.
② 국가가 시민을 위하여 역할을 올바르게 수행하는지 확인하여야 한다.

[+] 유교에서의 국가

나라의 근본을 백성으로 여기는 민본주의를 바탕으로 군주가 스스로 덕을 베풀어야 백성들이 교화된다고 본다.

[+] 자연 상태

사회나 국가가 성립하기 이전의 상태이다. 사회 계약론을 주장한 학자들에 따르면 자연 상태에서는 생명, 재산, 자유를 안전하게 보장받을 수 없기 때문에 이를 보완하기 위해 개인들은 계약을 맺어 국가를 형성하게 된다.

[+] 저항권

사회 계약론을 주장한 로크와 루소는 시민은 계약을 위반한 정부와 군주에 저항할 수 있다고 본다.

🔍 꼼꼼 단어 돋보기

● 역성혁명

왕조가 바뀌는 일로서, 제왕이 부덕하면 덕이 있는 다른 사람이 천명을 받아 새로운 왕조를 세워도 좋다고 보는 사상

● 겸애

가리지 않고 모든 사람을 똑같이 두루 사랑함

● 교리

서로 이익을 나누는 것

2. 민주 시민의 참여 활동
여기에서의 참여란 개인이 정치적 공동체의 일원으로서 공적인 일에 참여하는 것을 뜻해요.

☆(1) 시민 참여의 필요성
① 시민의 대리인인 공직자가 행하는 정치는 국민의 의견과 일치하지 않거나 국민의 선호와는 무관하게 공직자의 이익만을 추구하는 문제가 발생할 수 있다는 한계가 있다. 시민 참여는 이러한 대의 민주주의의 한계를 보완할 수 있다.

② 복잡한 사회 문제를 다양한 시민의 의견을 통해 효과적으로 해결할 수 있다.

③ 시민의 의사를 실질적으로 반영할 수 있다.

④ 시민에 의한 정치라는 민주주의의 이념을 실현할 수 있다.

(2) 시민의 참여 방법
선거, 공청회, 주민 투표제[+], 주민 소환제[+], 국민 참여 재판[+] 등 다양한 제도를 통해 시민이 정치에 직접 참여할 수 있다.

3. 시민 불복종
☆(1) 시민 불복종의 의미
시민 참여의 한 형태로, 부당한 법이나 정부 정책을 변혁시키려는 목적으로 행하는 의도적인 위법 행위이다.

⟨예⟩ 간디의 비폭력 불복종 운동, 마틴 루서 킹의 흑인 인권 운동, 소로의 세금 납부 거부 운동

(2) 시민 불복종에 대한 다양한 관점

소로	• 양심에 따라 부정의에 적극적으로 불복종해야 한다고 주장함 • 악법에 대한 불복종은 도덕적인 행동이라 봄
롤스	• 사회적 다수의 정의관과 맞지 않는 법과 정책을 개선하기 위해 시민 불복종이 이루어져야 한다고 봄(지나치지 않은 수준의 부정의한 법도 구속력이 있다고 봄) ⟨참고⟩ 사회적 다수가 공유하는 정의관은 어느 정도 정의로운 사회를 살고 있는 구성원이 지닌 정의관이다. • 시민 불복종은 최후의 수단으로 사용되어야 한다고 주장함
싱어	공리주의적 관점에서 시민 불복종의 결과로 발생될 이익과 손해, 성공 가능성을 고려해야 한다고 주장함
드워킨	헌법 정신에 반하는 법률이면 시민이 저항할 권리를 지닌다고 봄

📑 자료 스크랩   소로의 시민 불복종

• 우리는 먼저 인간이어야 하고, 그 다음에 국민이어야 한다고 나는 생각한다. 법에 대한 존경심보다 정의에 대한 존경심이 우선이 되어야 한다. 정의롭지 못한 권력과 법에는 불복종하여야 한다.

• 법이 자연법에 비추어 형평성보단 독단에 치우쳐 있다고 판단이 된다면 순순히 따르지 말고 양심에 따라 저항해야 한다.

소로는 양심에 어긋나는 법, 불의한 법에 저항하는 시민 불복종 개념을 제시하였다.

+ 주민 투표제

주민이 직접 자신의 지역의 중요 정책 사항에 대해 투표할 수 있는 제도이다.

+ 주민 소환제

시민에 의해 선출되었으나 역할을 제대로 수행하지 못한 대표를 주민 투표를 통해 해직시킬 수 있는 제도이다.

+ 국민 참여 재판

만 20세 이상 국민을 대상으로 하며, 배심원을 무작위로 선정하여 형사 재판에 참여하게 함으로써 사건에 대해 의견을 제시할 수 있게 하는 제도이다.

⭐ (3) 시민 불복종의 정당화 조건

공익성	자신의 이익 추구가 아닌 사회 정의의 실현을 목적으로 삼아야 함
비폭력성	폭력적이거나 파괴적인 방법을 사용하지 않아야 함
최후의 수단	합법적 방법이 없을 경우 최후의 수단으로 시도되어야 함
공개성	공개적으로 진행되어야 함
처벌 감수	시민 불복종 자체가 기존 사회 질서를 어기는 위법 행위이므로 처벌을 감수해야 함

(4) 시민 불복종의 의의와 한계

① 의의: 공정하지 못한 법이나 정책을 재검토하고 그것들의 부정의를 교정하도록 하는 역할을 함으로써 사회 정의 실현에 기여하고 사회 안정을 가져올 수 있다.

② 한계: 불복종에 대한 지나친 강조는 사회와 국가의 안전과 존립 자체를 위협할 수 있다.

쏙딱 TEST

III

정답과 해설 **8쪽**

사회와 윤리

📢 선생님이 알려 주는 **출제 경향**

니부어, 롤스, 시민 불복종은 자주 출제되는 주제입니다. 사회 정의와 청렴도 종종 출제되고 있습니다.

주제 1	직업 생활과 행복한 삶

01 직업의 기능으로 적절하지 <u>않은</u> 것은?

① 자아실현의 수단이 되어 개인의 행복에 영향을 준다.
② 기본적인 생활을 영위할 수 있는 경제적 기반이 된다.
③ 사회적 역할을 수행함으로써 사회 발전에 기여할 수 있게 한다.
④ 개개인의 발전을 도모하여 사회 구성원들의 역량이 똑같아지게 한다.

주목

02 밑줄 친 '이것'에 해당하는 공자의 사상은?

> 이것은 군주는 군주다워야 하고, 신하는 신하다워야 하며, 부모는 부모다워야 하고 자식은 자식다워야 한다는 것으로, 공자의 직업 윤리관을 잘 나타내고 있다.

① 장인 정신　　　　② 정명 사상
③ 소명 의식　　　　④ 봉공 정신

03 다음 내용이 설명하는 직업 윤리 의식은?　　2020년 1회

> • 신으로부터 부름받은 자기 몫의 일에 충실함
> • 개인의 위치에서 주어진 일에 최선을 다하려는 의식임

① 소명 의식　　　　② 특권 의식
③ 평등 의식　　　　④ 경쟁 의식

04 직업인이 지녀야 할 윤리적 기본 자세에 해당하지 <u>않는</u> 것은?

① 기업가: 이윤을 추구하기 위해 수단과 방법을 가리지 않는다.
② 공직자: 권력을 이용하여 개인적인 이익을 위해 일하지 않는다.
③ 전문직: 수준 높은 지식을 이용하여 타인을 속이려 하지 않는다.
④ 근로자: 자신의 일을 성실히 하고 동료들과 원만한 관계를 갖는다.

05 전문직으로서 지녀야 할 바람직한 자세를 〈보기〉에서 모두 고른 것은?

> **보기**
> ㄱ. 독점적 기술로 사익을 추구한다.
> ㄴ. 노블레스 오블리주 정신을 실현한다.
> ㄷ. 지식을 자랑하며 특권 의식을 지닌다.
> ㄹ. 높은 강도의 훈련을 통해 전문 지식과 기술을 갖춘다.

① ㄱ, ㄴ   ② ㄱ, ㄷ
③ ㄴ, ㄹ   ④ ㄷ, ㄹ

주목
06 ( )에 공통으로 들어갈 덕목은?   **2018년 1회**

> • ( )은 성품과 행실이 높고 맑아 탐욕이 없는 것을 말한다.
> • ( )은 수령의 본래 직무로 모든 선의 원천이며 모든 덕의 근본이다.
>   – 정약용 –

① 차별   ② 청렴
③ 관용   ④ 독단

07 (가)의 관점에서 (나)의 ㉠에 들어갈 진술로 가장 적절한 것은?   **2017년 1회**

(가)	개인의 도덕성만으로는 사회 집단의 비도덕성을 해결할 수 없다. – 니부어(Niebuhr, R.) –
(나)	_____ ㉠ _____ 그러면 사회 정의가 실현될 것이다.

① 무한 경쟁의 원리를 도입하라.
② 획일화된 조직 문화를 확산하라.
③ 잘못된 사회 구조와 제도를 개선하라.
④ 개인의 양심 회복이 중요함을 깨달아라.

08 ㉠에 들어갈 말로 적절한 것은?

조별 과제에서 각 조원들의 참여도가 다를 때 점수를 어떻게 부여해야 할까요?

분배적 정의의 관점에 따라 ㉠

아리스토텔레스

① 성적이 좋은 순서대로 점수를 부여해야 합니다.
② 모든 조원에게 동일한 점수를 부여해야 합니다.
③ 각자의 참여도에 따라 다른 점수를 부여해야 합니다.
④ 가장 형편이 어려운 조원에게 많은 점수를 부여해야 합니다.

09 다음에서 설명하는 사회 정의의 유형은?

> 잘못에 대한 처벌이나 배상이 공정하게 주어지는 것이다.

① 형식적 정의   ② 실질적 정의
③ 교정적 정의   ④ 절차적 정의

> **빠른 정답 체크**
> 01 ④   02 ②   03 ①   04 ①   05 ③   06 ②   07 ③
> 08 ③   09 ③

10 다음 설명에 해당하는 분배 기준은? 　2018년 1회

> 혼자 사는 사람보다 부양가족이 있는 사람에게 돈이
> 더 필요하므로, 후자에게 더 많은 임금을 지급하는 것
> 이 공정한 분배이다.

① 능력　　　　　② 필요
③ 업적　　　　　④ 지위

주목

11 롤스(Rawls, J.)의 정의의 원칙에 대한 설명으로 옳은 것은?

① 정언 명령의 형식으로 도덕 원칙을 제시한다.
② 자연 상태에서 개인 간 계약이 이루어지는 과정을 설명한다.
③ 최대 다수의 최대 이익을 산출하는 행위가 무엇인지 제시한다.
④ 무지의 베일을 쓴 개인이 원초적 입장에 놓이는 것을 가정한다.

12 다음과 같이 주장한 윤리 사상가는?

> 정의의 원칙은 다원적이다. 상이한 사회적 가치들은
> 상이한 근거들에 따라 상이한 절차에 맞게 상이한 주
> 체들에 의해 분배되어야 한다.

① 로크　　　　　② 롤스
③ 노직　　　　　④ 왈처

13 처벌에 대한 응보주의적 관점과 거리가 먼 것은?

① 범죄 예방 효과가 크다.
② '눈에는 눈, 이에는 이' 정신에 입각한다.
③ 피해 정도에 따라 처벌의 크기가 결정된다.
④ 범죄자는 죄에 대한 마땅한 벌을 받는 것이다.

14 다음 설명에 나타난 관점은?

> 처벌은 범죄자를 교화하고 범죄를 예방하는 것으로,
> 사회적 이익 증진을 목적으로 하여야 한다.

① 의무론적 관점　　　② 공리주의적 관점
③ 자유주의적 관점　　④ 응보주의적 관점

주목

15 사형 제도를 반대하는 입장의 논거로 적절하지 않은 것은?

① 오심의 가능성이 있다.
② 인간의 존엄성을 훼손하는 것이다.
③ 흉악범의 생명을 박탈하는 것은 사회적 정의이다.
④ 정치적 반대 세력을 제거하기 위한 수단으로 악용될 수 있다.

16 다음 내용에서 알 수 있는 국가의 권위의 정당성은?

- 민본주의
- 민주주의
- 역성혁명

① 국가가 엄격히 국민을 통제할 때 발생한다.
② 정치적 존재인 인간의 본성에 따라 발생한다.
③ 하늘이 통치자에게 권력을 부여하여 나타난다.
④ 국가가 국민의 뜻을 존중하고 위할 때 정당화된다.

17 묵자가 제시한 국가의 역할은?

① 백성의 이기적인 본성을 다스리는 것이다.
② 적정한 상과 벌로 강력히 통치하는 것이다.
③ 남의 나라를 내 나라 돌보듯이 하는 것이다.
④ 다른 나라를 정복하여 영토를 넓히는 것이다.

18 다음 설명에 나타난 국가의 역할은?

만인의 만인에 대한 투쟁 상태에서 벗어나 누구나 자연권을 보장받을 수 있는 평화 유지를 위해 개인 간에 계약을 통해 국가를 수립하기로 합의하였다.

① 시민을 상과 벌로 다스린다.
② 시민에게 자유를 최대한 부여한다.
③ 시민의 생명, 재산, 자유를 보호한다.
④ 시민을 자식과 같이 여기며 덕으로 돌본다.

19 다음 제도의 실시 목적으로 가장 적절한 것은?

제〇〇호   **도덕신문**   〇〇〇〇년 〇월 〇일

국민 참여 재판 제도, 그 효과는 ….
일반 국민이 형사 재판의 배심원으로 참여하는 국민 참여 재판 제도가 큰 호응을 얻고 있다. 형사 재판에 있어 투명성과 민주성이 크게 강화되었다고 평가된다.

① 특별한 경험을 제공하기 위해
② 사법부의 권위를 향상시키기 위해
③ 사법부 활동에 시민의 의견을 반영하기 위해
④ 피고인의 모습을 통해 일반 국민에게 교훈을 주기 위해

주목

20 시민 불복종에 대한 소로(Thoreau, H. D.)의 입장은?

2018년 2회

① 폭력적인 수단이 정당화되는 유일한 방법이다.
② 소규모의 집단을 형성하여 비공개적으로 추진한다.
③ 자신에게만 불리한 법률이나 정책에 대한 불복종이다.
④ 사회 정의를 훼손하는 법이라면 양심에 따라 저항해야 한다.

21 시민 불복종이 정당화되기 위한 조건을 〈보기〉에서 모두 고른 것은?

보기

ㄱ. 불복종 행위에 따른 처벌을 감수해야 한다.
ㄴ. 자신에게 불리한 정책은 무조건 저항해야 한다.
ㄷ. 사회 정의의 실현을 행위의 목적으로 삼아야 한다.

① ㄱ   ② ㄱ, ㄷ
③ ㄴ, ㄷ   ④ ㄱ, ㄴ, ㄷ

빠른 정답 체크

| 10 ② | 11 ④ | 12 ④ | 13 ① | 14 ② | 15 ③ | 16 ④ |
| 17 ③ | 18 ③ | 19 ③ | 20 ④ | 21 ② | | |

단원을 끝내는
엔드노트

01 직업과 청렴의 윤리

1 직업의 의미, 기능과 직업 윤리

① 의미: 사회적 지위 획득과 생계유지

② 기능: 생계유지, 사회 참여, 자아실현

③ 직업 윤리: 직업을 가지고 일을 할 때 지켜야 할 마땅한 도리

2 동서양의 직업관

동양	• 공자: 자신이 맡은 직분에 충실해야 함(정명 사상) • 맹자: 생업은 윤리적 인격 형성과 정서적 안정의 조건임 • 순자: 욕망을 절제하고 예를 따라야 함
서양	• 플라톤: 영혼에 따라 계층을 통치자, 수호자, 생산자로 구분하여 각자의 직분에 충실할 것을 강조함 • 중세 그리스도교: 노동은 원죄에 대한 속죄임 • 칼뱅: 자신의 직업에 충실히 임하는 것이 바로 신의 명령을 따르는 것임(직업 소명설)

3 다양한 직업 윤리와 청렴

① 다양한 직업 윤리

기업가 윤리	건전한 이윤 추구, 근로자의 권리 존중, 소비자에 대한 책임 이행, 기업가의 사회적 책임 실천
근로자 윤리	성실한 업무 수행, 전문성 추구, 동료들과의 돈독한 유대 관계 유지
전문직 윤리	높은 수준의 도덕성과 책임 의식 필요(노블레스 오블리주)
공직자 윤리	봉공과 봉사, 효율적·민주적 업무 수행, 준법 정신과 청렴 의식, 청백리 정신

② 청렴과 부정부패

㉠ 청렴의 의미: 행동이 맑고 깨끗하며 탐욕을 부리지 않는 상태

㉡ 청렴의 필요성: 올바른 인격 형성, 공정하고 투명한 사회 형성, 개인과 사회의 안정과 행복에 기여

㉢ 부정부패의 의미: 불법적이거나 부당한 방법으로 이익을 취하는 일탈 행위

㉣ 부정부패의 문제점: 개인의 권리 침해, 사회의 비효율적 비용 증가, 사회 통합 저해

02 사회 정의와 윤리

1 개인 윤리와 사회 윤리

개인 윤리	사회 문제는 개인의 양심과 도덕성의 함양으로 해결할 수 있음
사회 윤리	• 사회 문제는 사회 구조 혹은 제도의 개선을 중심으로 해결할 수 있음 • 니부어: 비도덕적인 사회에서는 개인의 도덕성 발휘가 어려우므로 잘못된 사회 구조와 제도를 바로잡아야 함

2 분배적 정의

① 학자별 견해

롤스	• 공정한 절차에 의해 합의된 것일 때 정의로움 • 무지의 베일을 쓴 원초적 상황에서 정의의 원칙을 도출함 • 평등한 자유의 원칙, 차등의 원칙, 기회균등의 원칙
노직	• 개인은 공정한 과정을 통해 얻은 소유물에 대해 절대적 권리를 가짐 • 국가는 개인의 소유권을 침해하지 않고 개인의 권리를 보호하는 역할만 수행해야 함
왈처	상이한 삶의 영역에서 각기 다른 공정한 기준과 절차에 따라 사회적 가치가 분배되어야 함

② 소수자 우대 정책과 관련된 윤리적 쟁점

찬성	반대
과거의 차별을 보상하여야 함, 기회의 평등 보장, 사회 전체의 이익 증진	책임의 부당성, 업적주의 위배, 역차별 초래

3 교정적 정의

① 처벌에 대한 응보주의적 관점: 죄에 대한 마땅한 정도의 벌을 되갚아 주는 것임

② 처벌에 대한 공리주의적 관점: 사람들에게 두려움을 심어 주며 범죄를 교화할 수 있게 하는 것임

③ 사형 제도에 대한 찬반 논쟁

찬성	반대
범죄 예방 효과가 큼, 국민을 보호하기 위한 사회 방어 수단임	범죄 예방 효과가 없음, 인간의 생명권 침해, 정치적 악용 가능성이 있음

03 국가와 시민의 윤리

1 국가의 역할

동양	• 유교: 민본주의, 왕도 정치, 덕치, 대동 사회 • 묵자: 겸애와 교리 • 한비자: 이기적인 백성을 상과 벌로 다스림, 법치 • 정약용: 애민, 어려운 처지의 백성들을 돌보아야 함
서양	• 사회계약론: 홉스/로크/루소 – 국가는 개인의 생명, 재산, 자유에 대한 권리를 보호해야 함 • 밀: 국가는 시민이 타인에게 해악을 끼칠 때를 제외하고 시민의 자유와 기본권을 보장해야 함 • 롤스: 사회 정의를 실현하여 질서 정연한 사회를 구현해야 함

2 시민 불복종

① 의미: 부당한 법이나 정부 정책을 변혁시키려는 목적으로 행하는 의도적인 위법 행위

② 정당화 요건: 공익성, 비폭력성, 최후의 수단, 공개성, 처벌 감수

단원을 닫으며

이번 단원에서는 개인의 사회적 역할과 국가의 역할에 대한 다양한 관점이 많이 등장해 학습이 쉽지 않았을 듯합니다. 각 사상가의 견해를 잘 기억해 둡시다.

ENERGY

산을 움직이려는 자는
작은 돌을 들어내는 일로 시작한다.

– 공자(孔子)

과학과 윤리

01 과학 기술과 윤리

이번 단원에서는 과학 기술의 가치 중립성에 대한 입장과 과학 기술의 사회적 책임은 무엇인지 알아봅니다.

1 과학 기술의 본질과 윤리의 관계

1. 과학 기술의 의미

(1) 과학의 의미
자연 현상에 대한 진리나 보편적 법칙의 발견을 목적으로 한 체계적인 지식을 말한다.

> **참고** 과학(science)은 '안다' 또는 '지식'을 뜻하는 라틴어 스키엔티아(scientia)에서 유래하였다.

(2) 기술의 의미
과학 이론을 실제로 적용하여 인간 생활에 유용하도록 가치 있는 재화나 서비스를 생산하게 하는 수단을 말한다.

> **참고** 기술(technology)은 물건을 만드는 데 사용되는 사고를 뜻하는 그리스어 테크네(techne)에서 유래하였다.

(3) 과학 기술의 의미
관찰, 실험, 조사 등의 객관적 법칙을 통해 얻어 낸 자연 현상에 대한 체계적 지식과 그 지식을 활용하여 무엇인가를 만들어 내는 전 과정을 말한다.

2. 과학 기술의 성과와 윤리적 문제

(1) 과학 기술의 성과 　과학 기술 발달의 긍정적 측면이라 할 수 있어요.
① 물질적 풍요와 편리한 생활을 누리게 해 주었다.
② 인류의 건강을 증진하고 생명을 연장하는 데 기여하였다.
③ 시간과 공간의 제약을 벗어날 수 있게 하여 인간 활동의 영역을 확대하였다.
④ 다양한 매체(예 텔레비전, 컴퓨터, 스마트폰 등)의 등장과 함께 문화의 발달을 가져왔다.

(2) 과학 기술의 윤리적 문제 　과학 기술 발달의 부정적 측면이라 할 수 있어요.
① 과학 기술에 대한 인간의 의존도가 높아짐에 따라 인간의 주체성이 약화되고 비인간화가 발생하였다.
> 예 인간 소외 현상,＋ 기술 지배 현상＋
② 자연을 인간의 도구로 보는 사고방식을 낳아 자연을 무분별하게 개발하고 파괴하여 심각한 환경 문제가 발생하였다.
> 예 기후 변화, 자원 고갈, 동식물 종(種)의 감소
③ 개인의 인권과 사생활을 침해하는 현상이 발생하였다.
> 예 개인 정보 유출, 사이버 폭력, 전자 판옵티콘 사회 도래,＋ 빅 브라더의 출현＋
④ 생명을 다른 목적을 위한 수단으로 여기게 되어 생명의 존엄성이 훼손된다.
> 예 인공 임신 중절, 안락사, 생명 복제, 유전자 조작
⑤ 무기 개발로 인해 인류의 생존이 위협받을 수 있다.
> 예 전쟁, 테러

＋ 인간 소외 현상
과학 기술이 급속히 발달하면서 인간의 인격이 존중받지 못하고 수단화되어 비인간화 현상이 발생하는 것을 말한다.

＋ 기술 지배 현상
과학 기술은 본래 인간을 위해 존재하는 것인데, 오히려 인간이 과학 기술에 종속되어 지배당하는 현상이 발생하는 것을 말한다.

＋ 전자 판옵티콘 사회
판옵티콘이란 벤담이 제안한 원형 감옥이다. 원형의 중앙 탑에는 간수가 있고 바깥 원에는 죄수의 방이 있어 간수는 죄수를 볼 수 있으나 죄수들은 간수를 볼 수 없다. 따라서 죄수는 언제나 감시받고 있다는 생각을 내면화하게 되어 행동에 제약을 받게 된다. 현대 사회에서는 정보 통신 기술의 발달로 네트워크 감시 문제가 대두되고, 전자 감시 사회가 도래할 수 있다는 우려가 등장하고 있다.

＋ 빅 브라더(big brother)
조지 오웰의 소설 『1984』에서 유래한 것으로, 집안과 거리 곳곳에 설치된 '텔레스크린'으로 사람들의 행동을 감시하는 권력을 의미한다. 빅 브라더는 정보를 독점하여 사회를 통제하는 권력과 상통한다.

구분	과학 기술 지상주의	과학 기술 혐오주의
특징	• 과학 기술의 발전을 지나치게 낙관적으로 바라봄 • 과학 기술은 유용하다고 주장함 → 성과 강조 • 과학 기술은 모든 문제를 해결할 수 있다고 봄	• 과학 기술의 발전을 비관적으로 바라봄 • 과학 기술은 문제를 일으킨다고 주장함 → 부작용 염려 • 과학 기술은 인간과 자연을 파괴해 생존을 위협한다고 봄
문제점	• 과학 기술의 부정적인 측면을 간과할 수 있음 • 다양한 삶의 가치를 축약함	• 과학 기술의 성과와 혜택을 전면 부정함 • 현실을 반영하지 못함

2 과학 기술의 가치 중립성 논쟁

1. 가치 중립의 의미

어떠한 특정 가치관이나 태도에 치우치지 않고, 선이나 악과 같은 가치를 판단하지 않는 것을 말한다.

☆2. 과학 기술의 가치 중립성

(1) 과학 기술의 가치 중립성을 인정하는 입장

① 과학적 사실이나 기술은 선과 악을 판단할 수 없는 것으로, 그 자체는 중립적이라고 본다.

② 객관적 타당성이 있는 과학은 가치 판단에서 벗어나 자유롭게 발전되어야 한다고 본다.

③ 과학은 객관적인 사실을 관찰하고, 논리적 사고로 지식을 얻기 때문에 주관적인 가치가 개입될 수 없다고 본다.

④ 과학자는 사실 그대로의 기술과 설명에 충실하며, 사회적 영향력을 고민하지 않는다. 가치 판단과 윤리적 평가는 윤리학자, 정치인, 시민들의 몫이다.

⑤ 과학 기술을 윤리적 관점에서 바라보면 기술의 발달을 저해하고 왜곡된 결과를 가져올 수 있다고 본다.[+]

➕ 과학 기술과 윤리의 구분
과학 기술의 가치 중립성을 인정하는 입장에서는 사실을 다루는 과학 기술과 가치를 다루는 윤리는 엄격하게 구분되므로 과학 기술은 윤리적 규제나 평가로부터 자유로워야 한다고 주장한다.

📑 자료 스크랩 　과학 기술의 가치 중립성을 인정하는 야스퍼스의 입장

기술은 수단일 뿐이며 그 자체로 선하지도 악하지도 않다. 과학 기술이 선한지 악한지는 인간이 기술로부터 무엇을 만들어 내고, 기술을 어디에 사용하고, 어떤 조건에서 기술이 만들어지느냐에 달려 있다.
– 야스퍼스(Jaspers, K.), 『역사의 기원과 목표』 –

(2) 과학 기술의 가치 중립성을 부정하는 입장

① 관찰이나 실험 과정에서의 가치 중립적인 자세는 인정하지만, 연구 주제를 선정하고 연구 결과를 활용할 때에는 가치 판단이 개입될 수 밖에 없다고 본다.

② 연구자가 의도한 것과는 다르게 연구 결과가 악용될 소지가 있는지, 악용을 방지할 방법은 있는지 등에 대해 연구 단계부터 윤리적 고민이 필요하다고 주장한다.

③ 과학 기술도 윤리적 검토나 통제 등을 통해 윤리적 목적에 기여해야 한다고 본다.

🔍 꼼꼼 단어 돋보기
● 타당성
사물의 이치에 적절하게 맞는 성질

- 과학 기술의 목적은 인간의 행복과 인류의 발전이라는 가치 아래 논의해야 한다.
- 과학 기술은 좀처럼 상상하지 못하는 방식으로 우리들의 존재를 철저하게 지배하고 있다. 오늘날 우리는 어디서나 과학 기술에 붙들려 있다. 따라서 최악의 경우는 기술을 중립적인 것으로 고찰하여 우리와 무관한 것으로 보게 되는 것이다. 이 경우 우리는 무방비 상태로 기술에 내맡겨진다.

  – 하이데거(Heidegger, M.), 『기술과 전향』 –

3. 과학 기술과 윤리의 바람직한 관계

현대 사회에서는 과학 기술의 영향력이 더욱 커지고 있으며, 이는 인간의 삶과 직결된다. 따라서 과학 기술의 객관성을 판단할 때에는 윤리적 평가나 사회적 책임으로부터 자유로워야 하며, 과학 기술을 발견하고 사용할 때에는 윤리적 가치 판단을 통한 규제와 감시가 필요하다.

3 과학 기술의 사회적 책임

1. 과학 기술자의 사회적 책임[+]

(1) 과학 기술자의 책임

내적 책임	연구 과정에서 윤리적 원칙을 준수하며 연구 자체에 대한 책임을 져야 함 예 위조, 변조, 표절, 부당한 저자 표기 등 연구 부정행위를 하지 않는다.
외적 책임	연구 과정에서 자신의 연구 결과가 사회에 선한 영향을 줄 수 있는 것인지 검토하고 성찰하며 사회에 미칠 영향에 대해서 책임을 져야 함 예 선한 의도와는 달리 부정적 영향이 예상되면 연구를 중단한다.

(2) 과학 기술자의 사회적 책임에 대한 입장

사회적 책임 인정[+]	사회적 책임 부정[+]
• 과학 기술은 인간의 삶과 분리하여 볼 수 없는 영역임 • 과학 기술자도 사회 구성원이므로 사회적 책임이 있음	• 과학 기술자는 사회적 영향을 고려할 필요가 없고 자신의 연구를 충실히 수행하면 됨 • 과학 기술자는 가치 중립적으로 직업적 행위를 한 것임

2. 요나스의 책임 윤리

(1) 책임의 범위 제시

> "올바른 행동에 관한 전통적 지혜는 모두 과거의 경험을 전제로 하였다.
> 따라서 완전히 새로운 모습의 권력과 이러한 권력을 통제할 수 있는
> 선과 악에 관한 규범에 대해 전통 윤리학은 아무것도 제시해 주지 못한다."

① 전통적 윤리학은 과학 기술의 시대에 새롭게 발생한 문제를 해결하는 데 한계가 있다고 보고, 새로운 책임 윤리를 확립해야 한다고 주장하였다.
② 문제가 발생하고 난 후의 결과에 대한 책임을 다루는 전통적 윤리학과는 달리 앞으로 일어날 일을 예상하고 책임져야 한다는 미래에 대한 책임 의식을 강조한다.

+ 과학 기술자에게 사회적 책임을 요구하는 이유

"과학자라는 직업에는 시민이 일반적 의무에 대해 지는 책임 외에 특수한 책임이 따른다."
– 「과학자 헌장」 –

현대 사회에 접어들어 과학 기술의 중요성과 영향력이 증대되었다. 과학 기술은 과학자의 의도와 관계없이 그 결과에 대한 예측이 어렵다. 또한 전 지구적으로 현세대부터 미래 세대까지 광범위한 영향력을 행사한다. 따라서 과학 기술의 개발과 활용에 있어 신중하고 윤리적인 사회적 책임이 요구된다.

+ 과학 기술자의 사회적 책임을 인정하는 입장

"원자 폭탄을 만든 사람은 응분의 책임을 져야 한다. 과학자는 한 개인의 차원에서 뿐만 아니라, 인간 공동체의 차원에서 행동해야 하기 때문이다."
– 하이젠베르크 –

과학 기술자의 내적 책임과 외적 책임을 모두 인정한다.

+ 과학 기술자의 사회적 책임을 부정하는 입장

"내가 원자 폭탄을 만든 것은 사실이지만, 원자 폭탄의 사용에 관한 결정은 정치인이 내린 것이며, 나는 맡은 바 임무에 충실했을 뿐이다."
– 오펜하이머 –

과학 기술자의 내적 책임만 인정하며, 과학 기술자의 연구가 부정적 결과를 가져왔다면 그것은 이용한 사람의 책임이라 본다.

꼼꼼 단어 돋보기

● 위조
존재하지 않는 것을 거짓으로 만드는 것

● 변조
내용과 결과를 왜곡하는 행위

● 표절
타인의 생각과 결과 등을 자신의 것처럼 사용하는 것

(2) 현세대의 책임 강조

> "너의 행위의 결과가 미래에 지구상에서 인간이
> 살아갈 수 있는 가능성을 파괴하지 않도록 행위하라."

① 인류의 존속을 책임질 수 있는 유일한 존재는 인간임을 강조하고, 인간이 갖는 인류에 대한 책임은 마땅히 그렇게 되어야 하는 당위적인 일이라고 보았다.
② 현세대는 미래 세대의 생존과 삶에 책임감을 가져야 한다고 주장하며, 자연과 미래 세대를 고려하여 검소하고 절제된 소비 생활을 해야 한다고 강조한다.
③ 행동의 결과를 미리 예측하고 행동해야 하며, 과학 기술의 발전은 먼 미래에 끼칠 영향을 고려하여 도덕적 책임을 져야 한다고 보았다.

3. 과학 기술에 대한 사회 제도적·개인적 차원의 노력

(1) 과학 기술에 대한 사회 제도적 차원의 노력
법과 제도를 통해 과학 기술의 감시 및 통제를 강화하고 과학 기술이 올바르게 활용될 수 있도록 뒷받침한다.
예 과학기술윤리위원회, 기술 영향 평가 제도⁺

(2) 과학 기술에 대한 개인적 차원의 노력
① 시민들이 적극적으로 과학 기술에 관심을 가지고, 과학 기술의 연구 및 개발과 관련된 의견을 주고받으며 토론하는 과정에 적극적으로 참여해야 한다.
② 과학 기술이 바람직한 방향으로 나아가도록 지지하고 감시해야 한다.

+ 기술 영향 평가 제도
새로운 과학 기술이 사회 전반에 미치는 영향을 고려하여 긍정적 영향은 극대화하고 부정적 영향은 사전에 방지 또는 최소화하기 위해 마련된 제도이다. 전문가 중심의 평가와 일반 대중의 토론을 바탕으로 하는 시민 참여 평가 등이 있다.

02 정보 사회와 윤리

이번 단원에서는 정보 기술과 매체의 발달에 따른 윤리적 문제로는 어떤 것들이 있으며, 그 해결 방안은 무엇인지 확인해 봅시다.

1 정보 통신 기술의 발달과 정보 윤리

1. 정보 통신 기술의 발달에 따른 사회 변화

긍정적 변화	• 일상적인 활동(예 은행 업무, 전자 상거래 등)과 업무를 쉽고 빠르게 처리할 수 있음 • 검색을 통해 전문적인 지식이나 정보를 쉽게 습득할 수 있음 • 누구나 자신의 의견을 자유롭게 표현하고 정치에 참여할 수 있는 기회가 확대됨 • 다양한 문화를 경험하고 이해할 수 있음
부정적 변화	• 정보 기술의 편리성에 의존하여 정보를 무비판적으로 수용함 • 정보 기술을 이용하여 타인을 감시하고 통제함 • 다양한 사이버 관련 범죄가 발생하는 등 윤리적 문제가 발생함

2. 정보 통신 기술의 발달에 따른 윤리적 문제

(1) 사이버 폭력 문제 　사이버 괴롭힘, 사이버 불링(cyber bullying)이라고도 해요.

① **사이버 폭력의 의미**: 정보 통신 기기를 이용하여 특정인에게 지속적으로 정신적 피해를 주거나 허위 사실을 유포하며 고통을 주는 행위를 말한다.

② **사이버 폭력의 유형**: 악성 댓글, 허위 사실 유포, 사이버 성폭력, 사이버 스토킹, 사이버 따돌림 등이 있다.

③ **사이버 폭력의 특징**

　㉠ 빠르게 확산되어 집단 행위로 이어지며 서로에 대한 책임 전가가 쉽다.

　㉡ 시간 제약 없이 상시적으로 괴롭힘을 지속할 수 있다.

　㉢ 피해자의 고통을 직접 목격하지 않아 폭력의 심각성을 인식하지 못하여 괴롭힘이 더욱 잔인하고 심각하게 행해질 수 있다.

　㉣ 정보의 복제와 유포가 용이한 사이버 공간의 특성상 거짓 정보가 빠르고 광범위하게 유포된다.

　㉤ 유포된 정보를 수정하거나 회수하기 어려워 피해자가 지속적인 고통을 받는다.

(2) 사생활 침해 문제

① **사생활 침해의 의미**: 자신의 의사와는 상관없이 개인 정보가 노출되어 피해를 받는 것을 말한다.

② **사생활 침해의 특징**

　㉠ 정보 통신 기술의 발달로 개인 정보가 쉽게 유출되고 도용된다.

　㉡ 구성원들을 감시하고 통제할 목적으로 개인 정보가 이용되면 개인의 자유가 침해당할 수 있다.

　㉢ 정보의 유통 과정에서 자신에 대한 정보를 스스로 통제하는 권한을 가져야 한다는 정보 자기 결정권이 강조되면서 잊힐 권리✚와 관련한 문제가 대두되고 있다.

✚ **잊힐 권리**

원치 않는 개인 정보가 온라인상에 공개되지 않도록 통제할 수 있는 권리를 말한다. 인권을 보장하기 위한 하나의 조치로써, 우리나라에서는 「정보통신망 이용촉진 및 정보보호 등에 관한 법률」을 근거로 개인 정보 삭제와 접근 차단을 검색 사이트 사업자에게 요청할 수 있다.

(3) 저작권 침해 문제

① 저작권 침해의 의미: 저작권법에 의해 보호되는 저작물을 무단으로 이용하여 창작자의 권리를 침해하는 행위를 말한다.

② 저작권에 대한 입장

정보 사유론(카피라이트)	정보 공유론(카피레프트)
• 창작자의 권리를 우선 존중하자는 입장 • 창작물을 개인의 재산이라 봄 • 노력에 대한 보상이 지불되어야 창작에 대한 동기가 부여됨	• 창작물을 공유하여 사용하자는 입장 • 창작물을 인류의 자산이라 봄 • 창작물이 공유되어야 더 나은 창작물이 만들어질 수 있음

③ 저작권 침해의 윤리적 문제

㉠ 저작물을 허락 없이 무단으로 사용하여 창작자의 인격적·재산적 권리를 침해한다.

㉡ 창작자의 창작 의욕을 떨어뜨려 새로운 창작물의 생산을 어렵게 한다.

(4) 표현의 자유[+]

① 중요성: 표현의 자유는 기본적 권리로 자아실현의 토대이자 인간 존엄성 실현의 바탕이 된다.

② 한계

㉠ 자신의 권리를 누리기 위해 타인의 권리를 침해해서는 안 된다.

㉡ 사회 질서를 훼손할 수 있는 정보를 표현해서는 안 된다.

☆ 3. 정보 사회에 요구되는 정보 윤리

(1) 인간 존중의 원칙

사이버 공간에서 타인의 인격, 사생활, 지적 재산권 등을 존중해야 한다.

(2) 책임의 원칙

사이버 공간에서 익명성을 악용한 비윤리적인 행동을 삼가고, 자신의 행동이 가져올 결과를 신중히 생각하고 행동해야 한다.

(3) 해악 금지의 원칙

사이버 공간에서 사이버 폭력, 개인 정보 유출, 피싱, 파밍, 해킹, 바이러스 유포 등과 같은 행동으로 다른 사람과 사회에 피해를 주지 않아야 한다.

(4) 정의의 원칙

사이버 공간에서 타인의 권리와 자유를 침해하지 않아야 한다.

쏙쏙 이해 더하기 ｜ 스피넬로가 제시한 정보 윤리의 기본 원칙

스피넬로(Spinello, R.)는 자신의 저서 『사이버 윤리』에서 다음과 같은 정보 윤리의 기본 원칙을 제시하였다.

자율성의 원칙	스스로 도덕 원칙을 세우고 행동하며 다른 사람의 자기 결정 능력 역시 존중하여야 함
선행의 원칙	다른 사람에게 이익이 될 수 있도록 행동하여야 함
해악 금지의 원칙	다른 사람에게 고통이나 피해를 주는 행동을 하지 말아야 함
정의의 원칙	사회에서 약속된 기준에 따라 혜택과 책임이 공정하게 나누어져야 함

[+] 표현의 자유의 의의와 한계

영국의 사상가 밀(Mill, J. S.)은 그의 저서 『자유론』에서 다른 의견을 가질 자유와 그것을 표현할 수 있는 자유를 강조하였다. 그에 따르면 다수의 의견이 반드시 옳다고 할 수 없으며, 절대적인 진리를 앞세워 오류의 가능성을 배척하는 사회는 발전할 수 없다. 즉, 표현의 자유가 보장될 때 개인과 사회는 발전할 수 있으며, 나와 다른 의견일지라도 무조건 배척하지 말고 수용하는 자세가 필요함을 강조하였다. 그러나 밀은 다른 사람에게 해를 끼치는 경우에는 그 자유를 제한할 수 있다고 하였다.

꼼꼼 단어 돋보기

● 저작권

지적 재산권 중 문학, 학술 또는 예술의 범위에 속하는 저작물에 대하여 창작자가 가지는 권리

● 피싱(phishing)

개인 정보(private data)와 낚시(fishing)의 합성어로, 불특정 다수에게 이메일을 보내 위장 홈페이지에 접속하게 하여 금융 정보를 탈취하는 것

● 파밍(pharming)

사용자의 PC를 악성 코드에 감염시켜 사용자가 정상 홈페이지 주소를 입력하여도 피싱 웹페이지에 접속되도록 하여 금융 정보를 탈취하는 것

2 정보 사회의 매체 윤리

1. 뉴 미디어의 특징과 문제점

(1) 매체와 뉴 미디어의 의미
① 매체의 의미: 정보를 시공간적으로 이동시키는 수단을 말한다.

> **예** 인쇄 매체(잡지, 책, 신문 등), 방송 매체(라디오, 텔레비전 등)

② 뉴 미디어의 의미: 기존 매체들이 제공하던 정보를 인터넷을 통해 가공, 전달, 소비하는 포괄적 융합 매체를 말한다.

> **예** 인터넷, 누리소통망(SNS) 등

☆(2) 뉴 미디어의 특징
① 상호 작용성: 정보 송신자(생산자)와 수신자(소비자, 이용자)가 비교적 수평한 관계에서 쌍방향으로 정보를 교환한다.

② 비동시화: 송수신자가 같은 시간에 동시에 참여하지 않아도 정보의 교환이 이루어지며, 수신자가 원할 때 정보를 볼 수 있다.

> **예** 수신자가 자신이 원하는 시간에 TV 프로그램을 선택하여 볼 수 있다.

③ 탈대중화: 대규모 집단에 획일적인 메시지를 전달하는 방식에서 벗어나 특정 대상과 특정 정보를 교환할 수 있다.

④ 능동화: 정보 이용자가 정보를 재생산, 유통, 감시하는 등 능동적으로 활동할 수 있다.

⑤ 종합화(디지털화): 모든 정보가 디지털화되고 하나의 정보망으로 통합되어 정보를 신속하고 정확하게 처리할 수 있다.

☆(3) 뉴 미디어의 문제점
① 불필요하거나 전문성이 검증되지 않은 정보가 많아 신뢰할 수 있는 정보를 찾기 어렵다.

② 폭력적이고 자극적인 정보가 무분별하게 전달된다.

③ 사적인 정보가 쉽게 노출되고 교환된다.

2. 뉴 미디어 시대의 매체 윤리

(1) 정보의 생산과 유통 과정에서 필요한 윤리
① 진실하고 공정한 정보를 생산하고 보도한다.

② 시민의 알 권리를 충족시키는 과정에서 특정 개인의 명예, 사생활, •인격권이 침해되지 않도록 주의한다.

③ 타인의 저작물을 표절하지 않는다.

(2) 정보의 소비 과정에서 필요한 윤리
① 이용자는 시민 의식을 가지고 규범을 준수하며 윤리적 태도로 참여한다.

② 이용자 간에 정보를 교류하고 협력하는 자세가 필요하다.

③ 매체를 제대로 사용하고 바람직하게 표현하는 능력인 •미디어 리터러시(media literacy)를 갖춘다.

④ 정보를 비판적으로 수용하고 자신의 목적에 따라 새롭게 조합하는 능력을 기른다.

✚ 알 권리

국민이 사회적·정치적 사실을 알기 위해 공공 기관이나 민간 기업에 이와 관련한 정보를 요구하고 접근할 수 있는 권리를 말한다.
잊힐 권리와 알 권리가 충돌할 경우 무엇이 우선시되는지 윤리적 판단이 필요하다.

🔍 꼼꼼 단어 돋보기

● **인격권**

인간 존엄성에 바탕을 두고 해당 주체만 행사할 수 있는 권리로, 생명, 신체 등에 관한 권리가 이에 해당함

● **미디어 리터러시**

매체를 올바르게 사용하고 이해하며 표현할 수 있는 능력. 매체 이해력이라고도 함

자연과 윤리

이번 단원에서는 자연을 바라보는 동서양의 여러 가지 관점을 알아보고, 오늘날 발생하는 환경 문제의 해결 방안에는 어떤 것이 있는 지 확인해 봅니다.

1 인간과 자연의 관계에 대한 서양의 관점

1. 인간 중심주의

(1) 인간 중심주의의 특징

① 인간을 자연과 구별되는 유일한 존재로 여기며 인간만이 도덕적 가치를 지닌다고 본다. 인간만이 이성을 가지고 자율적으로 도덕적 행위를 결정하기 때문에 인간만 이 도덕적 고려의 대상이라 본다.

② 인간 중심주의 자연관의 특징

   ⊙ 도구적 자연관: 자연을 인간의 이익과 욕구 충족을 위한 수단으로 여긴다.

   ⓒ 기계론적 자연관: 자연은 의식이 없는 단순한 물질이므로 기계와 같다고 여긴다.

   ⓒ 이분법적 세계관: 인간과 자연을 분리하여 보고 인간을 자연보다 우월하게 여 긴다.

> **참고** 인간 중심주의 윤리에서는 인간 만이 직접적인 도덕적 고려의 대상이 므로, 동물이나 식물 등 인간이 아닌 존재는 도덕적 고려의 대상이 아니다.

(2) 대표적인 사상가

① 아리스토텔레스: 이성을 지닌 인간이 이성이 없는 자연을 이용할 수 있다고 본다.

> "식물은 동물의 생존을 위해, 동물은 인간의 생존을 위해 존재한다."

② 아퀴나스: 동물을 살해하거나 이용하는 것은 부정의한 것이 아니라 본다.

> "신의 섭리에 따라 동물은 자연의 과정에서 인간이 사용하도록 운명지어져 있다."

③ 베이컨

> "방황하고 있는 자연을 사냥해서 노예로 만들어 인간의 이익에 봉사하도록 해야 한다."

   ⊙ 자연 과학적 지식은 인간에게 유용하며, 이를 활용해 자연을 정복하고 지배하는 것은 정당하다고 본다.

   ⓒ 과학의 목적은 자연을 정복해 인간의 물질적 생활을 향상시키는 것이라 본다.

   ⓒ 과학자들이 자연을 마음대로 지배하는 신비의 섬인 뉴 아틀란티스를 이상적 사 회로 제시했다.

> **✚ 자연에 관한 베이컨의 관점**
> 베이컨은 자연은 인간의 필요를 위해 존재하는 것으로, 자연 탐구를 통해 인간의 물질적 생활을 향상해야 한다 고 주장하였다.

④ 데카르트

> "자연은 의식이 없는 기계일 뿐이다."

   ⊙ 이성을 지닌 인간과 이성을 지니지 않은 자연을 구분하여 자연을 이용하고 정 복하는 것을 정당하다고 본다.

   ⓒ 인간의 정신을 물질로 환원할 수 없는 존엄한 것으로 보고, 자연은 의식이 없 는 기계에 불과하므로 도덕적 고려의 대상이 아니라고 본다.

⑤ 칸트

> "동물에 관한 우리의 의무는 인간성 실현을 위한 간접적인 도덕적 의무에 불과하다."
> "인간은 동물에게 친절하게 대해야 한다. 왜냐하면 동물에게
> 잔인한 사람은 인간을 대우할 때에도 마찬가지로 거칠어지기 때문이다."

  ㉠ 자율성과 이성적 능력을 지닌 인간만이 도덕적 주체이며, 인간만이 도덕적 지위를 갖는다고 본다.
  ㉡ 자연은 인간의 도덕적 감수성에 영향을 주므로 자연을 함부로 대해서는 안 된다고 주장하였다.⁺
  ㉢ 자연에 대한 의무는 인간의 도덕적 완성을 위해 요구되는 간접적 의무이며, 인간 상호 간의 의무만이 직접적 의무라 본다.

(3) 인간 중심주의의 의의와 한계
  ① 인간 중심주의의 의의: 근대 이후 자연 현상을 객관적으로 이해하고 과학 기술을 발전시켜 인간의 삶을 풍요롭게 하는 데 기여하였다.
  ② 인간 중심주의의 한계: 무분별한 자연 개발과 훼손을 야기하여 각종 환경 문제를 초래하였다.

➕ **칸트의 인간 중심주의적 자연관**
칸트는 식물, 동물 등의 자연을 함부로 다루는 것을 반대하였다. 자연을 함부로 파괴하는 것은 다른 사람을 대하는 태도에도 영향을 미치기 때문이다. 즉, 인간 중심적인 관점에서 자연을 바라보고 있음을 알 수 있다.

쏙쏙 이해 더하기 | **온건한 인간 중심주의**

• 인간이 자연의 일부라는 것을 인정하고 자연을 분별력 있게 사용할 것을 주장하는 입장이다. 인간이 다른 존재보다 더 가치 있다고 여기는 점에서 인간 중심주의와 맥락을 같이 한다.
• 인간이 영리하다면 인간의 장기적 복지와 생존을 위해 환경을 보호하고, 미래 세대에 대한 책임을 아는 사람은 미래 세대의 생존 근거를 악화시키지 않으리라고 주장한다.

---

2. 동물 중심주의

(1) 동물 중심주의의 특징
  도덕적 고려의 범위를 동물로 확대해야 한다고 보며, 동물의 복지와 권리 향상을 강조한다.

(2) 대표적인 사상가
  ① 싱어
    ㉠ 동물 해방론: 공리주의 사상에 바탕을 두고 쾌고 감수 능력을 기준으로 고통을 겪는 동물 역시 도덕적 고려 대상에 포함시켜야 한다고 주장한다.
    ㉡ 이익 평등 고려의 원칙: 인간의 이익만을 우대하지 말고, 인간과 동물의 이익을 평등하게 고려해야 한다고 본다.
    ㉢ 동물을 차별하는 것은 인종 차별이나 성차별과 같이 정당화될 수 없는 종(種) 차별주의로, 도덕적으로 정당하지 않다고 본다.
  ② 레건
    ㉠ 동물 권리론: 동물도 자신의 삶을 영위하므로 삶의 주체이며, 도덕적 지위와 권리를 갖는다고 본다.
    ㉡ 의무론적 관점: 동물도 삶의 주체로서 내재적 가치를 지니기 때문에 인간을 위한 수단이 되어서는 안 된다고 주장하였다.
    ㉢ 동물을 이용하는 행위가 도덕적이지 않은 이유는 동물의 가치와 권리를 부정하기 때문으로 본다.

🔍 **꼼꼼 단어 돋보기**
● **쾌고 감수 능력**
쾌락과 고통을 느낄 수 있는 능력

(3) 동물 중심주의의 의의와 한계

① 동물 중심주의의 의의: 상업적인 이익 창출을 위한 동물 학대와 동물 실험 등을 반성하는 계기를 마련하였다.

② 동물 중심주의의 한계

    ㉠ 동물 외의 식물, 생태계 전체에 대한 고려가 부족하다.

    ㉡ 인간의 이익과 동물의 이익이 충돌할 때 누구의 이익이 우선되어야 하는지 판단하기 어렵다.

3. 생명 중심주의

(1) 생명 중심주의의 특징

생명을 갖고 있는 모든 것은 본래적·내재적 가치를 지니므로 인간과 동물뿐만 아니라 식물을 포함한 모든 생명체를 도덕적으로 고려해야 한다고 본다.

(2) 대표적인 사상가

① 슈바이처

    ㉠ 외경 사상: 생명은 두려워하고 공경해야 할 대상이라 주장하였다.

    ㉡ 생명을 유지하고 발전시키는 것은 선이고, 생명을 훼손하고 파괴하는 것은 악이라고 본다.

    ㉢ 원칙적으로 모든 생명체는 동등한 가치를 지니지만(생명의 동등성), 생명을 유지하기 위해서 불가피하게 다른 생명을 해쳐야 하는 선택의 상황에서는 도덕적 책임 의식을 느껴야 한다고 하였다(생명의 차등성).

② 테일러

    ㉠ 목적론적 삶의 중심: 모든 생명체는 생존, 성장, 발전, 번식 등을 목적으로 지향하며 이를 실현하기 위해 자신만의 고유한 방식으로 환경에 적응하려 노력하는 존재라 본다.

    ㉡ 고유한 선의 가치: 모든 생명체는 의식의 유무와 상관없이 고유한 내재적 가치를 지니기 때문에 도덕적으로 배려해야 한다고 주장하였다.

    ㉢ 인간은 생명체를 도덕적으로 고려해야 할 의무가 있다고 보고, 이를 네 가지로 제시하였다.

악행 금지의 의무	어떤 생명체에게도 해를 끼쳐서는 안 됨
성실의 의무	인간의 즐거움과 쾌락을 위해 야생 동물을 낚시하거나 덫을 놓는 등의 기만행위를 해서는 안 됨
불간섭의 의무	개별 생명체의 자유를 간섭하거나 전체 생태계를 조작, 통제, 개조하려는 시도를 하지 않아야 함
보상적 정의의 의무	인간이 다른 생명체에게 해를 끼쳤을 경우 그 피해를 보상해야 함

(3) 생명 중심주의의 의의와 한계

① 생명 중심주의의 의의: 모든 생명체가 지닌 고유한 가치를 깨닫게 해 주었다.

② 생명 중심주의의 한계

    ㉠ 모든 생명체를 존중한다는 것은 현실적으로 실천하기 어렵고, 인간의 생존을 어렵게 할 수 있다.

    ㉡ 도덕적 고려 대상의 범위를 생명체에까지 확장하였으나 개별 생명체를 존중할 뿐, 생태계 전체를 고려한 것은 아니다.

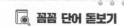

꼼꼼 단어 돋보기

● 외경

공경하면서 두려워함

4. 생태 중심주의

(1) 생태 중심주의의 특징

① 흙, 물, 공기 등의 무생물까지 도덕적 고려 대상으로 포함하여 생태계의 조화에 주목한다.

② 자연에 존재하는 모든 것을 독립적인 것이 아니라 생태계의 구성원으로 바라보는 전체론 또는 전일주의*의 입장을 보여 준다.

(2) 대표적인 사상가

① 레오폴드

 ㉠ 대지 윤리: 도덕 공동체의 범위를 동물, 식물, 토양, 물이 상호 작용하는 대지로 확장하여 인간을 대지의 일부로 보았다.

 ㉡ 유기적 관계: 인간은 대지의 지배자가 아니라 상호 의존적인 부분들로 이루어진 생명 공동체의 한 구성원이라 주장하였다.

 ㉢ 자연은 인간의 이해와 상관없이 내재적 가치를 지니므로 자연 전체가 도덕적 고려의 대상이 되어야 한다고 보았다.

② 네스

 ㉠ 심층 생태주의: 인간 중심주의적 환경 보호 운동을 비판하고 세계관이나 사고방식과 같은 근본적인 의식을 생태 중심으로 바꾸어야 한다고 주장하였다.

 ㉡ '큰 자아실현*과 모든 생명을 상호 연결된 전체의 평등한 구성원으로 인식하는 '생명 중심적 평등'을 제시하며 자신과 자연의 상호 관련성을 강조하였다.

(3) 생태 중심주의의 의의와 한계

① 생태 중심주의의 의의: 생태계를 포괄적으로 바라볼 수 있는 시각을 제공해 주어 환경 문제를 해결하는 데 도움을 준다.

② 생태 중심주의의 한계

 ㉠ 개별 생명체인 인간, 동물, 식물의 이익보다는 생태계의 전체 이익을 우선시하기 때문에 생태계 전체의 선을 위하여 개별 생명체를 희생시키는 환경 파시즘(생태 파시즘)으로 흐를 수 있다.

 ㉡ 생태계의 중요한 가치를 실현하는 데 인간의 어떤 개입도 허용하지 않기 때문에 환경 보존을 위한 구체적 방안을 제시하지 못한다.

 ㉢ 불특정 다수에게 환경 문제에 대한 과도한 책임을 부과할 수 있다.

② 인간과 자연의 관계에 대한 동양의 관점

1. 유불도의 자연관

(1) 유교의 자연관

① 자연은 도덕적 존재이고, 만물의 근원은 자연의 생명으로부터 나오며, 그것이 곧 도(道)라고 본다.

② 인간은 하늘의 도를 본받아 다른 인간과 존재를 사랑하고 어질게 행동하는 인(仁)을 실천해야 한다.

③ 천인합일(天人合一): 인간과 자연은 하나라는 뜻으로, 인간과 자연의 조화를 강조한다.

④ 인간은 천지(天地)의 조화로움을 본받아야 한다고 가르친다.

✚ 전일주의
부분의 합은 전체와 같을 수 없다는 관점으로, 하나의 통합된 전체를 사유 대상으로 삼는다.

✚ 큰 자아실현
자신을 자연이라는 더 큰 전체의 일부로 인식하고, 자기를 자연과의 상호 연관 속에서 존재하는 것으로 이해하는 것이다.

(2) 불교의 자연관

① 모든 존재가 서로 원인과 조건으로 연결되어 있다는 연기의 원리에 따라 만물은 서로 밀접한 관계가 있다는 상호 의존성을 강조한다.

② 인간과 자연은 분리되어 있는 것이 아니라 하나의 그물망으로 서로 연관되어 있기 때문에 생명을 소중하게 여기며 자비를 베풀어야 한다. → 자타불이(自他不二)

③ 살아 있는 것을 죽이지 않는 불살생과 검소한 삶을 실천하는 무소유를 추구한다.

☆(3) 도가의 자연관

① 무위자연(無爲自然): 자연은 아무 목적이 없는 무위의 체계로, 내재적 질서에 따라 움직이는 것이라 본다.[+]

② 물아일체(物我一體): '천지는 나와 함께 살고 만물은 나와 더불어 하나'가 되는 경지에 도달할 것을 강조한다.

2. 동양의 자연관이 지니는 의의

인간과 자연의 관계를 상호 의존적인 것으로 보아, 인간 중심주의와 도구적 자연관에서 비롯된 환경 문제를 해결할 수 있는 실마리가 된다.

╋ 무위자연의 추구

도가는 이러한 무위자연을 추구하여 인간의 인위적인 의지나 욕구와 무관하게 존재하는 자연의 가치와 아름다움을 중시하였다.

3 환경 문제에 대한 윤리적 쟁점

1. 환경 문제의 원인과 특징

(1) 환경 문제의 원인

① 도구적 자연관: 자연을 오직 인간을 위한 수단으로 인식하였다.

② 무분별한 발전: 산업화와 도시화에 따른 개발에 엄청난 자원이 이용되었다.

☆(2) 환경 문제의 특징

① 자정 능력 상실: 현대의 환경 문제는 지구의 자정 능력을 넘어서 회복하기 어려운 범위로 나타난다.

② 전 지구적 영향: 한 지역과 국가에서 발생한 환경 문제는 다른 지역 또는 국가에 영향을 주어 전 지구적으로 영향을 미친다.

③ 책임 소재 불분명: 다양한 원인으로 발생하는 환경 문제는 일정 시간이 흐른 후 불특정 다수에게 피해를 주기 때문에 책임 소재를 명확히 구분하기 쉽지 않다.

④ 미래 세대에 영향: 환경 문제는 현세대에 국한되는 것이 아니라 미래 세대에까지 이어져 영향을 끼칠 수 있다.

⑤ 문제 해결의 어려움: 환경 문제는 오랜 시간에 걸쳐 발생하기 때문에 회복하는 데에 오랜 시간이 걸리며 완전한 해결이 어려울 수도 있다.

2. 기후 변화와 기후 정의

(1) 기후 변화

① 기후 변화의 의미: 자연적 요인 혹은 인간 활동의 결과로 수십 년 동안 유지되던 기후의 평균 상태가 변화하는 것을 말한다.

② 기후 변화의 문제점: 지구 온난화, 생태계 파괴, 빙하의 감소, 해수면의 상승, 해일, 새로운 질병의 유행 등 다양한 문제가 발생하여 인류의 생존을 위협하고 지구 생태계를 파괴한다.

꼼꼼 단어 돋보기

● **자타불이**
너와 내가 둘이 아님

● **자정 능력**
자연 생태계가 스스로 최초의 균형 상태로 복구하려는 능력

(2) 기후 정의

① **기후 정의의 의미:** 기후 변화에 따른 불평등을 해소함으로써 정의를 실현하고자 하는 것을 말한다.

② **기후 정의의 문제**

　⊙ 기후 변화의 책임은 경제 성장 과정에서 많은 온실가스를 배출한 선진국에 있다. 그러나 선진국에 비해 온실가스의 배출량이 적은 개발 도상국과 후진국의 사회적 약자가 피해를 입는 경우가 많아 불공평하다.

　⊙ 선진국이 경제 성장을 이룬 상황에서 이제 성장을 시작한 개발 도상국과 후진국에 온실가스 배출 절감 등으로 경제 성장 속도를 늦추라고 요구하는 것은 부당하다.

③ **기후 정의의 실현 방안**

　⊙ 기후 변화로 인해 고통을 받는 나라에 적극적인 보상과 지원을 해야 한다.

　⊙ 전 지구적으로 온실가스 배출을 줄이기 위한 노력을 해야 한다.

(3) 기후 변화 문제를 해결하기 위한 국제적 노력

기후 변화 협약 (1992)	• 브라질 리우데자네이루에서 온실가스 감축을 위해 맺은 국제 협약 • 강제력이 없어 구체적 실천이 이루어지지 못함
교토 의정서 (1997)	• 일본 교토에서 선진국 38개국이 의무적으로 온실가스 감축량을 설정하고 각 나라마다 배출할 수 있는 온실가스의 양을 정한 협약 • 사용하고 남은 양에 대한 배출권을 사고팔 수 있는 탄소 배출권 거래 제도를 마련함
파리 협정 (2015)	• 2020년에 만료되는 교토 의정서를 대체하는 새로운 협약 • 선진국뿐만 아니라 협약에 참여한 개발 도상국에까지 탄소 배출 감축 대상을 확대하였으며, 국가별로 경과 보고를 의무화함

> **쏙쏙 이해 더하기** ｜ **탄소 배출권 거래 제도**
>
> • **장점:** 경제적 유인을 제공하여 온실 가스를 효과적으로 감축할 수 있다.
> • **문제점:** 자본주의 시장 경제 논리를 환경 문제에 도입함으로써 돈만 지불하면 온실 가스를 배출해도 된다는 인식을 심어 줄 수 있다.

3. 미래 세대에 대한 책임

(1) 환경 문제와 미래 세대의 삶

① 현세대뿐만 아니라 미래 세대의 생존과 삶도 환경 문제와 직접적 관련이 있다.

② 미래 세대도 깨끗하고 온전한 환경에서 인간답게 살아가야 한다.

(2) 미래 세대에 대한 책임 윤리와 배려 윤리

① **요나스의 책임 윤리**

　⊙ 인류 존속에 대한 현세대의 책임이 당위적으로 강조되어 정언 명령의 형태로 나타난다.

　　예 "너의 행위의 결과가 지상에서 진정한 인간적 삶의 지속과 조화될 수 있도록 행위하라."
　　　"너의 행위의 결과가 인간 생명의 미래의 가능성에 대하여 파괴적이지 않도록 행위하라."

　⊙ 현세대가 두려움, 겸손, 검소, 절제 등의 덕목을 지녀야 한다고 본다.

② **나딩스의 배려 윤리:** 우리가 미래 세대의 관점에서 현재를 바라본다면 환경을 보호하는 행위는 그들에게 이익을 주는 가치 있는 행동이라 본다.

✚ 현세대의 책임

요나스에 따르면 현세대의 책임은 일차적으로 미래 세대의 존재를 보장하는 것이며, 이차적으로는 미래 세대의 삶의 질을 배려하는 것이다.

4. 생태적 지속 가능성

(1) 개발과 환경 보존의 딜레마

개발론	환경 보존론
• 자연 개발로 풍요로운 삶을 누리는 것을 환경 보존보다 우선함 • 긍정적 측면: 자연을 도구로 삼아 경제 성장과 기술 발달을 이룩하면 환경 문제는 해결할 수 있음 • 부정적 측면: 환경 파괴로 이어짐	• 인류의 생존을 위해서는 환경 보존과 자연의 가치를 지켜야 함 • 긍정적 측면: 자연은 그 자체로 소중하며 자연을 보존하는 것이 길게 보아 더 큰 이익이 된다고 봄 • 부정적 측면: 개발과 기술 발달에 제약을 불러옴

☆(2) 환경적으로 건전하고 지속 가능한 발전

① **지속 가능한 발전의 의미**: 현세대의 욕구를 만족시키면서 미래 세대의 욕구를 침해하지 않고 자연환경을 균형 있게 개발하는 것을 말한다.

② **지속 가능한 발전의 등장 배경**: 개발과 환경 보전의 딜레마를 해결하기 위하여 환경적으로 건전하고 지속 가능한 발전이라는 개념이 제시되었다.

③ **환경적으로 지속 가능한 발전의 실천 방안**

개인적 차원	• 인간뿐만 아니라 모든 생명체를 존중하고 공존하려는 노력을 해야 함 • 친환경적 소비의 생활화 　⑩ 친환경 제품 사용, 일회용품 사용 줄이기, 재활용하기 등
사회적 차원 (국가적 차원)	• 저탄소 녹색 성장, 삼림 자원 조성 등 환경을 고려한 개발을 해야 함 • 관련 제도와 법의 마련·확대
국제적 차원	• 각종 협약 등을 통해 국제적으로 협력하여 함께 노력해야 함 • 국가 간 협력 체제 구축

📖 **꼼꼼 단어 돋보기**

● **저탄소 녹색 성장**
자원의 효율적 사용과 오염 물질 배출의 최소화를 추구하는 것

쏙딱 TEST

이론 쏙! 핵심 딱!

쏙딱 TEST

Ⅳ

정답과 해설 11쪽

과학과 윤리

📢 선생님이 알려 주는 **출제 경향**

사이버 공간에서 발생하는 윤리적 문제가 종종 출제됩니다. 또한 동양의 자연관이 자주 출제되며, 서양의 자연관에서는 생명 중심주의가 자주 출제되고 있습니다.

주제 1   과학 기술과 윤리와의 관계

01 다음에 나타난 과학 기술을 바라보는 관점으로 가장 적절한 것은?

> 과학 기술은 인류에 부를 가져다주고, 사회의 모든 문제를 해결해 주어 인류는 영원히 행복할 수 있다.

① 과학 기술은 생태계를 파괴한다.
② 과학 기술로 해결하지 못하는 것은 없다.
③ 과학 기술의 발전을 비관적으로 바라본다.
④ 과학 기술의 발전으로 인간 소외가 발생한다.

02 과학 기술 발달에 따른 성과로 적절한 것은?

① 식량난 발생
② 매체의 다양화
③ 활동 영역 축소
④ 평균 수명의 양극화

주목

03 과학 기술 발달에 따라 발생할 수 있는 윤리적 문제점은?
2018년 1회

① 환경 파괴
② 식량 문제 해결
③ 생활 수준의 향상
④ 비판적 사고 능력 강화

04 다음과 관련된 윤리적 문제 현상으로 가장 알맞은 것은?

> • 판옵티콘
> • 빅 브라더
> • 개인 정보 유출
> • 사이버 폭력

① 자연에 대한 인간의 착취를 정당화한다.
② 시공간적 제약에서 벗어날 수 있게 한다.
③ 물질적 풍요와 안락한 삶을 가능하게 한다.
④ 개인의 인권이 침해당하고 사생활이 노출된다.

05 신문 사설의 제목으로 가장 적절한 것은? 2016년 2회

도덕신문

제목: _____

…… 과학 기술이 발전함에 따라 컴퓨터와 같은 기계를 통한 간접적 만남이 많아지고 인간을 직접 대면하는 시간이 줄어들게 되었다. 이에 따라 인간은 사회로부터 소외감과 단절감을 더 크게 느끼게 되어 은둔형 외톨이, 게임 중독과 같은 유형의 사회적 문제가 발생하고 있다. 〈후략〉

---

① 도덕적 토론은 왜 복잡한가
② 국가 권력의 횡포는 막을 수 없는가
③ 정보 사회의 윤리적 문제는 무엇인가
④ 환경 보존과 개발은 양립할 수 있는가

주제 2 **과학 기술의 가치 중립성**

06 갑, 을이 공통으로 지향하는 과학 기술에 대한 입장은?
2018년 2회

과학 기술은 윤리적 관점에서 평가되어서는 안 돼.

과학 기술은 가치와 무관한 사실의 영역으로 보아야 해.

갑   을

① 과학 기술은 가치 중립적이어야 한다.
② 과학 기술에는 가치가 개입되어야 한다.
③ 과학 기술은 윤리적 책임이 따라야 한다.
④ 과학 기술은 도덕적 판단의 규제를 받아야 한다.

07 다음에 나타난 과학 기술을 바라보는 관점으로 적절한 것은?

과학 기술을 가치 중립적인 것으로 고찰하여 우리와 무관한 것으로 보게 될 때, 우리는 무방비 상태로 기술에 내맡겨진다.
– 하이데거(Heidegger, M.) –

---

① 과학 기술은 수단에 불과하다.
② 과학 기술은 가치 중립적이어야 한다.
③ 과학 기술에는 가치가 개입되어야 한다.
④ 과학 기술은 주관적 가치가 개입될 수 없다.

08 과학 기술과 윤리의 바람직한 관계가 <u>아닌</u> 것은?

① 과학 기술자는 연구 윤리를 준수한다.
② 윤리는 과학 기술의 가치 설정에 도움을 준다.
③ 각자의 영역을 존중하고 가급적 관여하지 않는다.
④ 과학 기술의 안전한 발전을 위해 윤리적 규제와 감시가 필요하다.

빠른 정답 체크

01 ②   02 ②   03 ①   04 ④   05 ③   06 ①   07 ③
08 ③

09 다음에 나타난 과학 기술자의 입장으로 적절한 것은?

> 내가 원자 폭탄을 만든 것은 사실이지만, 사용에 관한 결정은 정치인이 내렸으며 나는 주어진 역할을 했을 뿐이다.

① 과학 기술자는 자신의 연구 결과가 미칠 사회적 영향을 인식하여야 한다.
② 과학 기술자는 과학 기술의 발전이 사회에 미칠 결과를 예측하여 도덕적 책임을 져야 한다.
③ 과학 기술이 부정적 결과를 가져온다 할지라도 이는 연구 결과를 이용한 사람들의 책임이다.
④ 과학 기술자는 자신의 연구 결과가 사회에 해악을 끼칠 가능성이 있다면 연구를 중단하여야 한다.

10 다음에서 소개하는 윤리 사상가는?

> ◈ 도덕 인물 카드 ◈
>
> • 책임의 범위를 자연과 미래 세대까지 확장
> • "너의 행위의 결과가 미래에 지구상에서 인간이 살아갈 수 있는 가능성을 파괴하지 않도록 행위하라."

① 칸트   ② 벤담
③ 요나스   ④ 오펜하이머

11 ㉠에 들어갈 내용으로 적절하지 **않은** 것은?

① 시민 참여 제도를 마련
② 연구자의 자율성을 보장
③ 기술 영향 평가 제도를 시행
④ 과학기술윤리위원회를 구성

12 사이버 공간의 발달로 인한 윤리적 문제점에 해당되지 **않는** 것은?   2015년 1회

① 사생활 침해   ② 저작권 침해
③ 개인 정보 유출   ④ 일의 효율성 극대화

13 다음 설명에 해당하는 것은?   2019년 2회

> • 의미: 온라인에서 이루어지는 폭력
> • 종류: 해킹, 바이러스 유포, 악성 댓글, 거짓 정보 등
> • 특징: 집단적으로 이루어지는 경우가 많아 책임을 전가하기 쉬움

① 아동 학대   ② 게임 중독
③ 지적 재산권   ④ 사이버 폭력

주목
14 사이버 폭력의 특징이 **아닌** 것은?

① 빠르게 집단 행위로 확산된다.
② 특정 시간에 집중적으로 행해진다.
③ 직접 대면하지 않아 더욱 잔인하게 행해진다.
④ 책임의 전가가 쉬워 개인의 책임감이 약화된다.

15 다음에 나타난 정보 사회의 윤리적 문제는?

> 창작자의 허락 없이 저작물을 이용하여 인격권과 재산권을 침해하는 행위이다.

① 사생활 침해   ② 인터넷 중독
③ 사이버 불링   ④ 저작권 침해

16 다음과 같은 정보화에 따른 윤리적 문제에 해당하는 것은?   2017년 1회

> • 사이버 폭력
> • 개인 정보 유출
> • 위치 추적 시스템의 남용

① 사생활 침해   ② 인간 복지 향상
③ 환경 생태계 파괴   ④ 정치 참여 기회 확대

17 다음에 나타난 정보 윤리의 기본 원칙은?

> 모든 개인은 공정하고 평등하게 대우받아야 하므로 그 누구도 타인의 권리와 자유를 침해하지 않아야 한다.

① 책임의 원칙   ② 정의의 원칙
③ 인간 존중의 원칙   ④ 해악 금지의 원칙

주목
18 다음에 해당하는 정보 윤리의 기본 원칙은?   2021년 1회

> • 정보화 혜택의 차별 없는 분배
> • 사이버 공간에서의 규칙과 법 준수

① 정의   ② 갈등
③ 익명성   ④ 무관심

19 사이버 공간에서 실천해야 할 바람직한 행위는?   2017년 2회

① 책임 회피하기   ② 사생활 침해하기
③ 악성 댓글 달기   ④ 바른 언어 사용하기

빠른 정답 체크

09 ③	10 ③	11 ②	12 ④	13 ④	14 ②	15 ④
16 ①	17 ②	18 ①	19 ④			

20 ㉠에 들어갈 말로 적절한 것은?

> 기존 매체들이 제공하던 정보들은 이제 (㉠)을/를 통해 가공되고 전달되며 소비된다. 그러나 이전과 달리 검증되지 않은 정보와 자극적인 유해 정보가 빠르게 확산되어 전달되는 문제가 발생하고 있다.

① 캠페인　　　　　② 인쇄 매체
③ 뉴 미디어　　　　④ 텔레마케팅

21 바람직한 매체 윤리로 적절하지 <u>않은</u> 것은?

① 진실되고 공정한 정보를 생산한다.
② 허위 정보를 신뢰도 있게 재가공하는 능력을 기른다.
③ 미디어 리터러시를 갖추어 뉴 미디어를 이용한다.
④ 알 권리를 충족하는 과정에서 인격권을 침해하지 않는다.

22 다음 내용을 주장한 사상가는?

> 식물은 동물의 생존을 위해, 동물은 인간의 생존을 위해 존재한다.

① 베이컨　　　　　② 데카르트
③ 슈바이처　　　　④ 아리스토텔레스

23 동물 중심주의 입장에 따라 빈칸에 들어갈 말로 알맞은 것은?

> 대전제: 도덕적 판단의 기준을 쾌락과 고통으로 삼아야 한다.
> 소전제: _____
> 결론: 동물도 도덕적 가치 판단의 대상이다.

① 동물은 이성이 없다.
② 동물은 고통을 느낀다.
③ 동물은 자유의 본능이 있다.
④ 동물은 인간과 다른 종이다.

주목
24 다음에서 생명 중심주의 윤리적 관점에만 '✓'를 표시한 학생은?

2020년 1회

관점 　　　　　　　　　　　　　　　　학생	A	B	C	D
• 자연은 인간에게 편리한 도구이다.		✓		✓
• 동물만이 삶을 영위할 권리를 갖는다.		✓	✓	
• 자연의 모든 생명체는 내재적 가치를 지닌다.	✓		✓	

① A　　　② B　　　③ C　　　④ D

25 다음을 주장한 사상가는?

> 땅은 단순히 토양이 아니라 생명체와 무생물체가 상호 작용하는 공동체입니다.

① 네스   ② 테일러
③ 슈바이처   ④ 레오폴드

---

26 다음 내용을 주장한 사상가는?   2016년 1회

> "과학자의 목적은 자연의 비밀을 파헤치는 데 있다."고 하면서 "자연을 이용해서 노예로 만들어 인간에게 봉사하도록 해야 한다."고 주장하였다.

① 흄   ② 밀
③ 루소   ④ 베이컨

---

27 ㉠에 들어갈 말로 가장 적절한 것은?   2018년 1회

> 동물 중심주의 윤리의 대표 학자는 싱어(Singer. P.)입니다. 그의 사상적 특징은 다음과 같습니다.
> (㉠)

① 정복 지향적인 자연관을 가집니다.
② 동물을 도덕적 고려의 대상으로 봅니다.
③ 인간이 자연을 지배할 권리를 강조합니다.
④ 동물을 인간이 사용해야 하는 수단이라고 봅니다.

---

28 유교의 자연관에 해당하는 것을 〈보기〉에서 모두 고른 것은?

> **보기**
> ㄱ. 만물과 하나가 되는 경지에 도달할 것을 강조한다.
> ㄴ. 인간은 천지(天地)의 조화로움을 본받아야 한다고 본다.
> ㄷ. 천인합일(天人合一)을 통해 인간과 자연의 조화를 강조한다.
> ㄹ. 연기(緣起)의 원리에 따라 만물은 서로 밀접한 관계가 있다고 본다.

① ㄱ, ㄴ   ② ㄱ, ㄷ
③ ㄴ, ㄷ   ④ ㄷ, ㄹ

---

29 ㉠에 들어갈 단어로 적절한 것은?

> (㉠)에서는 인간과 자연은 분리되어 있는 것이 아니라 하나의 그물망으로 서로 연결되어 있기 때문에 생명을 소중하게 여기며 자비를 베풀어야 한다고 본다.

① 불교   ② 유교
③ 도교   ④ 그리스도교

빠른 정답 체크

20 ③	21 ②	22 ④	23 ②	24 ①	25 ④	26 ④
27 ②	28 ③	29 ①				

01 과학 기술과 윤리

1 과학 기술의 성과와 윤리적 문제

성과	물질적 풍요, 편리한 생활, 건강한 삶, 생명 연장, 인간의 활동 영역 확대, 다양한 매체의 등장
윤리적 문제	인간 소외 현상, 기술 지배 현상, 환경 오염, 개인의 인권과 사생활 침해, 생명의 존엄성 훼손, 인류의 생존 위협

2 과학 기술의 가치 중립성

과학 기술의 가치 중립성을 인정	과학 기술의 가치 중립성을 부정
• 과학적인 사실이나 기술은 선악을 판단할 수 없는 것 • 과학 기술의 결과에 대한 책임은 그것을 활용하는 사람들에게 있음	• 연구 주제를 선정하고 연구 결과를 활용할 때 가치 판단이 필요함 • 연구 결과가 악용될 소지가 있는지 미리 고려해야 함

3 과학 기술자의 사회적 책임

과학 기술자의 사회적 책임을 인정	과학 기술자의 사회적 책임을 부정
과학 기술과 인간의 삶은 분리할 수 없음	과학 기술자는 자신의 연구만 충실히 수행하면 됨

4 요나스의 책임 윤리

① 앞으로 일어날 일을 예상하고 책임져야 함을 강조
② 인류에 대한 인간의 책임을 당위적으로 표현
③ 현세대는 미래 세대의 생존에 책임감을 가져야 한다고 봄

02 정보 사회와 윤리

1 정보 통신 기술 발달에 따른 윤리적 문제

사이버 폭력	• 의미: 정보 통신 기기를 이용하여 특정인에게 정신적 피해를 주거나 허위 사실을 유포하며 고통을 주는 행위 • 유형: 악성 댓글, 허위 사실 유포, 사이버 성폭력, 사이버 스토킹, 사이버 따돌림 • 특징: 빠른 확산, 집단적으로 행해짐, 상시적으로 지속됨
사생활 침해	• 의미: 자신의 의사와는 상관없이 개인 정보가 노출되어 피해를 받는 것 • 특징: 정보 통신 기술의 발달로 개인 정보가 쉽게 노출되고 도용됨
저작권 침해	• 의미: 저작권법에 의해 보호되는 저작물을 무단으로 이용하여 창작자의 권리를 침해하는 행위 • 저작권에 대한 입장: 정보 사유론(창작자의 권리 존중) / 정보 공유론(창작물의 공유)

2 정보 사회에 요구되는 정보 윤리

인간 존중	다른 사람의 인격, 사생활, 지적 재산권 등을 존중해야 함	책임	자신의 행동이 가져올 결과를 생각하고 신중하게 행동해야 함
해악 금지	다른 사람과 사회에 피해를 주지 않는 행동을 해야 함	정의	다른 사람의 권리와 자유를 침해하지 않는 행동을 해야 함

03 자연과 윤리

1 자연을 바라보는 서양의 관점

인간 중심주의	• 인간만이 도덕적 고려의 대상임, 자연을 인간의 도구로 여김 • **대표 사상가**: 아리스토텔레스, 아퀴나스, 베이컨, 데카르트, 칸트 • **의의**: 인간의 삶을 풍요롭게 하는 데 기여함 • **한계**: 무분별한 자연 개발과 훼손을 야기하여 각종 환경 문제를 초래함
동물 중심주의	• 도덕적 고려 대상을 동물로 확대함 • **대표 사상가**: 싱어, 레건 • **의의**: 동물 학대와 동물 실험 등을 반성하는 계기를 마련함 • **한계**: 인간의 이익과 동물의 이익이 충돌할 때 누구의 이익이 우선되어야 하는지 판단하기 어려움
생명 중심주의	• 식물을 포함한 모든 생명체를 도덕적 고려 대상으로 확대함 • **대표 사상가**: 슈바이처, 테일러 • **의의**: 모든 생명체의 고유한 가치를 깨닫게 함 • **한계**: 생태계 전체를 고려하지 않음
생태 중심주의	• 무생물까지 도덕적 고려 대상으로 포함함 • **대표 사상가**: 레오폴드, 네스 • **의의**: 생태계를 포괄적으로 바라볼 수 있는 시각을 제공하여 환경 문제 해결에 도움을 줌 • **한계**: 불특정 다수에게 환경 문제에 대한 과도한 책임을 부과할 수 있음

2 자연을 바라보는 동양의 관점

유교	• 자연은 도덕적 존재, 곧 도이며, 자연을 본받아 인(仁)을 실천해야 함 • 천인합일
불교	• **연기설**: 만물은 서로 밀접한 관계가 있음(상호 의존성) • 불살생, 자타불이, 무소유 등의 실천
도가	• 자연의 흐름을 따르는 삶을 강조 • 무위자연, 물아일체

3 환경 문제의 원인과 특징

원인	도구적 자연관, 무분별한 발전
특징	자정 능력 상실, 전 지구적 영향, 책임 소재 불분명, 미래 세대에 영향, 문제 해결의 어려움 → 지속 가능한 발전 필요

단원을 닫으며

현재 내가 누리고 있는 과학 기술에 익숙해진 나머지 바람직하지 않은 행위를 하고 있지 않은지 반성해 볼 수 있는 단원이에요. 나의 일상과 연결해서 학습하면 쉽게 이해할 수 있는 내용입니다. 자연을 바라보는 동서양의 관점과 그 차이점을 눈여겨 보아야 하며, 각 사상가의 주장도 잘 알아 둘 필요가 있어요!

문화와 윤리

01 예술과 대중문화 윤리

이번 단원에서는 예술과 윤리의 관계를 살펴보고, 예술의 상업화의 긍정적 측면과 부정적 측면, 대중문화와 관련된 윤리적 문제는 무엇인지 알아봅니다.

1 예술과 윤리의 관계

1. 예술의 의미와 기능

(1) 예술의 의미
미적 가치를 추구하며, 인간의 감정을 표현하고 아름다움과 관련된 새로운 가치를 만드는 활동이나 그 산물을 뜻한다.

(2) 예술의 기능　예술이 인간에게 미치는 영향이 무엇인지 생각해 보면 이해하기가 쉬워요.
① **정서의 정화**: 인간이 자신의 감정과 생각을 자유롭게 표현하여 스트레스를 해소하고, 심리적 안정과 즐거움을 느낄 수 있게 한다.
② **사고의 확장**: 예술을 통해 어떤 대상의 새로운 의미를 발견하거나 문제의 해결책을 찾을 수 있게 한다.
③ **의식과 사회의 개혁**: 사회의 모순을 비판하거나 현실적 표현을 넘어서는 새로운 사상과 가치를 창조할 수 있게 한다.

2. 예술과 윤리의 관계　예술과 윤리의 관계를 바라보는 관점으로 도덕주의와 심미주의(예술 지상주의)가 있어요.

(1) 예술과 윤리의 비교
① **공통점**: 인간다움이라는 지향점을 추구한다.
② **차이점**

예술	윤리
• 미(美)를 추구함 • 현실적인 제약을 벗어나 자유를 추구함	• 선(善)을 추구함 • 현실적인 제약 속에서 도덕적 당위를 추구함

(2) 도덕주의
① **예술의 목적**: 도덕적 가치가 미적 가치보다 우위에 있으므로 예술은 교훈과 본보기를 제공하여 인간의 올바른 품성 함양을 목적으로 해야 한다고 본다.
② **참여 예술론**: 예술 활동은 다양한 사회 활동 중 하나이며 예술가 역시 사회 구성원들 중 하나이므로 예술은 사회의 모순을 비판하고 사회 발전에 이바지해야 한다고 본다.
③ **한계**: 도덕적 기준을 앞세워 예술의 자율성을 침해하거나 예술이 정치에 이용될 수 있다.
④ **대표적인 사상가**

플라톤⁺	예술은 인간의 품성에 영향을 주기 때문에 윤리의 관점에서 예술 작품을 선별해야 한다고 봄
톨스토이	예술 작품의 가치는 도덕적 가치에 의해 결정되며, 선을 추구하는 예술이 참된 예술이라고 봄

➕ 플라톤과 도덕주의

> "건강에 좋은 곳에 거주함으로써 건강해지듯, 아름다운 작품은 젊은 이들이 자신도 모르는 사이에 아름다운 말을 닮고 사랑하고 공감하도록 이끌어 준다."

(3) 심미주의(예술 지상주의)

① 예술의 목적: 예술은 '옳다/그르다'와 같이 평가할 수 없으며 도덕적 가치와 미적 가치는 무관하다고 보는 입장으로, 예술은 미적 가치를 만드는 것을 목적으로 해야 한다고 본다.

② 순수 예술론: 예술 활동은 도덕적 기준이나 사회적 관습으로부터 자유로우므로 예술은 미적 가치를 기준으로 하여 판단해야 하며, 도덕적 기준으로 판단해서는 안 된다고 본다.

③ 한계: 예술과 현실을 분리해 예술의 사회적 영향과 책임을 간과하여 비윤리적인 예술이 등장할 수 있다.

④ 대표적인 사상가

와일드[+]	예술가는 도덕적 기준이나 다른 사람의 이목을 신경 쓰지 말고 미적 추구를 해야 한다고 봄
스핑건[+]	예술을 도덕적으로 판단하는 것은 의미가 없다고 봄

☆(4) 예술과 윤리의 조화

① 예술과 윤리는 모두 인간의 삶에 영향을 주므로 조화로운 관계를 추구해야 한다.

② 예술과 윤리의 조화를 강조한 사상가

칸트	미(美)와 선(善)은 형식이 유사하므로, 미는 도덕성의 상징이 되며 도덕성의 실현에 기여할 수 있다고 봄 참고 예술이 주는 심미적 즐거움은 도덕적 가치와 동떨어진 것이 아니라고 본다.
공자	예(禮)에서 사람이 서고, 악(樂)에서 사람이 완성된다고 하여, 도덕과 예술의 조화 속에서 진정한 인격이 형성될 수 있다고 봄
정약용	악(樂)을 통해 인격을 수양하고 화합할 수 있으므로 악(樂)을 가까이 해야 한다고 주장함

3. 예술의 상업화

(1) 예술의 상업화의 의미

상품을 사고파는 행위를 통해 이윤을 얻는 일이 예술 작품에도 적용되는 현상을 말한다.

(2) 예술의 상업화의 배경

① 과거에는 예술이 일부 부유층의 전유물이었지만, 대중 매체의 발달로 대중도 예술을 쉽게 접하게 되면서 예술의 대량 생산과 대량 소비가 이루어졌다.

② 자본주의 시대의 흐름에 따라 경제적 가치가 중요해졌다.

③ 포스트모더니즘[+], 팝 아트[+], 키치[+] 등 새로운 예술 형태가 등장하였다.

참고 팝 아트의 대표적인 예술가로는 앤디 워홀이 있다. 앤디 워홀은 예술의 상업화에 대해 자신을 기계, 작업실을 공장에 비유하였고 실크 스크린과 같은 방식으로 작품을 대량으로 생산하였다.

☆(3) 예술의 상업화의 긍정적 측면과 부정적 측면

① 예술의 상업화의 긍정적 측면

㉠ 일부 부유층이 향유하던 예술을 대중도 누리게 되면서 예술이 양적으로 성장하였다.

㉡ 예술가에게 경제적 이익을 가져다주어 안정적인 예술 활동을 하도록 기반을 마련하고, 창작 의욕을 높여 예술 활동에 전념하도록 한다.

+ 와일드와 심미주의

"세상에 도덕적 작품, 비도덕적 작품이란 없다. 작품은 잘 쓰였거나 형편없이 쓰였거나 둘 중 하나일 뿐이다."
"예술가에게 윤리적인 동정심이란 용서할 수 없는 매너리즘이다."

+ 스핑건과 심미주의

"시(詩)가 도덕적 혹은 비도덕적이라고 말하는 것은 정삼각형은 도덕적이고 이등변 삼각형은 비도덕적이라고 말하는 것처럼 무의미하다."

+ 포스트모더니즘

'탈현대'라는 뜻으로, 고급과 저급, 성스러운 것과 속된 것, 창조품과 기성품, 작가와 관객 사이의 경계를 허물고 일상에서 마주하는 모든 것을 미적 대상으로 간주하는 예술 사조이다. 기존의 권위적인 사고와 제도의 억압을 비판하고 이성에 억눌린 감성의 해방을 주장한다.

+ 팝 아트

대중이 이해하기 쉽고 재미있게 표현한 예술 양식이다. 만화나 광고, 대중 스타 등을 이용하여 대중에게 친숙하게 다가가는 것이 특징이다.

+ 키치

'저속한 작품'이라는 뜻으로, 진품을 모방하고 변형한 저속한 작품을 말한다. 대중들이 쉽게 이해할 수 있기 때문에 대중의 욕구를 충족시켜 주는 장점이 있으나 순수 예술을 훼손하였다는 부분에서는 비판을 받기도 한다.

② 예술의 상업화의 부정적 측면

    ㉠ 대중의 취향만을 좇다 보니 예술가의 자율성이 훼손되어 예술성을 잃고 예술 작품이 표준화·획일화된다.

    ㉡ 대중의 관심을 끌고 경제적 이익을 얻기 위해 자극적이고 선정적인 작품에 집중하여 예술의 질적 저하를 가져온다.

    ㉢ 상업적인 가치에 집중하여 예술의 미적 가치와 도덕적 가치를 간과할 수 있다.

2 대중문화와 윤리적 문제

1. 대중문화의 의미, 중요성과 특징

(1) 대중문화의 의미

대중 사회를 기반으로 형성되어 다수의 사람이 쉽게 소비하고 향유하는 문화를 말한다.

    예 텔레비전 프로그램, 인터넷, 음악, 영화, 서적, 만화 등

(2) 대중문화의 중요성

개인의 가치관과 행동 양식, 사회 변화에 많은 영향을 준다.

(3) 대중문화의 특징

① 일상과 긴밀하게 연관되어 있다.

② 시장을 통해 유통되면서 이윤을 창출하는 상업적 특징을 지닌다.

③ 대중 매체에 의해 생산되고 확산되는 경우가 많으며, 대중 매체는 불특정 다수를 대상으로 같은 내용의 문화적 산물을 공급함으로써 대량 소비를 가능하게 한다.

2. 대중문화와 관련된 윤리적 문제

(1) 대중문화의 자본 종속

① 대중문화의 다양한 영역에서 자본이 지배적인 영향력을 행사하는 현상을 말한다.[+]

② 문제점

    ㉠ 막대한 자본력을 갖춘 소수의 문화 기획사가 대중문화를 주도하게 된다.

    ㉡ 문화 산업에 종속된 예술가는 자율성을 잃고 대중의 취향을 좇게 된다.

    ㉢ 획일화된 문화 상품만이 생산되어 다양성이 위축될 수 있다.

(2) 대중문화의 선정성과 폭력성

① 대중의 흥미와 관심을 얻기 위해 대중문화를 선정적이고 폭력적이며 자극적으로 표현하는 현상이다.

② 문제점

    ㉠ 인간의 육체와 성을 욕구 충족의 수단 및 과시적 대상으로 삼는다.

    ㉡ 폭력을 미화하여 대중에게 정서적으로 악영향을 줄 수 있으며, 모방 범죄로 이어질 우려가 있다.

3. 대중문화에 대한 윤리적 규제를 둘러싼 쟁점

(1) 윤리적 규제를 찬성하는 입장

① 성의 인격적 가치가 훼손되므로 성 상품화를 규제해야 한다.

② 청소년과 대중에게 정서적으로 악영향을 줄 수 있는 대중문화를 선별해야 한다.

＋ 대중문화의 자본 종속 사례

• 간접 광고(PPL): 영화나 드라마에서 상품명이 보이는 상품. 협찬 업체의 이미지나 명칭 따위를 노출하여 무의식 중에 관객들에게 제품을 홍보하는 일종의 광고 마케팅이다.

• 블록버스터: 대규모의 제작비, 세트, 특수 효과 등을 동원하여 단기간에 흥행을 목적으로 하는 영화 제작 방식이다.

🔍 **꼼꼼 단어 돋보기**

● 문화 산업

문화 생산물이나 서비스가 자본주의에 따라 하나의 상품으로 다루어지는 현대의 산업 형태

(2) 윤리적 규제를 반대하는 입장
　① 대중문화의 자율성과 표현의 자유가 침해당할 수 있다.[+]
　② 대중은 다양한 문화를 즐길 권리가 있다.
　③ 규제 기준이 공정하지 않을 수 있고, 정치적 수단으로 이용될 수 있다.

4. 올바른 대중문화 형성을 위한 노력

(1) 생산자의 측면
생산자는 건전하고 다양한 대중문화를 보급하기 위해 노력하여야 한다.

(2) 소비자의 측면
소비자는 주체적이고 비판적인 태도로 대중문화를 수용해야 한다.

(3) 법적·제도적 측면
법과 제도의 마련을 통해 책임감 있는 생산과 소비가 이루어질 수 있도록 한다.

✚ 대중문화의 표현의 자유 침해
선정적이고 폭력적인 요소가 포함되었다는 이유로 규제가 이루어지면 이는 자유롭게 표현할 자유가 침해된다는 것이다.

02 의식주 윤리와 윤리적 소비

이번 단원에서는 옷, 음식, 집과 관련된 윤리적 문제와 해결 방안을 알아보고, 현대 소비 생활의 특징을 이해하며 윤리적 소비의 실천 방안에는 무엇이 있는지 확인해 봅니다.

1 의식주 윤리

1. 의복 문화와 윤리적 문제

(1) 의복의 윤리적 의미

① 개인적 차원의 의미: 개인의 개성과 가치관을 표현하는 수단이다.

② 사회적 차원의 의미: 상대에게 예의를 표현하고, 개인이 속한 사회의 특징을 보여 주는 것이다.

➕ 의복의 의미
· 좁은 의미: 몸을 가리는 물건인 옷을 말한다.
· 넓은 의미: 옷은 물론 몸에 걸치는 장신구인 모자, 양말, 신발 등을 모두 포함한다.

★(2) 의복 문화와 관련된 윤리적 문제

① 유행 추구 현상

긍정적 시각	· 개인의 미적 감각과 가치관을 표현함 · 사회의 일원이라는 정체성의 표현이자 새로운 것을 창조하는 동력이 됨
부정적 시각	· 기업의 상업적 전략에 끌려가는 것임 · 획일화된 의복 문화로 인해 다양성이 사라짐 · 패스트 패션은 자원 낭비, 환경 오염, 노동 착취 등의 문제를 초래할 수 있음

② 명품 선호 현상

긍정적 시각	· 명품을 통해 자신감을 얻는 것은 개인의 자유로운 선택임 · 품질이 좋고 희소한 상품의 가격이 높아지는 것은 시장의 원리에 따른 당연한 현상임 · 소유자의 품격을 높여 주며 만족감을 줄 수 있음
부정적 시각	· 합리적인 소비라기보다는 과시욕에 의한 그릇된 소비임 · 과소비와 사치 풍조를 조장하고 사회적 위화감을 조성하여 갈등을 촉진함 · 모조품이 만들어져 사회 질서를 어지럽힐 수 있음

③ 제복에 의한 개성 억압

긍정적 시각	집단의 정체성을 보여 주고 규율을 따르기 위해서 필요함
부정적 시각	개인의 개성 표현을 제한할 수 있음

④ 동물 학대: 멸종 위기에 처한 동물의 가죽을 이용하거나, 잔인한 사육과 도축으로 얻어진 가죽과 털을 활용한 의복 생산은 비윤리적인 행위이다.

(3) 바람직한 의복 문화 형성을 위한 자세

① 다른 사람에게 불쾌감을 주지 않도록 때와 장소, 상황에 맞는 옷차림을 한다.

② 무분별한 패스트 패션에 대해 기업과 소비자는 반성적 태도를 가지고 환경을 고려하는 제품 생산 및 소비를 해야 한다.

🔍 꼼꼼 단어 돋보기

● 패스트 패션
유행에 따라 소비자의 기호가 바로바로 반영되어 빨리 바뀌는 패션

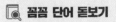

2. 음식 문화와 윤리적 문제

(1) 음식의 윤리적 의미

① 개인적 차원의 의미: 생명과 건강을 유지하는 원동력이다.

② 사회적 차원의 의미: 믿을 수 있는 음식의 생산과 유통은 사회의 도덕성을 구현하는 것이다.

③ 생태적 차원의 의미: 올바른 방법으로 음식을 획득하고 가공하여 건강한 생태계를 보존할 수 있게 하는 것이다.

(2) 음식 문화와 관련된 윤리적 문제

① 식품 안전성 문제

㉠ 유전자 변형 식품(GMO)의 안전성 문제가 제기될 수 있다.

㉡ 항생제, 농약, 성장 촉진제를 이용하여 동식물을 기름으로써 그 동식물로 만든 식품의 성분이 인체에 영향을 미칠 수 있다.

㉢ 이윤 극대화를 위해 식품 생산 과정에서 신체에 해로운 첨가물이나 유통 기한이 지난 재료를 사용할 수 있다.

② 환경 문제

㉠ 음식물 쓰레기를 처리하는 과정에서 많은 자원과 에너지가 사용된다.

㉡ 식량을 생산하는 과정에서 농약과 화학 비료 등이 쓰여 토양 및 수질 오염의 원인이 된다.

㉢ 식량을 생산하는 과정에서 농축산에 필요한 공간 마련을 위해 삼림이 무분별하게 훼손된다.

㉣ 육류의 생산과 소비 과정에서 많은 온실가스가 배출된다.

③ 동물 복지 문제

㉠ 육식의 증가로 동물 사육 및 도축이 증가하고 있다.

㉡ 공장식 사육 과정에서 가축을 비위생적이고, 잔인하며, 비윤리적으로 대우한다.

④ 음식 불평등 문제: 일부 지역은 비만을 겪고, 일부 지역은 굶주림을 겪는 등 국가 간 빈부 격차가 식량 수급의 불균형을 만들고 있다.

☆(3) 바람직한 음식 문화 형성을 위한 자세

① 정크 푸드나 패스트푸드의 섭취를 줄이며, 제철 음식과 슬로푸드⁺를 섭취한다.

② 자신의 지역에서 생산되는 푸드 마일리지가 작은 로컬 푸드⁺를 섭취한다.

③ 육류 소비를 줄이고 채식 위주의 식습관으로 바꾼다.

> 참고 육류를 소비할 경우 동물의 고통을 최소화하여야 한다.

④ 생산자는 책임 의식을 가지고 음식을 제공하며, 소비자는 안전하게 식품을 구매할 수 있도록 사회적·제도적으로 노력해야 한다.

> 예 안전한 먹거리 인증이나 성분 표시 의무화, 동물의 복지를 위한 제도 등

쏙쏙 이해 더하기 　유전자 변형 식품(GMO)의 윤리적 쟁점

찬성	반대
• 식량과 기아 문제를 해결함 • 의학 분야에 활용하여 인류 건강 증진에 도움을 줌	• 유전자 변형 식품이 인체에 부정적인 영향을 미침 • 거대 기업이 유전자 조작 기술을 독점하고 악용할 수 있음

➕ 슬로푸드 운동

비만 등을 유발하는 패스트푸드의 문제를 해결하기 위해 제철 재료를 가공하지 않고 자연 방식이나 전통 방식을 활용하여 만든 음식을 섭취하자는 운동이다.

➕ 로컬 푸드 운동

장거리 운송을 거치지 않은 건강한 지역 농산물인 로컬 푸드의 이용을 촉구하는 운동이다.

🔍 꼼꼼 단어 돋보기

● 정크 푸드

영양소는 적은 반면 열량은 높은 음식

● 푸드 마일리지

식품의 이동 거리를 말하는 것으로, 수송 거리×수송량으로 계산함

3. 주거 문화와 윤리적 문제

(1) 주거의 윤리적 의미
① 개인적 차원의 의미: 신체의 안전과 심리적 안정을 얻을 수 있는 내적 공간이다.
② 사회적 차원의 의미: 가족, 이웃, 지역 사회에 유대감과 소속감을 가지게 되는 공간이다.

(2) 주거와 관련된 윤리적 문제
① 경제적 가치 중시: 집을 주거 목적이 아닌 투기 목적으로 인식함에 따라 주거의 본질적 의미가 퇴색하고 있다. 예 하우스 푸어[+]
☆② 이웃 간의 소통 단절: 현대 주거의 형태가 공동 주택으로 변화함에 따라 이웃 간의 소통 단절이 일어나며 갈등이 발생한다. 예 층간 소음 갈등
③ 삶의 질 저하: 과도하게 밀집된 주거 공간으로 녹지의 감소, 교통 혼잡, 소음 공해 등 삶을 불편하게 하는 문제들이 발생하고 있다.

(3) 바람직한 주거 문화 형성을 위한 자세
① 이웃과 소통하여 공동체를 고려하는 공간이 되도록 해야 한다.
② 주거의 본질적 가치를 회복하여 주거가 인간 삶의 기본 바탕이자 정신적 평화와 안정을 제공하는 공간으로 인식하여 삶의 질이 향상되도록 한다.
③ 환경을 생각하는 주거 공간을 만들도록 한다.
④ 주거 불평등 문제를 해결하기 위한 사회적·제도적인 노력이 필요하다.

> **📄 자료 스크랩**　　**볼노브의 공간 책임론**
>
> 인간은 이성적 노력을 통해 자신의 집을 지어야 하며, 그 집에서 자기 삶의 질서를 만들어 나가야 하고, 혼란을 일으키는 외부 세계와의 끊임없는 투쟁 속에서 이러한 질서를 지켜내야 할 책임을 갖는다.
>
> 볼노브는 자신의 공간을 자기 삶의 중심으로 형성해야 한다는 공간 책임론을 제시하였다.

[+] 하우스 푸어
무리한 대출로 집을 샀으나 대출 이자의 부담으로 빈곤을 느끼는 사람들을 말한다.

[+] 주거의 본질에 대한 사상가의 견해

볼노브	• 집은 그곳에 거주하는 인간의 체험으로 구성되었으므로 자기 세계의 중심점이며, 자기 존재의 뿌리임 • 집이라는 공간은 인간과의 관계 속에서 의미를 지니게 된다고 봄
하이데거	• 인간은 집에서 비로소 평화를 누리게 된다고 봄 • 집의 본질적 가치의 상실을 '고향의 상실'이라고 봄

② 윤리적 소비

1. 현대 소비문화의 특징과 윤리적 문제

(1) 소비의 의미
인간의 욕망을 충족시키기 위해 자원, 시간, 노력 등을 소모하는 일을 말한다.

(2) 현대 소비문화의 특징
① 기본적 욕구 해소와 개성을 표현하기 위해 소비가 이루어진다.
② 자본주의에 따라 대량 소비문화가 확산되었다. 예 광고 등으로 소비를 권장하는 사회 문화
③ 소비의 자유가 보장되어 개인의 소비 생활이 자유롭게 이루어진다.

(3) 현대 소비문화의 윤리적 문제
① 과소비

과시 소비	• 부를 과시하고 체면과 타인의 시선에 따라 이루어지는 소비 • 주로 사치품 시장에서 자신의 우월성을 과시하거나 이를 모방하려는 계층에 의해 주도되는 소비 형태[+]

[+] 베블런 효과
일반적으로 상품은 수요와 공급의 법칙에 따라 가격이 형성된다. 그러나 다이아몬드나 모피와 같은 사치품은 가격이 상승할수록 오히려 그 상품에 대한 선호도가 올라가게 되는 현상이 나타난다. 베블런 효과란 이렇듯 가격이 올라감에도 일부 계층의 과시욕이나 허영심으로 인해 수요가 줄어들지 않는 현상을 말한다.

의존 소비	기업 광고에 이끌려 수동적으로 소비하는 것
충동 소비	구매 계획이 없었으나 갑작스러운 이끌림에 물건을 사게 되는 소비

② 계층 간에 위화감이 조성되어 사회적 갈등을 유발할 수 있다.

③ 많은 자원이 생산에 쓰이고 버려져 환경 오염이 발생한다.

2. 합리적 소비와 윤리적 소비

(1) 합리적 소비

① **합리적 소비의 의미**: 최소한의 비용으로 최대한의 만족도를 얻는 소비로, 자신의 욕구와 상품에 대한 정보를 바탕으로 가장 좋은 선택을 하여 소비하는 효율적인 행위이기도 하다.

② **합리적 소비의 문제점**: 저임금으로 인한 인권 침해, 불공정한 분배, 자원 개발로 인한 환경 오염 등의 문제를 일으킬 수 있다.

> **참고** 소비자가 합리적 소비만을 추구한다면 생산자는 비용 절감을 위해 노동자들에게 열악한 환경을 제공하거나 저임금을 강요할 수 있으며, 이외에도 다양한 문제가 생길 수 있다.

☆(2) 윤리적 소비

① **윤리적 소비의 의미**: 소비를 하기 전에 타인, 사회, 환경, 인류에 바람직한 방향이 무엇인지 윤리적 가치 판단을 하고, 그에 따라 소비하는 것이다.

② **윤리적 소비의 유형**

녹색 소비	환경을 생각하고 미래 세대까지 고려하는 지속 가능한 소비
착한 소비	불공정 무역 제품을 구매하지 않고 공정 무역⁺ 제품을 구매하는 등 윤리적 상품을 구매하는 것

③ **윤리적 소비의 의의**

㉠ 소비로 인해 발생하던 기존의 문제들을 개선하는 데 기여한다.

㉡ 합리적 소비로 인해 의도치 않게 발생한 문제를 보완할 수 있다.

㉢ 공동체 의식으로 발전하여 경제적 정의를 실천하는 데 도움이 된다.

3. 윤리적 소비의 실천

(1) 윤리적 소비의 필요성

① **인권 향상과 사회 정의 구현**: 생산·유통·판매 과정에서 인권이 침해되지 않으며 정당한 임금이 지급되는 상품을 소비한다.

② **공동체적 가치 실현**: 지역 공동체의 지속 가능한 발전을 도모하는 소비를 한다.

③ **동물 복지**: 동물의 생명을 존중하고 고통을 최소화하는 상품을 소비한다.

④ **환경 보존**: 자원 절약과 재활용을 실천하고, 환경을 오염하지 않는 방식으로 생산하는 제품을 소비한다.

(2) 윤리적 소비의 실천을 위한 노력

① **개인적 차원**: 윤리적 소비를 의식하며 실천한다.

② **사회적 차원**: 윤리적 소비가 확산되도록 제도를 마련한다.

✛ 공정 무역

다국적 기업이 최대한의 이윤을 얻기 위해 개발 도상국의 노동력을 착취하였던 기존의 무역을 비판하고, 정당한 대가를 지불하여 개발 도상국의 경제적 자립을 도우려는 무역을 말한다.

03 다문화 사회의 윤리

이번 단원에서는 문화의 다양성을 존중해야 하는 이유를 알아보고, 종교 간 갈등의 원인과 극복 방안에 대해서 알아봅니다.

1 문화 다양성과 존중

1. 다문화 사회와 다양성

(1) 다문화 사회의 의미

한 국가 안에 다양한 인종과 문화적 배경이 다른 사람들이 공존하는 사회를 말한다.

(2) 다문화 사회의 배경

국제결혼, 외국인 노동자 이주 등으로 다양한 문화를 가진 사람들이 유입되고, 세계화에 따라 국가 간 교류가 증대되면서 다문화 사회가 도래하였다.

(3) 다문화 존중의 필요성

① 다양한 환경, 역사, 지역 등을 배경으로 이루어지는 문화는 그 자체로 가치를 지닌다.

② 다양한 문화를 이해하고 받아들일 때 더욱 풍요로운 삶을 누릴 수 있다.

2. 다문화 정책

(1) 동화주의

① 이민자를 주류 사회의 언어나 문화에 동화시켜 그 사회의 일원이 되도록 하는 것이다.

② 문화 간에는 우열과 차별이 존재한다고 본다.

③ 용광로 모델

㉠ 다양한 물질이 용광로에서 녹아 형체를 잃고 하나로 만들어지듯 다양한 문화를 섞어 하나의 새로운 문화로 만든다는 관점이다.

㉡ 이주민의 언어적·문화적 특성을 포기하고 주류 문화로 편입시키려는 관점이다.

(2) 문화 다원주의

① 소수 문화의 문화적 정체성을 인정하지만 주류 문화가 주체가 되어 존재해야 함을 강조한다.

② 국수 대접 모델: 국수의 주재료인 면 위에 고명을 얹어 맛을 내듯이 주류 문화를 중심으로 비주류 문화를 조화한다는 관점이다.

(3) 다문화주의

① 이주민의 고유한 문화를 존중하고 자율성을 인정하며 문화 다양성을 실현하고자 하는 입장이다.

② 샐러드 볼 모델: 각종 채소와 과일을 대등한 관점에서 섞은 샐러드처럼 각 문화가 고유의 색을 지니고 다른 문화와 조화를 이룬다는 관점이다.

③ 모자이크 모델: 각 조각이 하나의 모자이크를 이루는 것처럼 서로 다른 문화를 인정한다는 관점이다.

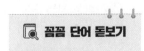

꼼꼼 단어 돋보기

● **다원주의**
다양한 가치관을 인정하는 태도

3. 다문화 사회에 요구되는 윤리적 자세

★(1) 문화 상대주의 추구

① 문화 상대주의: 각 문화는 같은 기준으로 우열을 평가할 수 없고, 고유한 사회적 맥락 속에서 각 문화를 이해하고 존중해야 한다는 관점이다.

② 다문화 사회에서는 다른 나라의 문화를 상대방의 관점에서 인정하고 존중하는 자세가 필요하다.

(2) 윤리 상대주의 지양

① 윤리 상대주의: 행위의 옳고 그름의 기준은 개인과 사회마다 다르므로 보편적인 도덕 기준은 없다고 보는 관점이다.

② 극단적 윤리 상대주의는 비도덕적인 행위까지 사회의 관습이나 전통이라는 이유로 정당화할 위험이 있으므로 경계해야 한다.

예 명예 살인, 노예 제도 등

★(3) 관용   프랑스어로 톨레랑스(tolerance)라고 해요.

① 관용의 의미

ㄱ 소극적 의미: 다른 문화를 접할 때, 그에 관해 간섭하거나 반대하지 않는 태도를 말한다.

ㄴ 적극적 의미: 다른 것을 있는 그대로 인정하고 받아들이려 노력하는 태도를 말한다.

② 관용의 필요성: 문화적 차이에서 오는 편견과 차별을 예방하여 다문화로 인한 갈등을 피할 수 있다.

③ 관용의 실천 방법: 서(恕)⁺의 정신을 바탕으로 관용을 실천한다.

④ 관용의 한계

ㄱ 보편적 가치를 훼손하는 문화까지도 관용을 베풀어 무비판적으로 받아들여서는 안 된다. → 관용의 역설⁺

ㄴ 타인의 인권과 자유를 침해하지 않고 사회 질서를 훼손하지 않는 범위 내에서 관용하여야 한다.

📖 자료 스크랩   **관용의 한계**

무제한의 관용은 관용의 상실을 가져올 것이다. 만약 우리가 심지어 관용적이지 않은 사람들에게까지 무제한의 관용을 베푼다면, 만약 우리가 편협한 자들의 맹공격에 대항해 관용의 사회를 지켜낼 각오가 되어 있지 않다면, 관용적인 사람들은 파멸할 것이고 관용도 그들처럼 소멸할 것이다.

– 포퍼(Popper, K.), 『열린 사회와 그 적들』 –

---

2 종교의 공존과 관용

1. 종교의 의미와 요소

(1) 종교의 의미

인간이 삶의 문제를 해결하고 극복하는 과정에서 초자연적인 힘이나 절대적 신과 같은 초월적 존재를 믿는 것이 구체적인 형태로 나타난 문화 체계이다.

예 애니미즘, 샤머니즘, 토테미즘, 그리스도교, 불교, 이슬람교 등

➕ 서(恕)

공자의 핵심 사상 중 하나로, 자신에게 미루어 보아 남을 헤아리고 배려하는 마음이다.

➕ 관용의 역설

관용을 지나치게 허용하면 관용을 부정하는 관점까지 인정되어, 사회 질서가 무너지는 현상이 나타나는 것을 말한다.

🔍 꼼꼼 단어 돋보기

● 애니미즘

자연계의 모든 사물에는 영적·생명적인 것이 있으며, 자연계의 여러 현상도 영적·생명적인 것의 작용으로 보는 세계관 또는 원시 신앙

● 샤머니즘

원시적 종교의 한 형태. 주술사인 샤먼이 신의 세계나 악령 또는 조상신과 같은 초자연적 존재와 직접적인 교류를 하며, 그에 의하여 점복(占卜), 예언, 질병 치료 따위를 하는 종교적 현상

● 토테미즘

토템을 숭배하는 사회 체제 및 종교 형태

(2) 종교의 본질

> "비종교적 인간의 대부분은 의식하지 못해도 여전히 종교적으로 행동한다."
>
> – 엘리아데(Eliade, M.) –

① **종교적 인간**: 종교학자 엘리아데가 제시한 개념으로, 인간은 시간, 장소, 인간적인 한계를 넘어서기를 갈망하며 그러한 한계들을 성스러움으로 상징하여 초월적 존재와 연관을 맺고자 하는 존재이다.

② 동물 중에서 인간만이 종교를 통해 실존적 문제를 해결하고 삶의 궁극적 의미를 찾는다. 인간은 죽음이라는 삶의 유한성과 불안함을 극복하기 위해 초월적 대상에 의존하려는 근본적 성향이 있다.

📑 자료 스크랩   성현(聖顯)

> 인간이 성스러움을 아는 것은 그것이 속된 것과는 전혀 다른 어떤 것으로서 스스로 드러내어 보여 주기 때문이다. 이 성스러운 것이 명백하게 나타나는 것을 여기서는 성현(聖顯)이라는 말로 불러 본다. … 즉, 이 세상 것이 아닌 하나의 실재가 이 자연적인 '속된 세계'의 여러 사물 가운데 나타나는 사건에 직면하게 된다.
>
> – 엘리아데(Eliade, M.), 『성(聖)과 속(俗)』 –

- 종교학자 엘리아데가 말한 것으로, 세속에서 성스러움이 드러나는 것을 말한다.
- 성스러움과 인간의 삶은 밀접한 관계가 있으므로 일상에서 얼마든지 성스러운 체험을 할 수 있다고 본다. 따라서, 엘리아데는 세속과 성스러움의 세계가 조화를 이루는 종교 생활을 강조하였다.

---

(3) 종교의 구성 요소

주관적 측면	신에 대한 믿음, 현실의 초월성, 죽음에 대한 시각이나 대답 등이 각 종교마다 다름
형식적 측면	세상을 설명하는 교리와 경전, 소망을 비는 의식이나 제례 등이 있음

(4) 종교의 기능

① **삶의 의미와 방향 제시**: 종교는 올바른 삶의 방향을 제시해 주고 인간은 그것을 따르려고 노력한다.

② **심리적 안정 제공**: 어려움이 닥쳤을 때 종교는 위로가 되며 심리적으로 안정감을 준다.

③ **사회 통합**: 같은 신앙을 가진 사람들끼리는 밀접한 유대감을 가지며, 나라 전체가 같은 종교를 믿기도 한다.
   예 이스라엘의 유대교, 중동 국가의 이슬람교 등

④ **문화 발전**: 종교를 표현한 건축물, 그림 등은 문화재로서 가치가 높다.
   예 팔만대장경, 석굴암, 대성당 건축물 등

⑤ **봉사와 사회 정의 실현**: 종교는 봉사와 사회 정의를 실현하는 데 도움을 준다.
   예 일제 강점 시대 독립 운동을 위해 모인 종교 지도자들, 마더 테레사의 약자를 위해 봉사하는 삶

2. 신의 존재 여부에 대한 관점

신이 있다고 믿는 관점	신이 없다고 믿는 관점
신을 믿고, 신에게 의지하려는 마음이 종교라고 봄	인간이 소망하는 것을 담거나 인간의 필요에 의해서 종교가 만들어졌다고 봄

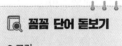

🔍 꼼꼼 단어 돋보기

● 교리
종교적인 원리나 이치

3. 종교와 윤리의 관계

(1) 종교와 윤리의 공통점
도덕성을 중시하여 황금률과 같이 인간 존엄성을 실현하는 윤리적 계율을 제시한다.

예 유교의 효제(孝悌)에 기초한 인륜 회복, 기독교의 이웃 사랑 실천, 불교의 자비와 깨달음의 실천 등

(2) 종교와 윤리의 차이점

종교	초월적 세계나 절대적 존재를 근거로 종교적 믿음과 교리를 제시함
윤리	인간의 이성, 상식, 양심, 도덕 감정 등을 근거로 현실 세계에서 지켜야 할 규범을 제시함

(3) 종교와 윤리의 바람직한 관계 종교와 윤리는 상보적 관계일 때 바람직해요.
종교는 인간이 더욱 윤리적 삶을 살 수 있도록 도우며, 윤리는 종교가 바람직한 방향으로 나아가는 데 도움을 줄 수 있다.

4. 종교 간 갈등과 공존

(1) 종교 갈등의 원인과 유형
① 종교 갈등의 원인
  ㉠ 자신의 종교를 맹신하고 다른 종교에 배타적인 태도를 가진다.
  ㉡ 교리에 대한 해석 차이를 보인다.
  ㉢ 다른 종교에 대한 편견과 오해를 가진다.
② 종교 갈등의 유형
  ㉠ 국가 내의 갈등 또는 국가 간의 갈등, 종교 내부의 •종파 간 갈등, 서로 다른 종교 간의 갈등이 발생한다.

  예 중세의 십자군 전쟁, 이스라엘(유대교)과 팔레스타인(이슬람교)의 분쟁, 인도(힌두교)와 파키스탄(이슬람교)의 대립 등

  ㉡ 계급, 인종, 민족, 자원 등 다른 요소와 연관되어 종교 갈등이 심화된다.

(2) 종교 갈등을 극복하기 위한 자세
① 관용적인 태도: 종교의 자유를 인정하고 다른 종교에 대해 관용적인 태도를 가져야 한다.
② 대화와 협력: 종교 간의 대화를 통해 서로를 이해하고 상호 협력한다.
③ 보편적 가치: 인권, 사랑, 평화와 같은 보편적 가치를 실현하도록 실천하는 자세를 가져야 한다.
④ 종교 갈등 극복을 강조한 사상가

퀑	"종교 간의 대화 없이 종교 간의 평화 없고, 종교 평화 없이는 세계 평화도 없다." → 종교 간의 대화가 다른 종교를 이해하도록 돕는다고 주장함
뮐러	"하나만 아는 자는 아무것도 모르는 자이다." → 다른 종교를 이해하려는 노력이 필요하다고 주장함
원효	불교 종파 간의 대립을 일심(一心)으로 극복하고 하나로 통합해야 한다는 화쟁(和諍) 사상을 제시함

✚ 황금률
황금률은 성경의 마태복음에 나오는 "네가 남에게 바라는 대로 남에게 해 주어라."라는 가르침에서 유래된 규칙으로 역지사지(易地思之)의 자세를 보여 준다. 많은 종교에서 황금률을 표현하는 경전 구절을 발견할 수 있으며, 이는 대부분의 종교에서 윤리 규범의 공통성이 존재함을 보여 준다.

✚ 종교의 자유
① 종교를 선택 및 변경할 수 있는 자유
② 종교를 갖지 않을 자유
③ 종교적 사상을 발표할 자유
④ 종교적 집회와 결사의 자유

🔍 꼼꼼 단어 돋보기

● 종파
같은 종교의 갈린 갈래

이론 쏙! 핵심 딱!

쏙딱 TEST

📢 **선생님이 알려 주는 출제 경향**

도덕주의와 심미주의를 비교하는 문제가 자주 출제됩니다. 또한 윤리적 소비, 다문화 사회에서 바람직한 태도를 묻는 문제 역시 종종 출제됩니다.

주제 1 | 예술과 윤리의 관계

01 예술의 기능으로 볼 수 <u>없는</u> 것은?

① 인간의 사고를 한정한다.

② 사람의 마음을 정화하는 힘을 가진다.

③ 인간의 의식과 사회를 개혁하는 데 이바지한다.

④ 실제로 드러내기 어려운 인간의 잠재적 욕망을 해소시켜 준다.

02 다음에 나타난 예술과 윤리의 관계는?

> 그 어떤 미학적 가치가 있을지라도 사회 질서를 파괴하는 범죄 행위를 미화해서는 안 된다.

① 도덕주의   ② 심미주의

③ 형식주의   ④ 상대주의

03 다음 두 사상가의 공통된 입장으로 가장 적절한 것은?

2020년 1회

예(禮)에서 사람이 서고, 악(樂)에서 사람이 완성된다.

공자

인간은 칠정(七情)이 있어 마음이 고르지 못한 까닭에 음(音)을 듣고 마음을 씻어 평온해져야 한다.

정약용

① 예술은 사회에 영향을 미칠 수 없다.

② 예술은 미적 가치만을 추구해야 한다.

③ 예술은 도덕성 함양에 기여할 수 있다.

④ 예술은 인간의 도덕적 삶과 관련이 없다.

04 (가), (나)에 들어갈 용어로 알맞은 것은? 2019년 1회

> (가): 예술의 목적이 인간의 올바른 품성을 기르고 도덕적 교훈이나 모범을 제공하는 것이라고 봄.
> (나): 미적 가치만을 추구하는 것으로 '예술을 위한 예술'이라고 불림.

	(가)	(나)
①	심미주의	도덕주의
②	예술주의	도덕주의
③	도덕주의	심미주의
④	심미주의	예술주의

주목

05 예술에 대한 도덕주의의 입장으로 가장 적절한 것은?
2018년 2회

① 예술의 자율성을 보장해야 한다.
② 예술의 유일한 목적은 예술 자체에 있다.
③ 예술적 미(美)와 도덕적 선(善)은 별개의 것이다.
④ 예술은 인간의 올바른 품성을 기르는 데 도움을 주어야 한다.

06 다음에서 설명하는 예술에 대한 관점은? 2017년 1회

> 예술의 목적은 인간의 올바른 품성을 기르고, 교육적 교훈이나 모범을 제공하는 것이다.

① 심미주의   ② 상업주의
③ 도덕주의   ④ 향락주의

07 다음 사례와 관련 있는 현상은?

> A 화가는 최근 주변의 권유에 따라 기존의 순수 예술 작품 활동을 접고, 다수의 사람들이 선호하는 캐릭터 일러스트레이션에 집중하고 있다.

① 예술의 저급화   ② 예술의 상업화
③ 예술의 고급화   ④ 예술의 보편화

08 예술의 상업화에 따른 윤리적 문제점이 <u>아닌</u> 것은?

① 예술의 상업적 가치만이 중시된다.
② 소수의 계층만이 예술을 향유한다.
③ 전통 문화와 클래식 문화가 외면받는다.
④ 대중의 공감을 얻기 위해 예술가의 자율성이 훼손된다.

빠른 정답 체크

01 ①   02 ①   03 ③   04 ③   05 ④   06 ③   07 ②
08 ②

09 다음에 나타난 대중문화의 윤리적 문제는?

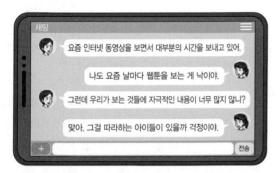

① 전통 문화의 가치가 폄하된다.
② 고급 문화가 외면받고 획일화된다.
③ 대중문화의 폭력성과 선정성이 극대화된다.
④ 외국 문화의 유입으로 고유 문화가 사라진다.

주목
10 대중문화에 대한 윤리적 규제를 반대하는 입장을 〈보기〉에서 모두 고른 것은?

보기
ㄱ. 성의 상품화를 예방할 수 있다.
ㄴ. 자율성과 표현의 자유를 중시한다.
ㄷ. 대중은 다양한 대중문화를 즐길 권리가 있다.
ㄹ. 대중의 정서에 미칠 부정적 영향을 방지한다.

① ㄱ, ㄴ　　　　　② ㄴ, ㄷ
③ ㄴ, ㄹ　　　　　④ ㄷ, ㄹ

11 다음 〈사례〉와 관련 있는 대중문화의 윤리적 문제는?

사례
드라마 속 간접 광고가 극의 흐름을 방해한다.

① 정부의 대중문화 검열이 강화된다.
② 연예인의 사생활 침해 문제가 발생한다.
③ 대중문화의 자본 종속이 심화되고 있다.
④ 문화 기획사의 도덕적 해이가 발생한다.

12 ㉠에 들어갈 토론의 주제로 가장 적절한 것은?

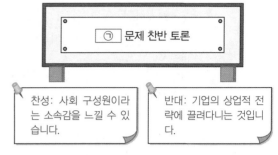

① 명품 선호 현상　　　② 유행 추구 현상
③ 패션 업계 동물 학대　④ 제복에 의한 개성 억압

주목
13 바람직한 음식 문화 형성을 위한 노력으로 적절하지 않은 것은?

① 육류 소비를 줄이도록 노력한다.
② 저렴한 수입 식재료를 구매한다.
③ 신선한 재료로 직접 요리해 먹는다.
④ 생산자는 음식에 대한 책임 의식을 갖는다.

14 다음 내용을 주장한 사상가는?

인간과 집의 관계는 집을 짓고 그 안에서 살면서 자기 집 같고, 마음 편하며, 믿을 만한 친숙함이 있다고 이해될 수 있다.

① 볼노브　　　　　② 드워킨
③ 테일러　　　　　④ 하이데거

15 다음 퀴즈에 대한 정답으로 옳은 것은?

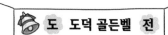

이것은 타인에게 부를 과시하고자 상품의 가격이 오름에도 불구하고 이를 소비하는 현상 또는 사치품의 가격이 상승할수록 선호도가 올라가는 현상을 말합니다. 이것은 무엇일까요?

① 스놉 효과　　　　② 베블런 효과
③ 언더독 효과　　　④ 밴드왜건 효과

16 다음 글에서 강조하는 윤리적 소비 자세는?

다국적 기업이 운영하는 카페에 사용되는 커피 원두는 개발 도상국에서 가져온다. 이때 커피 농장에는 적절한 대가가 지불되었는지 살펴볼 필요가 있다.

① 공정 무역 제품 소비　② 스마트 소비
③ 녹색 소비　　　　　　④ 로컬 소비

17 (가)에 들어갈 용어로 가장 적절한 것은?　　2020년 1회

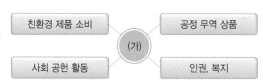

① 배타적 소비　　　② 윤리적 소비
③ 충동적 소비　　　④ 과시적 소비

18 윤리적 소비 생활에 해당하지 <u>않는</u> 것은?　　2018년 2회

① 친환경적인 제품 구매하기
② 재사용이 가능한 상품 구매하기
③ 공정 무역으로 유통되는 제품 구매하기
④ 유행을 좇아 무조건 고가의 상품 구매하기

19 다음 중 윤리적 소비에 해당하는 것은?　　2017년 2회

① 구매 계획 없는 충동적 소비
② 경제적 효율성만을 중시하는 소비
③ 타인에게 부를 과시하기 위한 소비
④ 환경적으로 건전한 지속 가능한 소비

빠른 정답 체크

09 ③　　10 ②　　11 ③　　12 ②　　13 ②　　14 ①　　15 ②
16 ①　　17 ②　　18 ④　　19 ④

20 바람직한 문화 정체성을 확립하기 위한 노력으로 적절하지 <u>않은</u> 것은?　　2019년 1회

① 문화 사대주의 확립
② 타 문화를 주체적으로 수용
③ 전통문화를 창조적으로 계승
④ 여러 문화에 대한 견문을 넓힘

주목

21 ㉠에 들어갈 말로 적절한 것은?

> （　㉠　）관점을 지닌 사람들은 윤리에 옳고 그름에 관한 보편적 기준이 없으므로 모든 문화는 존중받아야 한다고 본다. 그러나 노예 제도나 인종 차별과 같이 보편 윤리에 어긋나는 문화는 비판이 필요하다.

① 윤리 상대주의　　② 문화 사대주의
③ 문화 상대주의　　④ 윤리 사대주의

22 다음과 관련된 다문화 사회를 설명하는 모델은?

> • 로마에 가면 로마의 법을 따라야 한다.
> • 자신의 문화를 버리고 주류 문화로 편입되어야 한다.

① 용광로 모델　　② 샐러드 볼 모델
③ 모자이크 모델　　④ 국수 대접 모델

23 다문화 사회의 시민 의식으로 적절하지 <u>않은</u> 것은?　　2021년 1회

① 문화적 편견을 극복해야 한다.
② 서로 다름과 차이를 인정한다.
③ 보편적 가치를 위협하는 문화를 수용해야 한다.
④ 인권과 평화를 위해 책임 있는 행동을 지향한다.

24 다문화 사회의 시민으로서 필요한 자세로 적절하지 <u>않은</u> 것은?　　2016년 1회

① 다른 민족과 문화를 배척
② 편견을 없애는 사회 분위기 조성
③ 다문화 가정을 열린 마음으로 포용
④ 국내 이주 여성을 위한 교육 재능 기부

25 다음에서 설명하고 있는 것은 무엇인가?

> 일상에서 성스러움이 다른 모습으로 나타나는 것을 느낄 때가 있다.
> — 엘리아데(Eliade, M.) —

① 관용   ② 성현
③ 성경   ④ 황금률

26 ㉠에 들어갈 용어로 적절한 것은?   2020년 1회

> 〈   ㉠   〉
> • 보편적 행위의 도덕 원리
> • 역지사지(易地思之)의 자세
> • "네가 남에게 바라는 대로 남에게 해 주어라."

① 황금률   ② 변증법
③ 이분법   ④ 유물론

27 종교 간의 갈등을 극복하기 위한 자세가 <u>아닌</u> 것은?

① 대화를 통해서 다른 종교 간의 차이점을 인정하고 이해한다.
② 윤리적으로 어긋나지 않는 다른 종교를 믿는 사람을 존중한다.
③ 관용적인 자세를 가지고 다른 모든 종교를 하나로 통합하려고 노력한다.
④ 다른 사람이 믿는 종교와 내가 믿는 종교를 비교하여 우열을 따지지 않는다.

28 종교 간 갈등을 줄이기 위한 태도와 거리가 <u>먼</u> 것은?   2018년 1회

① 종교의 자유를 인정한다.
② 다른 종교를 비하하지 않는다.
③ 자신의 종교만이 옳다고 고집한다.
④ 종교 간의 대화를 통해 다른 종교를 이해한다.

빠른 정답 체크

20 ①   21 ①   22 ①   23 ③   24 ①   25 ②   26 ①
27 ③   28 ③

단원을 끝내는 엔드노트

01 예술과 대중문화 윤리

1 예술과 윤리의 관계

① 도덕주의와 심미주의

도덕주의	예술은 교훈과 본보기를 제공하여 인간의 도덕성을 높여 주어야 함
심미주의	예술은 도덕적으로 평가할 수 없고 미적 가치는 도덕적 가치와 무관함

② 예술과 윤리의 조화로운 관계

㉠ **칸트**: 미(美)와 선(善)은 형식이 유사함

㉡ **공자**: 예(禮)에서 사람이 서고, 악(樂)에서 사람이 완성됨

㉢ **정약용**: 악(樂)을 통해 인격을 수양하고 화합할 수 있으므로 악(樂)을 가까이 해야 함

2 예술의 상업화

긍정적 측면	부정적 측면
• 대중도 예술을 누리게 되면서 예술이 양적인 성장을 이룸 • 창작자의 안정적인 예술 활동이 가능함	• 예술가의 자율성이 훼손됨 • 자극적이고 선정적인 방향에 치중하여 예술이 질적으로 하락함

3 대중문화와 윤리적 문제

① **대중문화의 의미**: 다수의 사람이 쉽게 소비하고 향유하는 문화

② 대중문화와 관련된 윤리적 문제

㉠ **대중문화의 자본 종속**: 대중문화의 다양한 영역에서 자본이 지배적인 영향력을 행사함

㉡ **대중문화의 선정성과 폭력성**: 대중의 관심을 끌고자 선정성과 폭력성이 과도하게 표현됨

㉢ **대중문화에 대한 윤리적 규제를 둘러싼 쟁점**

찬성	반대
대중에게 정서적 악영향을 미치는 대중문화를 선별해야 함	대중문화의 자율성과 표현의 자유를 침해함

02 의식주 문화와 윤리적 소비

1 의식주 윤리

의복 문화	• 윤리적 문제: 유행 추구 현상, 명품 선호 현상, 제복에 의한 개성 억압, 동물 학대 등 • 바람직한 문화 형성을 위한 자세: 환경을 고려한 제품 생산 및 소비
음식 문화	• 윤리적 문제: 인체에 유해한 성분을 사용한 식품 생산, 환경 오염, 과도한 도축과 동물의 고통, 식량 수급의 불균형 • 바람직한 문화 형성을 위한 자세: 슬로푸드와 로컬 푸드 섭취
주거 문화	• 윤리적 문제: 경제적 가치 중시, 이웃 간의 소통 단절, 삶의 질 저하 • 바람직한 문화 형성을 위한 자세: 주거의 본질적 가치를 회복하고 환경을 고려함

V 문화와 윤리

2 윤리적 소비

① 의미: 소비를 하기 전에 타인, 사회, 환경, 인류에 바람직한 방향이 무엇인지 윤리적 가치 판단을 하고, 그에 따라 소비를 하는 것

② 유형

녹색 소비	환경을 생각하고 미래 세대까지 고려하는 지속 가능한 소비
착한 소비	공정 무역 제품 등 윤리적 상품을 구매하는 것

03 다문화 사회의 윤리

1 문화의 다양성과 존중

① 다문화 정책

용광로 모델	다양한 문화를 섞어 하나의 새로운 문화로 탄생시킴
국수 대접 모델	주류 문화를 중심으로 비주류 문화를 조화함
샐러드 볼 모델	각 문화가 고유의 색을 지니고 다른 문화와 조화를 이룸

② 다문화 사회에 요구되는 윤리적 자세

문화 상대주의	각 문화의 배경을 이해하고 받아들이며 존중하는 자세
관용	다른 것을 있는 그대로 인정하고 받아들이려 노력하는 태도

2 종교의 공존과 관용

성현	엘리아데가 제시한 개념으로, 일상에서 성스러움을 경험하는 것
황금률	다양한 종교에서 발견되는 보편적 행위의 도덕 원리
종교 갈등	• 발생 원인: 자신의 종교를 강요, 다른 종교에 대한 배타적 태도, 교리 해석의 차이, 다른 종교에 대한 오해와 편견 • 극복 방안: 관용적인 태도, 종교의 자유 인정, 대화와 협력, 보편적 가치 실현

단원을 닫으며

이번 단원에서는 특히나 우리 주위를 둘러싸고 있는 문화와 관련된 개념을 학습했어요. 다양한 윤리적 문제를 어떻게 해결하고 극복해 나갈 수 있는지를 묻고 있으므로 바람직한 자세를 주목해서 보면 좋습니다.

평화와 공존의
윤리

01 갈등 해결과 소통의 윤리

이번 단원에서는 사회에서 일어나는 다양한 갈등의 양상과 해결 방안을 알아보고, 바람직한 소통의 자세를 담론 윤리의 관점에서 확인해 봅니다.

1 사회 갈등과 사회 통합

1. 현대 사회의 다양한 사회 갈등

(1) 사회 갈등의 의미

개인이나 집단 사이에 가치관과 목표가 달라 충돌하여 대립하는 상황을 말한다.

(2) 사회 갈등의 원인

① 인간의 욕망은 무한한데 반해 사회적 가치(⑩ 부, 명예, 지위 등)는 유한하여 분배 과정에서 불공정이나 소외가 발생하면서 갈등이 발생한다.

② 사회 문제와 사회 현상을 해석하는 가치관이 다를 경우 타인의 생각이나 가치관을 무시하여 갈등이 발생한다.

③ 서로 대립하는 주제에 대해 이해관계가 충돌할 때 갈등이 발생한다.

④ 개인이나 집단 간에 대화가 부족하거나 한쪽에만 유리하게 결론이 날 때 갈등이 발생한다.

⑤ 기존의 정치적 상황과 경제적 상황이 다른 방향으로 변화할 때 갈등이 발생한다.

(3) 갈등의 기능

갈등의 순기능	갈등을 통해 숨겨진 문제가 명확히 드러나게 되어 사회 발전의 계기가 될 수 있음
갈등의 역기능	서로 양보하지 않고 자신의 입장만을 고수할 때 갈등이 더욱 심각해지고 사회가 해체될 수 있음

(4) 사회 갈등의 유형

① 세대 갈등

㉠ 어느 사회에나 발생하는 보편적인 현상으로, 세대 간에 연령이나 경험 등에서 비롯된 서로의 차이를 이해하지 못해 발생하는 갈등이다.

⑩ 실업난, 연금법 개정 등에 관한 세대 간의 의견 충돌

㉡ 새로운 기술이나 규범에 빠르게 적응하는 젊은 세대와 상대적으로 그렇지 못한 기성세대 간의 갈등이 심화된다.

㉢ 해결 방안: 세대 차이를 이해하고 적극적으로 소통하며 서로를 존중하는 자세가 필요하다.

② 이념 갈등

㉠ 한 사회의 구성원들이 서로 추구하는 이념이 달라 충돌이 발생하여 나타나는 갈등이다.[+]

⑩ 사회의 안정과 질서를 중시하는 보수적 입장과 변화를 통해 사회 문제를 해결하려는 진보적 입장 간의 갈등

✚ 이념과 갈등

이념은 이상적으로 여겨지는 생각이나 견해로서, 사회나 집단이 가진 특정한 가치관이나 믿음과 관련된다. 이는 사회 현상을 이해하는 판단의 근거나 기준이 되기 때문에 한 사회의 구성원들 간에 이념이 다를 경우 갈등이 일어나기 쉽다.

ⓛ 경제, 사회, 교육 등과 관련된 쟁점을 이념에 기반해 이분법적 사고로 바라보면 갈등이 더욱 심화될 수 있다.

ⓒ 해결 방안: 이분법적인 사고를 지양하고 상대방의 합리적인 의견은 수용하며, 정의를 실현하는 방향을 함께 고민하고 소통해 나가야 한다.

③ **지역 갈등**

ⓐ 사회적 자원의 배분, 공공시설의 입지 선정 등과 같은 경제적 요인과 ˙지역감정, ˙연고주의 등으로 유발되는 갈등이다.

　　예 선호 시설을 자신의 지역에 유치하려는 경쟁

ⓑ 지역의 역사적·지리적 상황과, 지역 갈등을 이용하려는 왜곡된 정치적 요인이 결부되어 갈등이 확대되기도 한다.

ⓒ 지역 이기주의로 나타나기도 한다.

ⓓ 해결 방안: 정부는 지역이 균형 있게 발전하도록 지원해야 하고, 정치적으로 지역주의를 내세우려는 태도에서 벗어나야 한다.

④ **계층 갈등**: 사회적·경제적 자원이 계층 간에 불균등하게 분배되어 발생하는 갈등이다.

　　예 빈부 격차에 따른 갈등

⑤ **노사 갈등**: 기업가와 노동자 사이에서 이해관계가 충돌하여 발생하는 갈등이다.

　　예 생산성을 추구하는 기업가와 처우와 복지의 개선을 추구하는 노동자 간의 갈등

2. 사회 통합을 위한 방안

(1) 사회 통합의 의미
개인과 집단이 서로 양보하고 상호 작용하여 사회가 통합되는 과정을 말한다.

(2) 사회 통합의 필요성
① 갈등이 일상화되면 개인의 삶이 고통을 받아 불행해 질 수 있다.
② 갈등으로 인해 사회와 국가의 발전에 역량이 집중되지 않으면 사회의 발전과 국가의 경쟁력 강화가 어려워진다.

(3) 사회 통합의 방안
① **의식적 노력**

ⓐ 관용과 역지사지(易地思之), 상호 간의 존중과 신뢰를 바탕으로 한 소통의 자세가 필요하다.

ⓑ 사회 구성원들 간에 연대 의식˙을 지니고 공익과 사익의 조화를 이루려는 자세가 필요하다.

② **개인적 노력**: 개인은 자신의 행복과 권리를 추구하면서도 타인의 다름을 포용하고 존중하는 자세가 필요하다.

③ **제도적 노력**

ⓐ 자원을 공정하고 투명하게 분배하는 기준을 마련한다.

ⓑ 다양한 의견을 공유하며 수렴할 수 있는 민주적 절차를 마련한다.

ⓒ 불평등과 격차를 완화할 수 있는 제도와 정책을 세운다.

ⓓ 이해 당사자들이 직접 정책을 결정하는 과정에 참여할 수 있는 제도와 정책을 마련한다.

④ **국가적 노력**: 국민의 다양한 의견을 듣고 정책에 반영될 수 있도록 논의하는 통합의 정치를 지향해야 한다.

✚ **연대 의식**
한 사회의 구성원들이 모두 함께 살아가야 한다는 것을 인식하고 어떠한 책임을 공통으로 나누어 가지는 귀속 의식이라고 할 수 있다. 이는 개인의 소외를 극복할 수 있는 공존의 기반이 된다.

📖 **꼼꼼 단어 돋보기**

● **지역감정**
특정 지역에 살고 있거나 그 지역 출신의 사람들에게 가지는 좋지 않은 생각이나 편견

● **연고주의**
혈연, 지연, 학연 등의 사회적 관계를 중요하게 여기는 사고방식이나 사회 현상

2 소통과 담론 윤리

1. 소통과 담론의 의미와 필요성

(1) 소통과 담론의 의미
① **소통의 의미:** 서로 오해 없이 뜻이 잘 전달되도록 이야기를 나누는 것이다.
② **담론의 의미:** 이야기를 주고받으면서 논의하는 것으로, 주로 갈등이나 문제를 해결하기 위한 토론의 형태로 이루어진다.

(2) 소통과 담론의 필요성
① 사회 구성원들의 자발적·적극적인 참여를 유도하여 다양한 목소리를 들어볼 수 있다.
② 대화를 통해 서로의 차이를 이해하고 인정하며 갈등을 합리적으로 해결할 수 있다.
③ 소통과 담론을 통해 도덕적 권위(도덕적 정당성)와 설득력을 갖춘 합의를 이끌어 낼 수 있다.
④ 사회 구성원들의 참여를 바탕으로 사회 통합을 이루어 나갈 수 있다.

(3) 바람직한 소통과 담론의 자세
① 소통과 담론에 참여할 수 있는 사람들의 권리를 인정해야 한다.
② 상대방의 의견을 존중하는 태도를 지닌다.
③ 자신의 의견에 오류가 있을 수 있다는 것을 인정하고 받아들인다.
④ 상대를 속이려 하지 말고 진실한 대화를 한다.
⑤ 공적 의사 결정 과정에 참여하여 심의 민주주의를 실현한다.

2. 동서양의 소통과 담론 윤리

(1) 소통과 담론에 관한 동서양의 윤리

공자	다른 사람과 조화롭게 지내되 자신의 중심은 잃지 않는다는 화이부동(和而不同)을 통해 조화를 강조함
맹자	소통을 방해하는 네 가지 언사(편파적인 말, 음란한 말, 속이는 말, 회피하려는 말)를 제시하고, 진실되고 바른 말을 사용할 것을 강조함
장자	서로의 다름을 있는 그대로 인정하고, 서로가 상호 의존적인 관계에 있다는 것을 이해해야 한다고 강조함
원효	자신의 종파와 다른 종파의 사상을 분리시켜 고집하지 말고, 더 높은 차원에서 하나로 통합해야 한다는 화쟁 사상을 주장함 참고 화쟁(和諍)은 다른 종파 간의 다툼(諍)을 더 높은 차원에서 조화(和)시킨다는 의미이다.
밀	인간은 잘못된 판단을 할 수 있는 존재이므로 토론을 통해 오류 가능성을 검증해야 한다고 주장함
아펠	의사소통 공동체의 모든 구성원은 합의를 위해 담론에 참여해야 할 책임과 의사소통 공동체를 유지해야 할 책임을 동시에 지닌다고 주장하며 담론 윤리적 책임을 제시함

(2) 하버마스의 담론 윤리
① 의사소통을 통해 갈등을 합의로 이끌어 해결하는 과정을 중시하며, 상호 간에 존중하는 태도를 갖춘 토론의 과정을 거쳐 보편적인 합의에 도달할 수 있다고 본다.

➕ 심의 민주주의
사회적 쟁점에 관해 시민이 전문가 및 공직자와 공적 심의를 진행하고 합의를 이끌어 내는 정책 결정 방식이다.
참고 심의(審議)란 어떤 사항에 대하여 심사하고 토론하는 것을 말한다.

➕ 장자의 도(道)

> "삶이 있기에 죽음이 있으며 옳음이 있기에 그름이 있다. 옳고 그름을 도(道)의 입장에서 바라본다면 서로 다른 것이 아니라 똑같은 것이다."

장자는 도의 관점에서 볼 때 모든 것은 다른 것이 아니라 똑같은 것이기 때문에 옳고 그름도 다른 것이 아니라 똑같은 것으로 보며 상호 의존적 관계에 있다고 생각하였다.

② 합리적인 의사소통을 위한 조건
    ㉠ 돈이나 권력의 힘이 개입되어서는 안 된다.
    ㉡ 누구나 참여할 수 있어야 한다.
    ㉢ 이상적인 담화 조건을 준수하여야 한다.
    ㉣ 누구나 평등하게 발언할 수 있어야 한다.
    ㉤ 합의된 결과(규범)를 지킬 것이라고 기대할 수 있어야 한다.
③ 이상적인 담화 조건(상황)

진리성	대화 당사자들의 발언은 옳은 것이어야 함
정당성	대화 당사자들의 발언은 사회적으로 정당한 규범에 근거해야 함
진실성	대화 당사자들의 발언은 타인을 속이지 않아야 함
이해 가능성	대화 당사자들의 발언은 서로가 이해할 수 있어야 함

④ 공론장: 시민 사회 내부에서 작동하는 의사소통의 영역으로, 구성원들의 자발적인 참여로 도덕적 지위를 갖춘 합의를 이끌어 낼 수 있다.
⑤ 담론 윤리의 의의: 현대 사회의 복잡한 이해관계를 합리적으로 해결할 수 있는 방법을 제시하였다.
⑥ 담론 윤리의 한계: 현실적으로는 이상적인 대화가 쉽지 않다.

쏙쏙 이해 더하기 | **하버마스가 제시한 담론의 원칙**

- **실천적 담론 원칙:** 모든 당사자들의 동의를 얻을 수 있는 규범만이 타당하다.
- **보편화 원칙:** 모든 당사자들은 타당한 규범을 따를 때 나타날 수 있는 결과와 부작용을 알고 받아들여야 한다.

02 민족 통합의 윤리

이번 단원에서는 통일 문제와 관련된 쟁점을 확인하고, 남북한의 화해를 위한 노력은 무엇인지 알아보면서 미래의 통일 한국의 모습을 예상해 봅니다.

1 통일 문제를 둘러싼 쟁점

☆ 1. 통일에 대한 찬반 논쟁

찬성	반대
• 민족 동질성을 회복할 수 있음 • 이산가족의 고통을 해소할 수 있음 • 경제적 번영에 도움이 됨 • 민족의 위상을 국제적으로 높일 수 있음 • 전쟁의 공포에서 벗어나 동북아시아의 긴장을 완화시킴 • 군사비의 감소로 경제 규모가 확대됨 • 북한 주민의 인권 문제가 해결됨	• 문화적·언어적·사회적 차이로 인한 갈등이 발생함 • 막대한 통일 비용으로 세금 부담과 경제적인 위기를 겪을 수 있음 • 통합 과정에서 정치적·군사적·사회적인 혼란이 발생함 • 군사 도발 등으로 인해 북한에 대한 부정적 인식이 높고 신뢰도가 낮음

2. 통일과 관련된 비용

(1) 분단 비용
① 남북한의 대립과 갈등 때문에 분단 상태가 지속되는 과정에서 소요되는 비용을 말한다.
② 군사비, 안보비 등과 같은 유형의 비용과 이산가족의 고통, 전쟁에 대한 공포, 이념적 갈등 등과 같은 무형의 비용이 있다.

(2) 통일 비용
① 통합 과정과 통일 이후에 남북한의 격차를 극복하고 남북한의 체제를 통합하는 데 소요되는 비용을 말한다.
② 정치·경제 제도의 통합 비용, 화폐 통합 비용, 위기관리 비용, 생산 시설 비용 등이 있다.

(3) 통일 편익
① 통일로 얻게 되는 편리함과 이익으로, 통일 이후 지속적으로 발생되는 보상과 혜택을 말한다.
② 군사비 등 분단으로 인해 지출되던 비용의 감소, 시장 규모의 확대로 발생하는 경제적 이익, 북한 주민의 인권 문제 해결 등이 있다.

3. 북한 인권 문제

(1) 북한 인권 문제의 실태
정치범 수용소의 운영과 강제 노동 및 학대, 기본적인 의식주의 부족으로 인한 주민들의 생존 위협, 감시와 강압 통치에 의한 개인의 자유 억압, 출신 성분에 따른 직업과 직장의 자율적 선택 제한 등이 있다.

＋ 출신 성분
북한의 주민 분류 기준이다. 북한은 주민을 핵심 계층, 동요 계층, 적대 계층의 3계층, 51부류로 구분하여 의식주 배급, 직업 배치 등의 생활 전반에서 다르게 대우하고 있다.

(2) 북한 인권 문제에 대한 개입

북한 사회는 보편적 가치인 인간 존엄성이 제대로 실현되고 있지 못하므로 국제적인 개입이 필요하다는 입장과 북한 내부의 문제이므로 외부에서 간섭해서는 안 된다는 입장으로 나뉜다.

국제 개입을 찬성하는 입장	국제 개입을 반대하는 입장
국가가 자국민의 인권을 보장할 의지와 역량이 부족하므로 국제 사회가 인도적 차원에서 개입할 필요가 있음	국가는 다른 나라로부터 간섭받지 않을 권리가 있으므로 원치 않을 때에는 개입해서는 안 됨

(3) 대북 지원의 문제

① 대북 지원의 의미: 북한 주민의 열악한 생활을 개선하기 위한 인도적 차원의 지원을 말한다.

② 대북 지원을 바라보는 관점

인도주의적 관점	정치적·군사적 상황과 무관하게 북한 주민의 안녕과 복지를 위하여 지원해야 함
상호주의적 관점	북한에 일정한 변화를 요구하면서 지원을 해야 함

2 통일이 지향해야 할 가치

1. 독일의 사례

(1) 독일의 통일 준비 과정

① 분단 상황에서 동독과 서독이 활발하게 문화를 교류하고 협력하였다.

② 통일 이후 경제적 상황이 더 나았던 서독이 동독을 지원하여 관계를 개선하고 서로에 대한 믿음을 굳건히 다져 나갔다.

(2) 독일 통일의 후유증과 성과

① 독일 통일의 후유증: 서로 다른 이념과 체제하에 있던 동독과 서독은 통일 후 사회적 갈등이 발생하여 내면적·정신적으로까지 통합을 이루는 과정이 쉽지 않았다.

② 독일 통일의 성과: 시간이 걸리기는 하였으나 점차 정치적·경제적으로 안정되었고, 동독과 서독의 주민들의 통합이 이루어지고 있다.

(3) 독일 통일의 교훈

① 통일을 이루기 위해 다양한 분야의 활발한 교류가 이루어져야 하고, 통일에 대한 바른 이해를 바탕으로 실질적 준비를 할 필요가 있다.

② 단순히 제도적 통일이 아닌 심리적·문화적 통일을 위해 철저한 준비가 필요하다.

★ 2. 남북한의 통일을 위한 노력

(1) 개인적 노력

① 통일에 대한 관심을 가지고 언제든지 통일이 현실로 이루어질 수 있음을 인식한다.

② 군사 안보의 측면에서 북한은 경계의 대상이지만, 북한 주민은 화해와 협력의 대상임을 인식한다.

③ 통합 과정에서 북한 출신 주민을 이해하려는 열린 자세를 갖는다.

꼼꼼 단어 돋보기

● 상호주의
기업 활동, 관세, 수출입품의 제한 등에 대한 결정은 상대 국가가 자국을 어떻게 대하는지에 따라 달라진다는 원리

(2) 국가적 노력

① 통일의 필요성에 대해 전 국민이 인식하고 통일에 대한 합의에 참여할 수 있도록 독려해야 한다.

② 점진적인 교류를 통해서 남북한의 긴장을 해소하고, 여러 분야에서 협력하여 신뢰를 형성하도록 한다.

③ 튼튼한 안보 기반을 구축하면서, 평화적 통일을 위한 준비를 한다.

④ 동북아시아와 국제 사회의 협력 관계를 긴밀히 하여 우호적인 통일 환경을 조성한다.

3. 통일 한국의 미래

(1) 통일 한국이 지향해야 할 가치

자유	개인이 자신의 의사에 따라 삶을 자유롭게 선택할 수 있어야 함
평화	전쟁의 위협으로부터 벗어난 평화로운 공동체여야 함
인권	모든 사람의 존재와 가치가 존중되는 국가가 되어야 함[+]
정의	모두가 차별 없이 합당한 대우를 받을 수 있어야 함
자주성	남북한의 힘으로 통일 국가를 주체적으로 만들어 나가야 함
열린 민족주의	우리 민족의 정체성을 바로 알고 전통문화를 계승해 나가며, 다양한 문화를 바르게 수용하고 조화롭게 발전하는 방향으로 나아가야 함

＋ 국제 연합(UN)의 세계 인권 선언

"모든 인간은 태어날 때부터 자유롭고 평등하며 존엄과 가치를 가진다."

(2) 통일 한국의 미래상

① **수준 높은 문화 국가**: 다양하고 창조적인 문화 발전을 이룩한다.

② **자주적인 민족 국가**: 외세에 의존하지 않는 독립적인 국가 역할을 수행한다.

③ **정의로운 복지 국가**: 모든 사회 구성원들의 삶의 질을 향상하고 풍요로운 복지 국가를 실현한다.

④ **자유로운 민주 국가**: 국민의 권리가 보장되고 국민의 의사가 정책에 반영된다.

⑤ **평화롭고 풍요로운 국가**: 남북한의 역량이 결합되어 경제적으로 풍요로우며 세계 평화에 기여한다.

지구촌 평화의 윤리

이번 단원에서는 국제 분쟁의 해결 방안을 알아보고 국가 간의 빈부 격차 문제와 해외 원조에 대한 다양한 관점을 확인해 봅니다.

1 국제 분쟁의 해결과 평화

1. 국제 분쟁의 원인, 윤리적 문제와 해결 방안

(1) 국제 분쟁의 원인
영역과 자원을 둘러싼 갈등, 문화적 차이에 따른 갈등, 인종·민족 간의 갈등 등의 이유로 국제 분쟁이 발생하고 있다.

(2) 국제 분쟁의 윤리적 문제
국제 사회의 분열과 갈등을 초래하여 지구촌 평화를 위협하고, 반인도적인 범죄가 자행되어 인간 존엄성과 정의를 훼손한다.

(3) 국제 분쟁의 해결 방안
① 다양성과 차이를 존중하고 동질성을 찾도록 노력한다.
② 약소국을 위한 국제적 지원과 제도를 마련하고 국제적 분배 정의를 실현한다.

2. 국제 관계에 대한 관점

(1) 현실주의

> "국제 정치는 국가 이익의 관점에서 정의된 권력을 위한 투쟁이다."
> – 모겐소(Morgenthau, H. J.) –

① 국가는 이기적인 인간들로 구성되어 있고, 세계도 자국의 이익을 추구하는 국가들로 이루어져 있다고 본다.
② 국가의 이익과 도덕성이 충돌할 경우 국가의 이익을 우선시해야 한다고 주장한다.
③ 국가의 힘을 키워 세력 균형을 유지해야 분쟁을 해결할 수 있다고 본다.
④ 한계
    ㉠ 자국의 이익을 확보하기 위해 경쟁적으로 군사를 준비하게 되며, 전쟁과 무력 행사를 정당화한다.
    ㉡ 국가 간의 협력 관계를 설명하기 어렵다.

(2) 이상주의

> "국제 분쟁은 국가 간 도덕성을 확보해야 해결된다."
> – 칸트(Kant, I.) –

① 인간이 이성적이듯 국가도 이성적이고 합리적이라고 본다.
② 국가의 이익보다 인간의 존엄성, 자유, 평등 등 보편적인 가치를 달성해야 한다고 주장한다.
③ 이성적인 대화와 협력으로 국제기구, 국제법, 국제 규범 등의 제도를 개선해 나가면 분쟁을 해결할 수 있다고 본다.

④ 한계

    ⊙ 현실적으로 일어나고 있는 국가 간의 경쟁과 갈등을 설명하기 어렵다.

    ⓒ 국제 관계에서 국제법, 국제 규범 등의 제도로는 효과적인 제재를 하기가 어렵다.

(3) 구성주의

> "국제 관계는 국가 간 상호 작용을 통해 구성된다."
>
> – 웬트(Wendt, A.) –

① 국가는 상대국과의 상호 작용을 통해서 정체성을 형성하고 관계를 명확하게 설정한다고 본다.

② 자국과 상대국이 어떤 관계에서 상호 작용하는지에 따라 국가의 이익이 결정된다고 본다.

③ 자국과 상대국의 긍정적인 상호 작용을 통해서 분쟁을 해결할 수 있다고 본다.

3. 국제 분쟁의 해결과 평화

(1) 칸트의 영구 평화론

① 폭력과 전쟁에서 벗어나기 위해서 각국이 참여하고 국제법의 적용을 받는 평화 연맹을 구성해야 한다고 보았다.[+]

② 평화를 실현하는 방법으로 환대권을 강조하였다.

☆(2) 갈퉁의 평화

평화를 소극적 평화와 적극적 평화로 나눌 수 있다고 보았다.

소극적 평화	전쟁, 테러, 범죄 등과 같이 직접적이고 물리적인 폭력이 없는 상태
적극적 평화	직접적인 폭력뿐만 아니라 빈곤, 차별과 같은 사회의 구조적·문화적 폭력이 없어 인간답게 살아갈 수 있는 상태

참고 갈퉁은 소극적 평화만으로는 진정한 평화를 이루어내기 어렵다고 보고, 직접적·물리적 폭력뿐만 아니라 사회의 구조적·문화적 폭력을 제거하여 적극적인 평화를 이루어야 한다고 주장하였다.

＋ 칸트의 평화 연맹

칸트는 인간은 이성적 존재이므로 평화 실현이 가능하다고 보았다. 또한 평화 연맹이 구성되면 전쟁의 폭력성과 적대성에서 벗어나 평화를 유지할 수 있으며, 국가 지도자가 쉽게 전쟁을 일으킬 수 없다고 보았다.

② 국제 사회에 대한 책임과 기여

1. 세계화에 대한 관점

(1) 세계화의 의미

국제 사회의 상호 의존성이 높아지고 세계 전체가 긴밀하게 연결된 사회 체계로 통합되어 가는 현상을 말한다.

(2) 세계화의 영향

긍정적 영향	• 단일 국가 혼자서는 해결할 수 없는 문제를 협력하여 해결할 수 있음 • 문화적으로 다양화되어 풍요로운 사회를 만들 수 있음 • 기업은 국제 경쟁력을 갖추기 위해 노력하여 발전하고, 판매자는 넓은 시장을 이용할 수 있으며, 소비자는 다양한 상품 선택의 기회를 갖게 됨
부정적 영향	• 선진국이 경제적 이득을 독점하여 국가 간 빈부 격차가 심화될 수 있음 • 세계 통합을 지나치게 강조할 경우 문화가 획일화되어 지역 문화가 사라질 수 있음 • 다른 나라의 경제 위기가 국내 경제 상황에 영향을 미칠 수 있음

🔍 꼼꼼 단어 돋보기

● 환대권

이방인이 다른 나라에서 평화적으로 행동하는 한 적대적으로 대우 받지 않을 권리

(3) 지역화

① **지역화의 의미**: 특정 지역이 그 지역의 고유한 전통이나 특성을 살려 다른 지역과 차별화된 경쟁력을 갖추려고 노력하는 현상을 말한다.⁺

② **지역화의 특징**: 지역의 이익과 발전을 추구하나 지역의 배타성이 갈등을 유발할 수 있다.

(4) 글로컬리즘(glocalism)   번역하면 세계 지역화라고 할 수 있어요.

지역의 전통과 특색을 유지하면서 세계화하는 것을 말한다. 즉, 세계화와 지역화의 조화라고 할 수 있다.

예 불고기 맛의 햄버거와 피자, 세계로 수출되는 김치와 불고기

+ 지역화의 형태
지역화는 지역의 특성을 고수하려는 형태뿐만 아니라, 국제 사회에서 지리적으로 가까운 국가들끼리 협동하여 문제를 해결하려는 형태로도 나타난다.

2. 국제 정의와 국가 간의 빈부 격차

(1) 국제 정의의 종류

형사적 정의	• 반인도주의적 범죄자에게 법에 따라 정당한 제재를 부과함으로써 실현되는 정의 • 국제 형사 재판을 통해 범죄자를 처벌함
분배적 정의	• 재화나 지위와 같은 가치의 공정한 분배를 통해 실현되는 정의 • 선진국이 원조나 기부를 통해 개발 도상국 혹은 국제기관을 도움

(2) 국가 간 빈부 격차의 윤리적 문제

① 절대 빈곤으로 굶주림과 질병이 발생하여 인간다운 삶을 살기 어렵게 한다.

② 남북 문제⁺와 같이 경제적 격차가 현저하게 보이는 분배적 정의 문제가 발생한다.

+ 남북 문제
선진국과 개발 도상국 간 경제 차이와 이로 인해 여러 가지 문제가 발생함을 이르는 것이다. 일반적으로 북반구에는 선진국, 남반구에는 개발 도상국이 위치하여 남북 문제라 한다.

3. 해외 원조 대한 관점

★(1) 의무의 관점

싱어	• 공리주의적 관점에서 해외 원조는 인류 전체의 고통을 감소시켜 줌 • 절대적 빈곤으로 고통받는 사람들을 도와주는 것은 윤리적으로 당연히 해야 하는 행위임
롤스	• 해외 원조는 정의 실현을 위한 의무임 • 해외 원조는 불리한 여건의 사회, 즉 빈곤국이 질서 정연한 사회⁺가 되도록 돕는 것임 • 빈곤국은 문제를 스스로 개선할 능력이 없으므로, 경제적 분배의 과정으로 해외 원조를 할 것이 아니라 빈곤국의 자생력을 키워 주는 방향이어야 함 • 해외 원조가 전 지구적 차원의 부의 재분배나 복지 향상을 의미하지는 않음

+ 해외 원조에 대한 싱어의 관점

"우리가 절대 빈곤에 빠진 사람을 돕는 것은 의무이고, 돕지 않는 것은 나쁜 일일 것이다. 돕는 것은 칭찬할 가치가 있다. 이러한 행위는 자선적 행위가 아니며 모든 사람이 마땅히 해야 하는 행위이다."

+ 롤스의 질서 정연한 사회
독재와 착취 같은 불합리한 사회 구조나 제도가 개선되어 정치적 전통, 법, 규범 등의 문화가 적정한 수준에 이른 사회를 말한다. 롤스는 질서 정연한 사회에 살고 있는 사람들은 불리한 여건에서 살고 있는 사람들을 도울 의무가 있다고 본다. 롤스는 가난한 나라라도 질서 정연한 사회라면 원조를 할 필요가 없다고 본다.

(2) 자선의 관점

노직	• 해외 원조는 개인과 국가의 자율적 선택의 문제임 • 해외 원조를 하라고 강요하는 것은 개인의 자유를 침해하는 것이라고 봄

참고 자선의 관점은 세계 빈곤을 해결하기 어렵고, 시혜주의적 태도를 가질 수 있다는 한계가 있다.

(3) 약소국 원조의 윤리적 자세

① 일회적인 것이 아니라 장기적으로 도울 수 있는 교육, 기술 제공과 같은 원조를 해야 한다.

② 개별 국가의 현실적 상황과 필요에 부합하는 형태로 원조를 해야 한다.

③ 원조를 받는 나라의 자율성이 훼손되지 않도록 해야 한다.

🔍 **꼼꼼 단어 돋보기**

● 반인도주의
인간의 존엄성을 훼손하고 인류의 복지와 안녕을 위협하는 태도

● 시혜주의
은혜를 베푼다는 우월적 태도

이론 쏙! 핵심 딱!

쏙딱 TEST

VI

정답과 해설 **17쪽**

평화와 공존의 윤리

📢 선생님이 알려 주는 **출제 경향**

국제 관계를 바라보는 관점과 해외 원조에 대한 관점이 자주 출제되고 있습니다.

---

01 다양한 사회적 갈등이 발생하는 원인에 해당하지 <u>않는</u> 것은?

① 한정된 사회적 자원
② 경제적 이해관계 대립
③ 신념 및 가치관의 충돌
④ 공정한 분배의 기준 확립

02 다음 〈사례〉에 나타난 갈등의 유형은?

> **사례**
>
> 특정 사회 담론을 두고 진보 진영과 보수 진영의 의견이 좀처럼 좁혀지지 않고 있다.

① 세대 갈등　　　　② 이념 갈등
③ 지역 갈등　　　　④ 노사 갈등

03 사회 통합을 위한 노력으로 적절하지 <u>않은</u> 것은?

① 개인의 행복은 공동체의 행복을 위해서 유보한다.
② 국민을 차별하지 않는 정책을 만들고 정의가 실현되도록 한다.
③ 여러 이해관계자의 의견을 듣고 제도에 조화롭게 반영할 수 있도록 한다.
④ 공동체의 일을 개인의 삶과 분리시키기 어렵다는 생각을 바탕으로 연대의식을 가진다.

04 소통과 담론이 필요한 이유가 <u>아닌</u> 것은?

① 대화를 통해서 생각의 차이를 확인한다.
② 상대방에 대한 선입견과 오해를 해소한다.
③ 권위자의 의견에 따라 의사 결정의 신속성을 추구한다.
④ 도덕적 권위를 갖는 합의에 도달하여 사회 통합에 기여한다.

05 다음에 나타난 바람직한 소통의 자세는?

> 도(道)의 입장에서 바라보면 모든 것은 서로 다른 것이 아니라 똑같은 것이기 때문에 옳고 그름도 같은 것이다.
>   – 장자 –

① 다름의 존중   ② 배타적 태도
③ 획일적인 의견 통합   ④ 이분법적 사고 추구

주목
06 하버마스(Habermas, J.)가 제시한 합리적 의사소통의 조건으로 적절한 것은?

① 권위자의 의견을 전적으로 수용해야 한다.
② 담론의 참여자는 엄격한 기준에 따라 선정해야 한다.
③ 합의된 결과를 지킬 것이라고 기대할 수 있어야 한다.
④ 이상적인 담화 조건인 진리성, 정당성, 진실성, 특수 언어 활용성을 모두 준수해야 한다.

07 다음 학생이 발표할 내용으로 적절한 것은?

통일의 필요성과 통일이 가져다주는 이익에 대해 발표하겠습니다.

① 통일 비용에 따른 조세 부담 증가
② 국방비 감소에 따른 경제 규모 확장
③ 북한 주민의 사회 편입에 따른 혼란
④ 통합 과정에서의 정치적·군사적 혼란 발생

주목
08 다음 설명에 해당하는 비용은?   2020년 1회

> 통일 이후에 남북한의 경제 격차를 해소하고 이질적인 요소들을 통합하는 데 소요되는 유형·무형의 비용을 의미한다.

① 분단 비용   ② 전쟁 비용
③ 갈등 비용   ④ 통일 비용

09 ㉠에 들어갈 토론의 주제로 가장 적절한 것은?

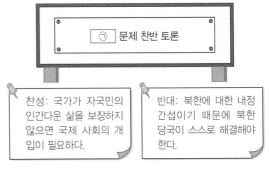

㉠ 문제 찬반 토론

찬성: 국가가 자국민의 인간다운 삶을 보장하지 않으면 국제 사회의 개입이 필요하다.

반대: 북한에 대한 내정 간섭이기 때문에 북한 당국이 스스로 해결해야 한다.

① 국제 정의   ② 노사 갈등
③ 사생활 침해   ④ 북한 인권 개입

빠른 정답 체크

01 ④   02 ②   03 ①   04 ③   05 ①   06 ③   07 ②
08 ④   09 ④

10 ㉠에 들어갈 내용으로 적절하지 <u>않은</u> 것은?   2019년 1회

주제: 바람직한 통일을 위한 노력
(1) 통일 의미: 남한과 북한이 하나의 공동체를 형성하고 더불어 살아가는 것
(2) 노력할 점: (㉠   )

① 점진적이고 단계적으로 노력한다.
② 남북한의 이념과 체제 경쟁을 유도한다.
③ 주변국과의 협력과 유대를 강화해 나간다.
④ 국민적 이해와 합의를 토대로 평화적으로 이루어야 한다.

11 통일 한국의 미래 모습으로 적절하지 <u>않은</u> 것은?

① 정의로운 독재 국가
② 자유로운 민주 국가
③ 수준 높은 문화 국가
④ 평화롭고 풍요로운 국가

12 독일 통일의 교훈으로 적절하지 <u>않은</u> 것은?

① 사회적·내적 통합이 이루어지도록 한다.
② 분단 상태에서도 다양한 문화 교류를 추진한다.
③ 무력적 흡수 통일에 기초해 사회 혼란을 최소화한다.
④ 주민들이 서로를 차별하지 않고 같은 공동체라는 의식을 갖고 협력한다.

13 B 학생의 입장으로 적절하지 <u>않은</u> 것은?   2017년 1회

국가 간 분쟁은 힘의 논리로 해결할 수밖에 없어.
A 학생

아니야. 국가 간 대화를 통해 해결할 수 있어.
B 학생

① 인간의 이성에 대한 신뢰를 기반으로 해야 한다.
② 상호 협력을 통해 평화적 관계를 유지해야 한다.
③ 국제기구의 조정을 통해 분쟁을 해결해야 한다.
④ 힘의 우위를 확보하기 위해 핵보유국이 되어야 한다.

14 다음에서 나타난 국제 관계를 바라보는 관점은?

국제 관계는 국가 간 상호 작용을 통해 구성된다.
– 웬트(Wendt, A.) –

① 현실주의   ② 이상주의
③ 구성주의   ④ 상대주의

15 다음 기사에 나타난 갈퉁(Galtung, J.)이 제시한 평화는?

제○○호   **도덕신문**   ○○○○년 ○월 ○일

평화로운 삶이란 무엇인가

전쟁과 범죄가 없다고 해서 그곳이 낙원이 될 수는 없다. 아직도 우리 주변에는 굶주림에 고통받는 이웃이 있으며 교육 사각지대에 놓여 출발선부터 다른 이웃이 있다. 그들에게 온전한 평화가 주어질 때 비로소 낙원에 한발 더 다가갈 것이다.

① 소극적 평화   ② 적극적 평화
③ 배타적 평화   ④ 국제적 평화

16 다음 〈사례〉에 나타난 국제 사회의 모습은?

> **사례**
>
> 　매년 전 세계에서 출시한 스마트폰을 한자리에 모아 디자인과 특성들을 비교하는 박람회가 개최된다. 이 자리에서는 제품 수출입에 대한 의견을 나누면서 각국으로 제품이 팔려 나갈 수 있는 기회가 열리기도 한다.

① 세계화　　　　　　② 지역화
③ 획일화　　　　　　④ 세계 지역화

17 세계화의 긍정적인 영향과 거리가 <u>먼</u> 것은?

① 초국적 기업이 시장을 독점한다.
② 다 같이 잘사는 방향을 모색한다.
③ 다양한 문화를 교류하여 삶이 풍요로워진다.
④ 단일 국가가 해결할 수 없는 문제를 협력하여 해결한다.

18 다음에서 설명하는 것은?

> 　미국이 경제적·정치적으로 가장 우세한 힘을 발휘하는 것을 우려하여 유럽 국가들은 자신들의 이권을 지키기 위해 힘을 합쳐 유럽 연합(EU)을 만들었다.

① 세계화　　　　　　② 지역화
③ 세계 지역화　　　　④ 글로컬리즘

19 다음 내용에 나타난 정의는?

> 　　　　　　　　　2020○년 ○월 ○일 날씨 흐림
> 　오늘 텔레비전 뉴스에서 테러범들이 자행한 테러 현장이 나왔는데 너무 끔찍했다. 무고한 사람들이 다치거나 죽는 장면, 슬퍼하는 가족들, 예고도 없이 다시 찾아올 것 같은 공포감, 모든 게 끔찍했다. 옆에서 지켜보던 동생이 저 테러범들은 마땅히 벌을 받아야 한다면서 분개하였고, 나도 같은 마음이었다.

① 분배적 정의　　　　② 형식적 정의
③ 절차적 정의　　　　④ 형사적 정의

주목
20 싱어(Singer, P.)가 지지할 견해로 옳은 것은?

2018년 2회

① 약소국에 대한 원조는 불필요하다.
② 빈곤 문제는 자국 내에서 해결해야 할 문제이다.
③ 인류의 행복 증진을 위해 원조와 기부를 해야 한다.
④ 원조는 개인이나 국가가 자율적으로 선택할 문제이다.

빠른 정답 체크

10 ②	11 ①	12 ③	13 ④	14 ③	15 ②	16 ①
17 ①	18 ②	19 ④	20 ③			

01 갈등 해결과 소통의 윤리

1 사회 갈등과 사회 통합

사회 갈등	개인이나 집단 사이에 가치관과 목표가 달라 충돌하여 대립하는 상황
사회 통합	개인과 집단이 서로 양보하고 상호 작용하여 사회가 하나로 통합되는 과정

2 소통과 담론의 의미

① 의미

소통	서로 오해 없이 뜻이 잘 전달되도록 이야기를 나누는 것
담론	이야기를 주고받으면서 논의하는 것, 주로 갈등이나 문제를 해결하기 위한 토론의 형태로 이루어짐

② 바람직한 자세: 서로의 권리 인정과 의견 존중, 자신의 오류 인정, 진실한 대화, 심의 민주주의 실현

3 하버마스의 담론 윤리

① 다양한 문제와 의견으로 인한 갈등을 의사소통을 통해 해결하는 과정 중시
② 이상적인 담화 조건: 진리성, 정당성, 진실성, 이해 가능성

02 민족 통합의 윤리

1 통일에 대한 찬반 논쟁

찬성	반대
• 민족 동질성 회복 • 이산가족의 고통 해소 • 민족의 경제적 번영 • 국제적 위상 향상 • 군사비 감소	• 문화적·언어적·사회적 차이로 인한 갈등 발생 • 막대한 통일 비용으로 인한 세금 부담과 경제적 위기 • 정치적·군사적·사회적 혼란 발생 • 북한에 대한 부정적 인식과 낮은 신뢰도

2 통일과 관련된 비용

분단 비용	• 분단 상태가 지속되는 과정에서 소요되는 비용 • 군사비, 안보비, 이산가족의 고통, 전쟁의 공포 등의 유·무형의 비용
통일 비용	• 통합 과정과 통일 이후에 남북한의 체제를 통합하는 데 소요되는 비용 • 제도와 화폐의 통합 비용, 위기 관리 비용 등
통일 편익	• 통일 이후 지속적으로 발생되는 보상과 혜택 • 시장 규모의 확대, 북한 주민의 인권 문제 해결 등

03 지구촌 평화의 윤리

1 국제 관계에 대한 관점

현실주의	국가는 이기적인 인간들로 구성되어 있고, 세계도 자국의 이익을 추구하는 국가들로 이루어져 있다고 봄
이상주의	인간이 이성적이듯 국가도 이성적이기 때문에 이성적인 대화와 협력으로 분쟁 해결이 가능하다고 봄
구성주의	국가는 상대국과의 상호 작용을 통해서 정체성을 형성하고 관계를 설정한다고 봄

2 국제 분쟁의 해결과 평화

칸트	국제법의 적용을 받는 평화 연맹을 구성하여 폭력과 전쟁에서 벗어날 수 있다고 봄
갈퉁	• **소극적 평화:** 전쟁, 테러, 범죄 등과 같이 직접적이고 물리적인 폭력이 없는 상태 • **적극적 평화:** 직접적인 폭력뿐만 아니라 사회의 구조적 · 문화적 폭력이 없어 인간적인 삶이 가능한 상태

3 세계화에 대한 관점

세계화	세계 전체가 긴밀하게 연결된 사회 체계로 통합되어 가는 현상
지역화	특정 지역이 그 지역의 고유한 특성을 살려 다른 지역과 차별화된 경쟁력을 갖추려 노력하는 현상
글로컬리즘	지역의 전통과 특색을 유지하면서 세계화하는 것

4 국제 정의의 종류

형사적 정의	반인도주의적 범죄자에게 법에 따라 정당한 제재를 부과함으로써 실현되는 정의
분배적 정의	재화나 지위와 같은 가치가 공정하게 분배되고, 선진국이 개발 도상국을 도움으로써 실현되는 정의

5 해외 원조에 대한 관점

의무의 관점	• **싱어:** 어려운 사람을 돕는 것은 윤리적으로 당연히 해야 하는 행위임 • **롤스:** 빈곤국의 자생력을 키우도록 돕는 것은 정의 실현을 위한 의무임
자선의 관점	**노직:** 해외 원조는 개인과 국가의 자율적 선택이기 때문에 이를 강요하는 것은 자유 권리를 침해하는 것임

단원을 닫으며

이번 단원에서는 통일과 관련된 비용, 갈퉁의 평화, 해외 원조에 대한 싱어의 관점을 눈여겨보세요. 또한 새 교육과정부터 하버마스의 담론 윤리와 국제 관계에 대한 관점이 새롭게 추가되었기 때문에 기억해 둘 필요가 있습니다.

모바일 OMR
채점 & 성적 분석

**QR 코드를 활용하여, 쉽고 빠른
응시 – 채점–성적 분석을 해 보세요!**

STEP 1 **QR 코드 스캔**

STEP 2 **모바일 OMR 작성**

STEP 3 **채점 결과 & 성적 분석 확인**

해당 서비스는 2025. 08. 31까지만 이용하실 수 있습니다.

▶ **QR 코드는 어떻게 스캔하나요?**

① 네이버앱 ⇨ 그린닷 ⇨ 렌즈
② 카카오톡 ⇨ 더보기 ⇨ 코드스캔(우측 상단 모양)
③ 스마트폰 내장 카메라 사용(촬영 버튼을 누르지 않고 카메라
   화면에 QR 코드를 비추면 URL이 자동으로 뜬답니다.)

실전
모의고사

01 다음 주제와 관련된 응용 윤리 영역은?

> • 개인의 도덕성과 사회의 도덕성
> • 정의로운 사회를 구현하기 위한 분배의 기준

① 생명 윤리　　　　② 사회 윤리
③ 환경 윤리　　　　④ 성과 가족 윤리

02 다음에서 공통으로 강조하는 개념은?

> • 유교의 인(仁)
> • 불교의 자비

① 배려　　　　② 겸손
③ 감사　　　　④ 청렴

03 다음에서 소개하는 윤리 사상가는?

> • 인간이 본성적으로 자기 보존, 종족 보존, 신과 사회에 대한 진리 파악의 자연적 성향을 지닌다고 주장함
> • 신의 말씀인 영원법을 따라야 한다고 강조함

① 밀　　　　② 베이컨
③ 아퀴나스　　　　④ 슈바이처

04 죽음의 윤리적 의미로 적절한 것은?

① 도덕적 주체로서의 출발점이다.
② 독립적 존재로서의 생명체가 되는 것이다.
③ 이전 세대의 문화적 소산을 계승하는 것이다.
④ 인간관계의 소중함을 깨닫게 하는 계기가 되는 것이다.

05 도덕적 탐구 과정에 따라 ㉠에 들어갈 말로 가장 적절한 것은?

① 자료 조사　　　　② 쟁점 확인
③ 토론 진행　　　　④ 반성적 성찰

06 국가의 역할에 대해 다음과 같은 관점을 제시한 사상가는?

> • 가장 귀한 것은 백성, 그 다음은 국가, 마지막이 군주이다.
> • 백성들의 생계를 안정시킨 후 도덕으로 감화시켜야 한다.

① 공자　　　　② 맹자
③ 원효　　　　④ 노자

07 덕 윤리의 특징을 〈보기〉에서 모두 고른 것은?

> **보기**
> ㄱ. 결과의 유용성을 강조한다.
> ㄴ. 행위자의 유덕한 품성을 중시한다.
> ㄷ. 도덕 법칙에 입각한 행위를 장려한다.
> ㄹ. 공동체 구성원으로서 인간의 삶에 관심을 가진다.

① ㄱ, ㄴ   ② ㄱ, ㄹ
③ ㄴ, ㄹ   ④ ㄷ, ㄹ

08 국가의 역할을 다음과 같이 바라본 사상가는?

> 군주는 이기적인 백성을 엄격하게 법에 따라 통제하여 질서를 유지해야 한다.

① 공자   ② 묵자
③ 정약용   ④ 한비자

09 불교의 자연관에 대한 설명으로 옳은 것은?

① 무위자연(無爲自然)을 추구하며 인위적인 것을 배제한다.
② 만물에 인(仁)을 실천하며 조화로운 삶을 추구한다.
③ 연기적 세계관을 가지고 다른 존재에 대해서 자비를 실천한다.
④ 자연을 인간의 이익과 욕구 충족의 수단으로 바라본다.

10 다음 신문 사설의 제목으로 ㉠에 들어갈 말은?

> 제○○호   **도덕신문**   ○○○○년 ○월 ○일
>
> 내일을 위한 (㉠   )
> 우리는 미래 세대에게 물려줄 자연환경을 보전하면서도 현세대의 필요를 만족시키는 환경적으로 건전한 발전 방식을 택하여야 한다.

① 균형 발전   ② 지역 발전
③ 지속 가능한 발전   ④ 경제 지상주의 발전

11 다음에서 적용하고 있는 공정한 분배의 기준은?

> 재화를 모든 사람에게 동등하게 분배함으로써 기회와 혜택을 균등하게 보장한다.

① 필요   ② 능력
③ 업적   ④ 절대적 평등

12 밑줄 친 '이것'에 해당하는 덕목은?

> 이것은 투명하고 정직한 공동체를 만들기 위해 필요한 덕목으로서, 공직자가 바람직한 역할을 수행하게 하며 사회 구성원들이 서로를 신뢰하는 분위기를 조성한다.

① 청렴   ② 부정
③ 절약   ④ 근검

13 공리주의에 대한 설명으로 적절하지 <u>않은</u> 것은?

① 최대 다수의 최대 행복의 도덕 원리를 강조한다.
② 다수결 원칙을 중시하는 민주주의 성립에 기여하였다.
③ 밀은 인간은 낮은 수준의 쾌락을 추구하는 경향이 있다고 보았다.
④ 벤담은 쾌락과 고통의 양을 계산할 수 있다고 보았다.

14 다음에서 도가 윤리의 내용으로 적절한 것에 '✓'를 표시한 학생은?

내용 \ 학생	A	B	C	D
• 소국 과민(小國寡民)을 이상 사회로 제시한다.	✓			✓
• 삼학(三學)을 주체적으로 수행하면 진리를 깨달을 수 있다.		✓	✓	
• 무위자연(無爲自然)의 삶을 강조한다.			✓	✓

① A   ② B   ③ C   ④ D

15 다음의 내용과 관련된 사상가는?

> • "네 의지의 준칙이 언제나 동시에 보편적 입법의 원리가 될 수 있도록 행위하라."
> • 의무 의식과 선의지에서 나온 행위만이 도덕적 가치를 지닌다고 본다.

① 칸트   ② 벤담
③ 싱어   ④ 플라톤

16 다음에서 공통으로 강조하는 내용은?

> • 도(道)의 관점에서는 귀하고 천한 것의 구별이 없다.
> • 누구나 불성을 가지고 있고, 깨달음을 얻으면 누구나 부처가 될 수 있다.

① 인간은 누구나 평등한 대우를 받아야 한다.
② 불성을 지녀 귀한 사람이 되도록 해야 한다.
③ 원하는 것을 얻기 위해서는 깨달음이 필요하다.
④ 도(道)에 이르기 위해서는 참선을 행하여야 한다.

17 테일러(Taylor, P.)가 제시한 인간이 생명체에 대해 지켜야 할 의무가 <u>아닌</u> 것은?

① 실천의 의무   ② 불간섭의 의무
③ 악행 금지의 의무   ④ 보상적 정의의 의무

18 다음에 나타난 예술에 대한 관점은?

> 예술가에게 윤리적인 동정심이란 용서할 수 없는 매너리즘이다.

① 도덕주의   ② 감상주의
③ 낭만주의   ④ 심미주의

19 ㉠, ㉡에 들어갈 용어로 알맞은 것은?

> • (㉠)은 현대인의 삶의 영역에서 제기되는 여러 가지 윤리 문제에 대해 다양한 분야에 대한 배경지식을 통해 구체적인 해결책을 찾고자 한다.
> • (㉡)은 도덕적 언어나 의미를 분석하고 도덕 추론이 논리적으로 정당한지 따져 본다.

	㉠	㉡
①	실천 윤리학	메타 윤리학
②	실천 윤리학	이론 윤리학
③	기술 윤리학	이론 윤리학
④	이론 윤리학	기술 윤리학

20 다음 중 사상가와 정의관이 바르게 연결되지 <u>않은</u> 것은?

	사상가	정의관
①	롤스	공정으로서의 정의
②	노직	소유권으로서의 정의
③	왈처	절대 평등의 획일적 정의
④	아리스토텔레스	비례에 알맞은 정의

21 ㉠에 들어갈 윤리 사상가로 적절하지 <u>않은</u> 인물은?

> **주제: 사회 계약론**
> • 내용: 국가는 개인들의 필요에 따라 맺은 계약의 산물이라고 본다.
> • 대표적 사상가: ㉠

① 홉스   ② 롤스
③ 로크   ④ 루소

22 다음 설명에 나타난 과학 기술을 바라보는 시각은?

> • 과학 기술의 유용성을 강조하면서 과학 기술을 긍정한다.
> • 과학 기술로 인류가 당면한 문제를 해결할 수 있다고 본다.

① 과학 기술 지상주의   ② 과학 기술 비관주의
③ 과학 기술 혐오주의   ④ 과학 기술 회의주의

23 다문화 사회의 시민으로서 요구되는 자세로 적절하지 <u>않은</u> 것은?

① 다른 문화를 가진 사람과는 어울리지 않는다.
② 국적과 인종에 따라 다르게 대우하지 않는다.
③ 다른 종교를 믿는 것에 대해 관용적 태도를 갖는다.
④ 윤리 상대주의를 경계하고 문화 상대주의를 추구한다.

24 다음 설명에 해당하는 것은?

> 통일 이후 지속적으로 발생하는 보상과 혜택을 말한다.

① 분단 비용   ② 기회 비용
③ 통일 비용   ④ 통일 편익

25 해외 원조에 대한 의무의 관점이 <u>아닌</u> 것은?

① 원조는 인류 전체의 고통을 경감시키는 것이다.
② 원조는 전적으로 개인의 자유로운 선택에 달려 있다.
③ 어려운 처지의 국가를 돕는 행위는 윤리적으로 마땅하다.
④ 원조는 빈곤국이 질서 정연한 사회로 이행되도록 돕는 것이다.

🕐 제한시간: 30분 　　　　　　　　　　　　　　　　정답과 해설 **22쪽**

---

01 (가)에 들어갈 동양 윤리 사상은?

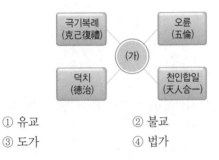

극기복례
(克己復禮)

오륜
(五倫)

(가)

덕치
(德治)

천인합일
(天人合一)

① 유교
② 불교
③ 도가
④ 법가

---

02 다음 〈사례〉에 대한 칸트(Kant, I.)의 입장으로 적절한 것은?

┌─ 사례 ─
봉사 점수를 받아 좋은 대학에 가기 위해 방학 때마다 봉사활동을 한다.
└

① 좋은 결과를 가져온다면 선한 행위이다.
② 비도덕적인 사회 제도의 개선이 필요하다.
③ 인간이 자기 중심적인 행동을 하는 것은 당연하다.
④ 결과가 좋을지라도 동기가 부도덕하기 때문에 옳지 않다.

---

03 다음 설명에 해당하는 사상가는?

┌
쾌락은 양적인 차이만 존재할 뿐이며, '최대 다수의 최대 행복'을 통해 사회 전체의 행복을 증진해야 한다.
└

① 밀
② 벤담
③ 싱어
④ 롤스

---

04 다음에 제시된 쟁점을 다루는 응용 윤리학은?

핵심 쟁점	• 폭력적인 대중문화를 규제해야 하는가? • 다문화 사회를 위한 덕목은 무엇인가?

① 문화 윤리
② 생명 윤리
③ 지구촌 윤리
④ 정보화 윤리

---

05 올바른 가족 관계를 위한 덕목으로 적절하지 <u>않은</u> 것은?

① 상경여빈
② 양성평등
③ 부자자효
④ 금란지교

---

06 다음 문제 상황을 니부어(Niebuhr, R.)의 사회 윤리적 관점에서 해결하는 가장 적절한 방법은?

┌
고소득층과 저소득층의 소득 격차가 점차 심화됨에 따라 계층 간의 갈등 문제가 심각해지고 있다.
└

① 계층 간 대화의 장을 마련한다.
② 직업 윤리 확립을 위한 교육을 실시한다.
③ 더불어 사는 이웃 사랑 정신을 고취시킨다.
④ 사회 정책과 제도의 개선을 통해 분배 정의를 실현한다.

07 다음에서 소개하는 윤리 사상가는?

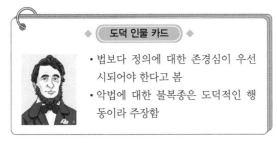

도덕 인물 카드

- 법보다 정의에 대한 존경심이 우선 시되어야 한다고 봄
- 악법에 대한 불복종은 도덕적인 행동이라 주장함

① 롤스　　　　② 소로
③ 싱어　　　　④ 드워킨

08 (가)에 들어갈 개념은?

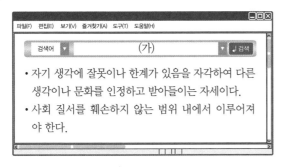

검색어 ▼　　　　(가)　　　　▼ ↵검색

- 자기 생각에 잘못이나 한계가 있음을 자각하여 다른 생각이나 문화를 인정하고 받아들이는 자세이다.
- 사회 질서를 훼손하지 않는 범위 내에서 이루어져야 한다.

① 관용　　　　② 쾌락
③ 규제　　　　④ 평등

09 다음 내용을 주장한 윤리 사상가는?

정언 명령의 형식으로 "네 행동의 결과가 지상의 인간의 삶에 대한 미래 가능성을 파괴하지 않도록 행위하라."고 하며 미래 세대에 대한 책임을 제시하였다.

① 밀　　　　② 칸트
③ 싱어　　　　④ 요나스

10 다음에 나타난 예술을 바라보는 관점은?

예술 작품의 가치는 도덕적 가치에 의해 결정된다. 선을 추구하는 예술이 참된 예술이다.

① 도덕주의　　　　② 심미주의
③ 향락주의　　　　④ 엄숙주의

11 교사의 질문에 대한 학생의 대답으로 가장 적절한 것은?

도덕적으로 옳은 판단을 하기 위해서는 어떻게 해야 할까요?

① 다수의 의견에 따라야 합니다.
② 전적으로 이성으로 판단해야 합니다.
③ 지적인 노력을 통한 도덕적 탐구를 해야 합니다.
④ 물질적 소득을 극대화하는 방향을 모색해야 합니다.

12 다음 내용을 주장한 사상가는?

덕성의 함양은 개인의 자유와 선택으로 이루어지지 않는다. 역사와 전통을 지닌 공동체에서 가능하다.

① 아퀴나스　　　　② 매킨타이어
③ 소크라테스　　　　④ 아리스토텔레스

13 ⑤에 들어갈 내용으로 가장 적절한 것은?

서술형 평가	
• 인간 배아 복제의 찬반 입장을 구분하여 서술하시오.	
찬성	
반대	(⑤)

① 여성의 건강권을 훼손한다.
② 난치병 치료에 도움을 준다.
③ 우수한 품종의 개발과 유지가 가능하다.
④ 배아는 아직 완전한 인간으로 볼 수 없다.

14 다음 설명과 관련된 성의 가치로 적절한 것은?

> 미국의 사회 심리학자 프롬은 진정한 사랑은 보호, 존경, 이해, 책임의 네 가지 요소로 이루어진다고 말한다.

① 생식적 가치   ② 쾌락적 가치
③ 인격적 가치   ④ 상품적 가치

15 다음과 같이 주장한 윤리 사상가는?

> 정의는 지혜, 용기, 절제가 완전한 조화를 이룰 때 나타나는 최고 덕목이다.

① 맹자   ② 순자
③ 플라톤   ④ 소크라테스

16 처벌을 바라보는 응보주의적 관점은?

① 사회 안정을 위한 수단이다.
② 범죄자를 교화하기 위한 행위이다.
③ 최대 다수의 최대 행복을 위한 것이다.
④ 죄에 대한 마땅한 정도의 벌을 되갚아 주는 것이다.

17 올바른 음식 문화 조성을 위한 방안으로 적절한 것은?

① 시간 절약을 위해서 가정 간편식을 구매한다.
② 과식을 예방하기 위해 일정량의 음식은 남긴다.
③ 작물 성장 촉진제를 사용하여 생산량을 늘린다.
④ 지역에서 생산된 농산물을 소비하도록 권장한다.

18 롤스(Rawls, J.)의 정의론에 대해 옳은 설명을 〈보기〉에서 모두 고른 것은?

> **보기**
> ㄱ. 모든 사람은 기본적 자유에 대해 차등의 권리를 지닌다.
> ㄴ. 공정한 절차에 의해 합의가 되었다면 정의로운 것이다.
> ㄷ. 국가는 개인의 권리를 보호하는 역할만을 수행해야 한다.
> ㄹ. 무지의 베일을 쓴 원초적 입장에서 정의의 원칙을 도출하게 된다.

① ㄱ, ㄴ   ② ㄱ, ㄷ
③ ㄴ, ㄹ   ④ ㄷ, ㄹ

19 기자의 질문에 대한 시민의 답변 중 ⑤에 들어갈 말로 적절한 것은?

① 인간 중심주의   ② 동물 중심주의
③ 생명 중심주의   ④ 생태 중심주의

20 다음 신문 사설의 제목으로 가장 적절한 것은?

> 제○○호　　　　**도덕신문**　　　　○○○○년 ○월 ○일
>
> ──────────────────
>
> 　　제목: _____
> 　　…… 요 며칠 첨예한 대립이 계속되고 있지만, 이 모든 소란이 나쁜 일만은 아니다. 그동안 숨겨져 왔던 수많은 문제가 수면 위로 드러나 어느 정도의 진통을 겪은 후 발전을 도모할 수 있기 때문이다.

① 지역 통합은 하늘의 별 따기
② 비 온 뒤 땅 굳듯, 갈등도 필요하다
③ 소 잃고 외양간 고치는 소통의 부재
④ 사공이 많으면 배가 산으로 가는 다수결의 함정

21 윤리적 성찰을 위한 노력에 해당하지 <u>않는</u> 것은?

① 참선　　　　　② 거경
③ 신독　　　　　④ 애도

22 다음 〈사례〉에 대한 왈처(Walzer, M.)의 의견으로 적절한 것은?

> **사례**
>
> 　　시험 점수가 높은 사람이 사회성이 좋다고 평가받거나 사업을 잘하는 사람이 정치도 잘할 것이라 생각되는 경우가 많다. 두 영역 간에는 큰 상관관계가 없음에도 불구하고 한 영역 안에서의 탁월성이 다른 영역의 평가에 영향을 주는 것이다.

① 인간의 탁월성은 성품을 중심으로 평가하여야 한다.
② 물질적 영역과 정신적 영역은 별개로 평가하여야 한다.
③ 개인이 이룩한 탁월성은 그에 맞는 대우가 필요하다.
④ 다른 삶의 영역에서는 다른 공정한 기준으로 평가를 받아야 한다.

23 ㉠, ㉡에 들어갈 용어로 알맞은 것은?

> • (㉠)은 주류 문화를 중심으로 비주류 문화와의 조화를 추구한다.
> • (㉡)은 각 문화의 고유성을 유지하면서 조화와 공존을 추구한다.

	㉠	㉡
①	용광로 이론	샐러드 볼 이론
②	샐러드 볼 이론	모자이크 이론
③	용광로 이론	국수 대접 이론
④	국수 대접 이론	샐러드 볼 이론

24 ㉠에 해당하는 도덕적 개념은?

> 주제: [㉠]을/를 실현하기 위한 노력
> • 칸트: 전쟁과 폭력이 일어나지 않도록 국제법을 따르는 국제 연맹을 조직한다.
> • 갈퉁: 직접적인 폭력과 사회·문화적 폭력이 없는 상태를 추구한다.

① 정의　　　　　② 협력
③ 평화　　　　　④ 의무

25 다음 대화에 나타난 국제 관계를 바라보는 관점은?

> 어째서 나라 간의 분쟁이 발생하는 걸까?

> 국가는 이기적인 인간들로 구성되어 있고, 세계도 자국의 이익을 추구하는 국가들로 이루어져 있기 때문이지.

① 현실주의　　　　② 이상주의
③ 구성주의　　　　④ 반인도주의

끝이 좋아야 시작이 빛난다.

– 마리아노 리베라(Mariano Rivera)

2025 고졸 검정고시 기본서 도덕

발 행 일	2024년 7월 30일 초판
편 저 자	나하율
펴 낸 이	양형남
개 발	정상욱, 김성미
펴 낸 곳	(주)에듀윌
등록번호	제25100–2002–000052호
주 소	08378 서울특별시 구로구 디지털로34길 55
	코오롱싸이언스밸리 2차 3층

www.eduwill.net

대표전화 1600-6700

여러분의 작은 소리
에듀윌은 크게 듣겠습니다.

본 교재에 대한 여러분의 목소리를 들려주세요.
공부하시면서 어려웠던 점, 궁금한 점,
칭찬하고 싶은 점, 개선할 점, 어떤 것이라도 좋습니다.

에듀윌은 여러분께서 나누어 주신 의견을
통해 끊임없이 발전하고 있습니다.

에듀윌 도서몰 book.eduwill.net
· 부가학습자료 및 정오표: 에듀윌 도서몰 → 도서자료실
· 교재 문의: 에듀윌 도서몰 → 문의하기 → 교재(내용, 출간) / 주문 및 배송

중졸 · 고졸 검정고시 답안지

문번	답 란
1	① ② ③ ④
2	① ② ③ ④
3	① ② ③ ④
4	① ② ③ ④
5	① ② ③ ④
6	① ② ③ ④
7	① ② ③ ④
8	① ② ③ ④
9	① ② ③ ④
10	① ② ③ ④

문번	답 란
11	① ② ③ ④
12	① ② ③ ④
13	① ② ③ ④
14	① ② ③ ④
15	① ② ③ ④
16	① ② ③ ④
17	① ② ③ ④
18	① ② ③ ④
19	① ② ③ ④
20	① ② ③ ④

문번	답 란
21	① ② ③ ④
22	① ② ③ ④
23	① ② ③ ④
24	① ② ③ ④
25	① ② ③ ④

※ 수학 과목은 20문항임.

응시자 유의사항

1. 답안지는 지정된 필기도구(컴퓨터용 수성사인펜)만을 사용하여 아래 예시와 같이 표기해야 합니다.
   ("예시" ① 정답일 경우 : ● ② ③ ④)
2. 수험번호 (1)란에는 아라비아 숫자를 쓰고, (2)란은 해당 숫자란에 까맣게 표기(●)해야 합니다.
3. 응시회차, 학력구분 및 교시란에는 반드시 까맣게 표기(●)해야 하고, 과목명란에는 해당 교시 응시과목명("예시" 국어)을 기재해야 합니다.
4. 답안지를 긁거나 구기면 안 되며 수정하거나 두께 이상 표기한 문항은 무효처리됩니다.

학 력 구 분	
중졸	○
고졸	○

교시	표기란	과 목 명
1	○	
2	○	
3	○	
4	○	
5	○	
6	○	
7	○	

※ 중졸 검정고시는 6과목임.

성 명 (한 글)

수 험 번 호

(1)					
(2)	⓪ ① ② ③ ④ ⑤ ⑥ ⑦ ⑧ ⑨	⓪ ① ② ③ ④ ⑤ ⑥ ⑦ ⑧ ⑨	⓪ ① ② ③ ④ ⑤ ⑥ ⑦ ⑧ ⑨	⓪ ① ② ③ ④ ⑤ ⑥ ⑦ ⑧ ⑨	⓪ ① ② ③ ④ ⑤ ⑥ ⑦ ⑧ ⑨

※ 응시자는 표기하지 마시오.

결시자표기란
○

감독관확인란

※ 응시회차, 학력, 교시 확인 후 감독란 날인.

중졸·고졸 검정고시 답안지

문번	답 란
1	① ② ③ ④
2	① ② ③ ④
3	① ② ③ ④
4	① ② ③ ④
5	① ② ③ ④
6	① ② ③ ④
7	① ② ③ ④
8	① ② ③ ④
9	① ② ③ ④
10	① ② ③ ④

문번	답 란
11	① ② ③ ④
12	① ② ③ ④
13	① ② ③ ④
14	① ② ③ ④
15	① ② ③ ④
16	① ② ③ ④
17	① ② ③ ④
18	① ② ③ ④
19	① ② ③ ④
20	① ② ③ ④

문번	답 란
21	① ② ③ ④
22	① ② ③ ④
23	① ② ③ ④
24	① ② ③ ④
25	① ② ③ ④

※ 수학 과목은 20문항임.

응시자 유의사항

1. 답안지는 지정된 필기도구(컴퓨터용 수성사인펜)만을 사용하여 아래 예시와 같이 표기해야 합니다.
("예시" ① 정답일 경우 : ● ② ③ ④)
2. 수험번호 (1)란에는 아라비아 숫자를 쓰고, (2)란은 해당 숫자란에 까맣게 표기(●)해야 합니다.
3. 응시회차, 학력구분 및 교시란에는 반드시 까맣게 표기(●)해야 하고, 과목명란에는 해당 응시과목("예시" 국어)을 기재해야 합니다.
4. 답안지를 긁거나 구기면 안 되며 수정하거나 두개 이상 표기한 문항은 무효처리됩니다.

학력구분	
중졸	○
고졸	○

교시	표기란	과목명
1	○	
2	○	
3	○	
4	○	
5	○	
6	○	
7	○	

※ 중졸 검정고시는 6과목임.

성 명 (한 글)						
수 험 번 호 (1)						
(2)	⓪①②③④⑤⑥⑦⑧⑨	⓪①②③④⑤⑥⑦⑧⑨	⓪①②③④⑤⑥⑦⑧⑨	⓪①②③④⑤⑥⑦⑧⑨	⓪①②③④⑤⑥⑦⑧⑨	⓪①②③④⑤⑥⑦⑧⑨

※ 응시자는 표기하지 마시오.

결시자표기란
○

감독관확인란

※ 응시회차, 학력, 교시 확인 후 감독관 날인.

중졸 · 고졸 검정고시 답안지

학력구분

학력구분	
중졸	○
고졸	○

교시 표기란

교시	표기란	과목명
1	○	
2	○	
3	○	
4	○	
5	○	
6	○	
7	○	

※ 중졸 검정고시는 6과목임.

성명(한글)

수험번호

(1)	(2)					
	⓪	⓪	⓪	⓪	⓪	⓪
	①	①	①	①	①	①
	②	②	②	②	②	②
	③	③	③	③	③	③
	④	④	④	④	④	④
	⑤	⑤	⑤	⑤	⑤	⑤
	⑥	⑥	⑥	⑥	⑥	⑥
	⑦	⑦	⑦	⑦	⑦	⑦
	⑧	⑧	⑧	⑧	⑧	⑧
	⑨	⑨	⑨	⑨	⑨	⑨

결시자표기란
○

※ 응시자는 표기하지 마시오.

감독관확인란

※ 응시회차, 학력, 교시 확인한 후 감독란 날인.

답란

문번	답란			
1	①	②	③	④
2	①	②	③	④
3	①	②	③	④
4	①	②	③	④
5	①	②	③	④
6	①	②	③	④
7	①	②	③	④
8	①	②	③	④
9	①	②	③	④
10	①	②	③	④

문번	답란			
11	①	②	③	④
12	①	②	③	④
13	①	②	③	④
14	①	②	③	④
15	①	②	③	④
16	①	②	③	④
17	①	②	③	④
18	①	②	③	④
19	①	②	③	④
20	①	②	③	④

문번	답란			
21	①	②	③	④
22	①	②	③	④
23	①	②	③	④
24	①	②	③	④
25	①	②	③	④

※ 수학 과목은 20문항임.

응시자 유의사항

1. 답안지는 지정된 필기도구(컴퓨터용 수성사인펜)만을 사용하여 아래 예시와 같이 표기해야 합니다.
   ("예시" ① 정답일 경우 : ● ② ③ ④)
2. 수험번호 (1)란에는 아라비아 숫자를 쓰고, (2)란은 해당 숫자란에 까맣게 표기(●)해야 합니다.
3. 응시회차, 학력구분 및 교시란에는 반드시 까맣게 표기(●)해야 하고, 과목명란에는 해당 교시 응시과목명("예시" 국어)을 기재해야 합니다.
4. 답안지를 긁거나 구기면 안 되며 수정하거나 두개 이상 표기한 문항은 무효처리됩니다.

이제 국비무료 교육도 에듀윌

수강생을 반겨주는 에듀윌의 환한 복도 (구로)

언제나 전문 학습 매니저와 상담이 가능한 안내데스크 (부평)

고품질 영상 및 음향 장비를 갖춘 최고의 강의실 (구로)

재충전을 위한 카페 분위기의 아늑한 휴게실 (부평)

다용도로 활용이 가능한 휴게실 (성남)

전기/소방/건축/쇼핑몰/회계/컴활 자격증 취득
국민내일배움카드제

에듀윌 국비교육원 대표전화

서울 구로	02)6482-0600	구로디지털단지역 2번 출구	인천 부평	032)262-0600	부평역 5번 출구
경기 성남	031)604-0600	모란역 5번 출구	인천 부평2관	032)263-2900	부평역 5번 출구

국비교육원
바로가기

2025 최신판

에듀윌
고졸 검정고시
기본서 도덕

정답과 해설

2025 최신판

에듀윌
고졸 검정고시
기본서 도덕

2025 최신판

에듀윌
고졸 검정고시
기본서 도덕

정답과 해설

eduwill

I 현대의 삶과 실천 윤리
26쪽

01	③	02	④	03	①	04	①	05	③
06	②	07	③	08	④	09	①	10	④
11	④	12	③	13	②	14	③	15	③
16	①	17	①	18	③	19	③	20	④
21	④	22	①	23	④	24	①

01 ③

| 정답 해설 | 현대 사회는 과학 기술의 급속한 발전과 사회·문화적 변화로 인해 다양하고 새로운 윤리 문제가 등장하게 되었다. 새로운 윤리 문제는 기존에 다루어지지 않은 문제여서 기존의 전통적인 윤리 규범만으로는 해결하기 어려운 특징이 있다. 덧붙여, 새로운 윤리 문제는 윤리 문제의 원인이 누구에게 있는지 판단하기 힘들어 책임의 소재를 따지기 어렵고, 다양한 영역에 걸쳐 광범위하게 영향을 미친다는 특징이 있다.

02 ④

| 정답 해설 | 현대 사회에 새롭게 등장한 윤리 문제는 과거에는 나타나지 않았던 새로운 윤리 문제이기 때문에 기존에 존재하던 전통적인 윤리 규범만으로는 해결하기 어렵다.
| 오답 해설 |
① 과학 기술의 발달과 사회 구조의 복잡화에 따라 새로운 윤리 문제는 과거보다 복잡한 성격을 띤다.
② 새로운 윤리 문제는 전 지구적으로 현세대부터 미래 세대까지 광범위하게 영향을 미칠 수 있다.
③ 새로운 윤리 문제는 문제의 원인이 어디에서부터 출발하는지, 책임의 소재가 누구에게 있는지 명확하게 알기가 어려운 경우가 많다.

03 ①

| 정답 해설 | 삶과 죽음에 관한 주제는 생명 윤리 영역에서 다루는 문제이다. 생명 윤리 영역에 해당하는 윤리적 쟁점으로는 안락사, 생식 보조술, 인공 임신 중절, 뇌사, 자살, 배아 복제, 인체 실험, 동물 실험 등에 관한 쟁점 등이 있다.

04 ①

| 정답 해설 | 윤리학은 기본적으로 이론 연구에만 머무르는 것이 아니라, 이론을 토대로 하여 바람직한 행동으로 옮기는 것을 목적으로 하는 학문이다. 따라서 실천을 지향하는 학문이라고 할 수 있다.

100점까지 Upgrade 지양과 지향
• 지양: 더 높은 단계로 오르기 위하여 어떠한 것을 하지 않는 것
• 지향: 어떤 방향으로 의지가 쏠려 향하는 것

05 ③

| 정답 해설 | 규범 윤리학은 이론 윤리학과 실천 윤리학으로 분류할 수 있다. 이때 도덕적 행위와 판단의 기준을 연구하는 데 중점을 두는 것은 이론 윤리학이고, 구체적인 문제 해결책을 모색하는 데 중점을 두는 것은 실천 윤리학이다.
| 오답 해설 | 메타 윤리학은 도덕적 언어의 의미를 분석하여 윤리학의 학문적 성립 가능성을 따져 보고자 하며, 기술 윤리학은 도덕 현상과 문제를 있는 그대로 기록하고자 한다.

06 ②

| 정답 해설 | 윤리 이론을 정립하고 도덕적 판단의 기준을 명확히 하는 것은 이론 윤리학에 관한 설명이다.

07 ③

| 정답 해설 | 제시된 대화는 이론 윤리와 실천 윤리가 서로 상호 보완적 관계이자 유기적인 관계에 있음을 말하고 있다.
| 오답 해설 | ④ 실천 윤리는 실제 생활과 관련되기 때문에 시대 변화에 맞게 이론 윤리를 적용해야 한다.

100점까지 Upgrade 실천 윤리학과 이론 윤리학의 유기적 관계
• 실천 윤리학은 윤리 문제의 해결을 위해 이론 윤리학의 성과를 활용한다.
• 도덕 원리는 이론 윤리학이 제공하지만 구체적인 문제 해결의 방법은 실천 윤리학이 제시한다.
• 실천 윤리학을 통해 이론 윤리학이 제공한 도덕 원리가 문제 해결에 적합한지 검증할 수 있다.

08 ④

| 정답 해설 | 유교에서는 이기심을 극복하고 타인을 배려하는 마음을 중시하며, 그중 사람을 사랑하는 어진 마음인 인(仁)을 강조하였다. 인(仁)을 실천하는 덕목으로는 충서, 효제충신, 오륜이 있으며 이를 통해 인간관계에서 지켜야 할 도리 등을 제시하였다.

| 오답 해설 |
① 불교의 연기설과 관련이 있다.
② 불교에서 진리를 깨닫는 방법과 관련이 있다.
③ 도가의 이상적 경지와 관련이 있다.

09 ①

| 정답 해설 | 제시된 글은 모든 존재와 현상이 서로 원인과 조건으로 연결되어 있음을 말하고 있다. 이는 불교의 연기적 세계관에 관한 것으로, 불교에서는 연기에 따라 만물이 상호 의존적인 관계를 가진다고 본다.

| 오답 해설 |
② 불교에서는 모든 존재가 불성을 가지고 있다고 본다.
③ 충서는 유교에서 강조되는 덕목이다.
④ 불교에서는 업보에 따라서 죽음 이후가 결정된다고 보므로, 윤회를 거쳐 인간으로 태어나는 것이 보장되어 있지는 않다.

10 ④

| 정답 해설 | 도가에서는 자연스러운 것이 가장 옳다고 본다. 도덕 규범은 사회 질서를 위해 인간이 인위적으로 만든 것이므로 도가의 입장과 거리가 멀다.

11 ④

| 정답 해설 | 자연법 윤리에서는 자연의 원리를 윤리의 기초로 본다. 자연법 윤리를 주장한 아퀴나스는 인간이 본성적으로 지니는 자연적 성향으로 자기 보존, 종족 보존, 신과 사회에 대한 진리 파악을 제시하였다. 그러나 생명 복제는 특정 유전자와 특정 배아를 선택하는 과정이 있으므로 자연의 질서를 따르는 행위라고 볼 수 없다. 이에 따라 자연법 윤리는 생명의 존엄성과 불가침성을 옹호하는 입장의 근거가 된다.

12 ③

| 정답 해설 | 도덕적 판단을 결과와 상관없이 당연히 지켜야 하는 도덕 법칙이자 의무로 본 사상가는 의무론적 윤리를 주장한 칸트이다.

13 ②

| 정답 해설 | 행위의 결과를 중시하는 것은 공리주의적 접근과 관련이 있다. 칸트는 행위의 결과보다 동기를 중시하였다.

100점까지 Upgrade 　칸트 윤리의 특징

오로지 도덕 법칙에 따라야 한다는 의무 의식과 선의지에서 나온 행위만이 도덕적 가치를 지닌다고 보았다.

14 ③

| 정답 해설 | 제시된 윤리 사상가는 양적 공리주의를 주장한 벤담이다. 벤담은 이외에도 행위의 결과가 쾌락을 증진시키면 선이고, 고통을 만들면 악이라 하여 행위의 결과를 중시하였다.

| 오답 해설 |
① 베버는 책임 윤리를 주장한 사상가로, 행위자가 행위에 대한 결과를 예측할 수 있었다면 책임은 행위자에게 있다고 보았다.
② 로크는 사회 계약론을 주장한 사상가이다.
④ 밀은 기본적으로 벤담의 공리주의를 따라 '최대 다수의 최대 행복'의 원리를 강조하였으나, 쾌락의 질이 동일하다고 한 벤담과는 달리 쾌락의 질에는 차이가 있다고 주장하였다.

15 ③

| 정답 해설 | 덕 윤리에서는 윤리적으로 옳고 선한 결정을 하려면 유덕한 성품을 길러야 한다고 본다.

| 오답 해설 |
①, ② 의무론적 윤리와 관련이 있다.
④ 공리주의적 윤리와 관련이 있다.

100점까지 Upgrade 　덕 윤리의 특징

• 아리스토텔레스의 사상에 뿌리를 두고 있다.
• 옳고 선한 행위를 습관화하고 내면화하여 유덕한 성품을 갖추어야 한다고 본다.
• 정직하고 덕 있는 사람이 할 법한 행위를 하라고 요구한다.
• 성품에서 자연스럽게 우러나오는 행위는 도덕적 실천력을 높일 수 있다고 본다.
• 공동체 구성원으로서의 삶에 관심을 가진다.

16 ①

| 정답 해설 | 매킨타이어는 덕성의 함양은 역사와 전통이라는 맥락을 지닌 공동체 안에서 가능하다고 주장하였다. 따라서 개인의 도덕성은 공동체와 긴밀한 연관성이 있다.

17 ①

| 정답 해설 | 신경 윤리학은 뇌의 반응을 보여 주는 장치 등을 활용하여 도덕 판단 과정에서 일어나는 뇌의 활동을 과학적으로 측정하는 접근법이다. 제시된 글에서는 뇌의 기능과 도덕적 행동을 연결 짓고 있으므로 이는 신경 윤리학적 접근과 연관이 있다고 할 수 있다.

18 ③

| 정답 해설 | 도덕적 추론 과정에서 도덕 원리는 보편적으로 지켜야 하는 옳은 행동의 기준으로, 가장 넓은 범위에 적용할 수 있는 규칙이다. 사실 판단을 근거로 도덕 판단을 내릴 때에는 이러한 도덕 원리가 전제가 된다. 인권을 침해하는 폭력에 대해 '옳지 않다'는 도덕 판단을 내릴 수 있는 것은 '타인의 인권을 침해하는 행위는 옳지 않다'는 보편적 기준이 전제되었기 때문이라 볼 수 있다.

19 ③

| 정답 해설 | 윤리 문제를 탐구할 때에는 도덕 판단의 근거가 되는 도덕 원리의 정당성을 검증해야 한다.
| 오답 해설 |
① 도덕적 탐구는 윤리 문제에서 도덕적 판단의 근거를 찾고 이를 실천하는 과정이다.
② 상대방의 판단을 무조건적으로 따르는 태도는 올바르지 않다.
④ 윤리 문제 탐구 과정에서는 합리적 사고뿐만 아니라 논리적 사고, 비판적 사고와 같은 이성적 측면과 공감, 배려 등의 정서적 측면을 함께 고려해야 한다.

20 ④

| 정답 해설 | 도덕적 탐구 방법은 몇 가지 단계를 거쳐 진행된다. 첫째, 윤리적 쟁점 또는 딜레마를 확인한다(마). 둘째, 이와 관련된 자료를 수집하고 분석한다(다). 셋째, 자료를 바탕으로 자신이 정당하다고 생각되는 입장을 세우고 대안을 설정하여 타당한 근거를 제시한다(라). 넷째, 최선의 대안을 도출한다(가). 다섯째, 마지막으로 도덕적 탐구 활동을 반성적으로 성찰하고 자신의 입장을 정리한다(나).

21 ④

| 정답 해설 | 제시된 대화에서 '을'은 '갑'에게 모든 사람이 동시에 어떤 행동을 했을 때 나타나는 결과를 예측해 보도록 하였다. 이와 같은 방법으로 도덕 원리를 검토하는 것은 보편화 가능성 검사이다.

| 오답 해설 |
① 포섭 검사는 제시된 도덕 원리보다 더 일반적이고 확장된 도덕 원리를 제시하여 그 도덕 원리가 올바른지 확인해 보는 것이다.
② 역할 교환 검사는 제시된 도덕 원리를 자신의 입장에 적용하여 그 결과를 받아들일 수 있는지 생각해 보는 것이다.
③ 반증 사례 검사는 상대가 제시한 도덕 원리에 반대되는 사례를 제시하여 그 도덕 원리가 잘못되었다는 것을 깨닫게 하는 것이다.

22 ①

| 정답 해설 | 윤리적 관점에서 삶을 반성하고 고민하는 태도는 윤리적 성찰이다.

23 ④

| 정답 해설 | 제시된 자료에서 두 사상가가 공통으로 강조하는 것은 스스로의 삶에 대하여 고민하고 반성하는 태도로, 이는 즉 윤리적 성찰이라고 할 수 있다.

24 ①

| 정답 해설 | 마음을 한곳으로 모아 흐트러지지 않도록 하는 성찰 방법은 유교에서의 '거경'을 말한다.
| 오답 해설 |
② 중용은 아리스토텔레스가 강조한 것으로, 마땅한 때에, 마땅한 일에 대하여, 마땅한 사람들에게, 마땅한 동기로 느끼거나 행하는 성찰 방법이다.
③ 참선은 불교에서의 성찰 방법으로 조용히 앉아서 자신의 맑은 본성을 찾는 것이다.
④ 산파술은 소크라테스가 제시한 것으로, 끊임없는 질문을 통해 스스로 무지를 깨닫게 하는 성찰 방법이다.

01	④	02	①	03	②	04	②	05	②
06	②	07	②	08	①	09	①	10	①
11	④	12	①	13	④	14	③	15	②
16	①	17	①	18	②	19	②	20	①
21	①	22	④	23	④	24	①	25	④
26	②	27	③	28	①	29	②	30	①
31	④	32	①						

01 ④

| 정답 해설 | 인간은 출생을 통해 독립적 존재로서의 생명체가 된다. 이때 윤리적 관점에서의 출생은 종족을 보존하려는 인간의 자연적 성향을 실현하는 것이자 자신의 삶을 책임감 있게 살아가는 도덕적 주체로서의 삶의 시작점이라는 의미를 갖는다.

| 오답 해설 |

ㄱ. 죽음의 윤리적 의미에 해당한다. 인간은 자신의 죽음을 미리 생각해 봄으로써 그동안의 삶을 성찰하고 반성하며 삶의 방향을 설정할 수 있다.

ㄷ. 애도란 의미 있는 것들을 상실했을 때 나타나는 슬픈 반응으로 죽음과 관련이 있다.

02 ①

| 정답 해설 | 장자는 죽음을 계절의 변화와 같은 자연적 과정으로 보았으며, 석가모니는 삶과 죽음을 해탈하지 않는 이상 계속 반복되는 윤회의 과정이라고 보았다. 따라서 모두 죽음을 자연스러운 과정으로 보았다는 점에서 공통된 입장을 찾을 수 있다.

03 ②

| 정답 해설 | 제시된 내용과 같이, 인간의 영혼이 육체라는 감옥에 갇혀 있다가 죽음을 통해 육체로부터 분리된다고 주장한 사상가는 플라톤이다. 그에 따르면 인간은 죽었을 때에야 비로소 간절히 바라던 지혜를 얻을 수 있으며, 죽음은 두려워할 것이 아니라 반갑게 맞이하여야 하는 긍정적인 것이었다.

04 ②

| 정답 해설 | 인공 임신 중절에 관한 논쟁은 여성의 권리를 중시하여 찬성하는 입장과 태아를 인간으로 보아 반대하는 입장으로 나뉜다. 태아도 인간의 지위와 생명에 대한 권리를 가진다는 존엄성 논거는 반대 입장의 논거에 해당된다.

- 모든 인간의 생명은 존엄하며, 태아도 인간이므로 인간의 지위와 생명에 대한 권리를 가진다.
- 그 어떤 권리보다 생명권이 우선되므로, 여성의 선택권보다 태아의 생명권이 우선된다.
- 태아는 태어나서 한 사람의 성인으로 발달할 잠재성이 있으므로 인간으로서의 지위를 가진다.
- 잘못이 없는 인간을 해치는 것은 도덕적으로 옳지 못하므로 무고한 태아를 해쳐서는 안 된다.

05 ②

| 정답 해설 | 도덕 판단은 도덕 원리를 토대로 사실 판단에 대한 도덕적 가치를 결정하는 것이다. 도덕 판단에서 인공 임신 중절은 죄가 없는 태아의 생명을 해치는 것이라 옳지 않다고 하였으므로, 도덕 원리에서는 죄가 없는 사람을 처벌하는 것은 옳지 않다는 가장 보편적인 기준이 제시되어야 한다.

06 ②

| 정답 해설 | 제시된 대화에서 두 사람은 태아를 어느 시점부터 인간으로 보아야 되는지에 대해 서로 다른 의견을 나누고 있다. 따라서 이 대화의 쟁점은 태아가 인간으로 규정되는 시기라고 할 수 있다. 이는 인공 임신 중절의 허용 여부와 연결된다.

07 ②

| 정답 해설 | 자연법 윤리에서는 자살을 자신을 보존하려는 인간의 자연적 성향을 거스르는 행위로 보고, 이를 자연법에 어긋나는 것이라 하였다. 자살을 자신의 생명과 인격을 수단으로 삼아 자율적 인간으로서 의무를 위반하는 행위라고 본 것은 칸트이다.

08 ①

| 정답 해설 | 안락사는 불치병으로 죽음이 임박한 환자의 고통을 덜어주기 위해 인위적·의도적으로 생명을 단축시키는 행위이다. 그러나 안락사를 반대하는 입장에서는 생명은 어느 누구라도 해칠 수 없는 존엄한 것이라고 주장한다.

| 오답 해설 | ②, ③, ④ 안락사에 찬성하는 입장의 근거이다.

09 ①

| 정답 해설 | 죽음을 판정할 때, 뇌의 역할을 중요하게 보는 입장에서는 뇌사를 곧 죽음으로 인정한다. 그러나 호흡을 중요하게

보는 입장에서는 연명 장치를 통해서라도 호흡이 가능하다면 뇌사를 죽음으로 볼 수 없다고 주장한다. 제시된 토론에서는 각각 이러한 찬반 의견을 제시하고 있으므로, ㉠에 들어갈 토론 주제로 적절한 것은 뇌사이다.

10　①

| 정답 해설 | 생명 과학 기술의 발달에 따라 치료나 의학 기술 연구 등을 목적으로 장기, 배아 세포와 같이 생명과 직접적인 연관이 있는 것들을 사고파는 행위가 일어날 수 있다. 이는 생명을 수단으로 여기고 생명의 가치를 상품화시키는 것으로 생명 과학 기술의 발달에 따라 발생할 수 있는 윤리적 문제점에 해당된다. 그 밖에도 생명 경시 현상의 심화, 생명의 존엄성 훼손 등의 윤리적 문제가 발생할 수 있다.
| 오답 해설 |
② 시험관 아기 시술, 인공 수정 등으로 난임 부부도 아기를 가질 수 있는 방법이 개발되었다.
③ 생명 과학 기술의 발달로 유전병, 난치병 치료의 길이 열리고 있다.
④ 장기 이식 기술의 발달로 장기가 손상된 환자의 건강이 회복될 수 있다.

11　④

| 정답 해설 | 생명 과학이 독자적으로 발전하게 되면 인류에게 어떤 부정적인 영향을 끼치는지 성찰되지 못하고 자칫 큰 피해를 입힐 수 있다. 따라서 생명 과학이 미처 생각하지 못한 문제를 생명 윤리가 도움을 주어 최선의 방향으로 발전할 수 있도록 해야 한다.

12　①

| 정답 해설 | 불교에서는 생명의 상호 작용을 강조하는 연기적 세계관과 생명의 보존을 주장하는 불살생이 강조된다. 생명을 두려워하고 공경해야 할 대상으로 보아야 한다는 것은 슈바이처의 관점에 해당한다.

13　④

| 정답 해설 | 도가에서는 무위자연을 통해 인위적인 것을 경계하고 자연스러움을 강조하는 자연관을 드러낸다.
| 오답 해설 |
② 유교의 자연관과 관련이 있다.
③ 불교의 자연관과 관련이 있다.

100점까지 Upgrade　　도가의 자연관

인간도 다른 존재와 마찬가지로 도(道)에 의해서 이루어진 존재이므로 인간과 자연은 구분되지 않는다. 다만 인간에게는 자연을 거스르고자 하는 욕구가 있어서 문제가 발생한다. 그래서 도가에서는 사람의 힘이 더해지지 않은 자연 그대로의 질서를 따르는 무위자연(無爲自然)을 추구하여 살아갈 것을 강조한다.

14　③

| 정답 해설 | 배아를 세포 덩어리로 보는 것은 배아 복제를 찬성하는 입장의 논거이다. 제시된 기사에서는 배아 복제를 찬성하고 있으므로, ③은 이에 대한 반박으로 볼 수 없다.
| 오답 해설 | ①, ②, ④ 배아 복제에 반대하는 입장이다.

100점까지 Upgrade　　배아 복제

핵을 제거한 난자와 사람의 귀 등에서 추출한 세포핵을 융합하여 배아를 만드는 행위이다. 반대론자들은 배아 자체도 생명이며, 이러한 복제가 허용될 경우 결국 완전한 형태의 인간 복제로 귀결될 것임을 경고하고 있다.

15　①

| 정답 해설 | 인간 개체 복제란 체세포 복제로 만들어진 배아를 자궁에 착상시켜 완전한 개체로 자라게 한 뒤 태어나게 하는 것을 말한다. 이는 가족 관계에 대한 혼란을 발생시킬 수 있다는 우려가 있다.

16　①

| 정답 해설 | (가)에 들어갈 용어는 동물 실험이다. 동물 실험은 인체에 직접 적용하기 어려운 실험을 동물에게 적용하여 안정성을 확인하고자 이루어진다. 이에 동물의 희생과 고통을 최소화하기 위해 만들어진 동물 실험 3R 원칙(대체, 감소, 개선)이 있다.

17　①

| 정답 해설 | 제시된 상황에서는 인간이 동물을 소유의 대상으로 보아 동물의 생명을 중시하지 않고 동물을 유기하는 책임감 없는 행동의 실태를 제시하고 있다. 이러한 윤리적 문제의 원인으로는 동물의 생명을 경시하는 태도를 들 수 있다.

18　②

| 정답 해설 | 제시된 주장은 인간 중심주의 관점을 지닌 코헨의 입장이다.

①, ④ 레건과 싱어는 동물 중심주의 관점을 지니고 동물의 권리를 인정하는 입장이다.

③ 칸트는 동물의 권리를 인정하지는 않지만 동물에게 고통을 주는 행위는 인간에게 악영향을 줄 수 있으므로 동물을 함부로 다루는 것을 반대하였다.

19 ②

| 정답 해설 | 프롬은 사랑의 네 가지 기본 요소로 보호, 존경, 이해, 책임을 제시하였다.

20 ①

| 정답 해설 | 제시된 내용은 성과 사랑의 관계를 보수주의적 입장에서 바라본 것이다. 보수주의적 입장에서는 결혼한 부부의 성적 관계만을 도덕적으로 보며, 출산 중심의 성 윤리를 제시한다. 이는 즉, 성의 생식적인 면을 강조하는 것이라 볼 수 있다.

| 오답 해설 |

②, ③ 자유주의적 입장에서는 사랑과 성을 별개로 보고, 성인들이 서로 사랑하지 않더라도 성적 관계가 허용된다고 본다.

④ 중도주의적 입장에서는 결혼을 하지 않아도 사랑을 전제로 하는 성적 관계는 정당하다고 본다.

21 ①

| 정답 해설 | 보부아르는 남성과 여성이 동등한 인격을 갖고 있음에도 불구하고 여성이 사회·문화적으로 만들어진 성에 의해 차별당했음을 주장하였다.

22 ④

| 정답 해설 | 성의 자기 결정권은 타인에게 피해를 주지 않는 자유의 범위에서 외부의 강요 없이 자기 스스로의 선택에 의해 성적 행동을 결정하는 권리를 말한다.

23 ④

| 정답 해설 | 제시된 체크리스트에는 성 역할에 대한 고정 관념과 관련된 항목이 나열되어 있다. 따라서 체크리스트를 통해 양성평등 의식을 점검하고 있다고 볼 수 있다.

24 ①

| 정답 해설 | 양성평등을 실현하기 위해서는 남녀의 차이를 인정하되 차별하지 않고, 성별이 아니라 개인의 능력에 따라서 상호

보완적인 역할을 수행하며 서로의 인격을 존중하는 의식을 고취해야 한다.

25 ④

| 정답 해설 | 혼정신성은 아침저녁으로 부모에게 문안을 드리는 것으로 효의 실천 방법에 해당한다.

| 오답 해설 | ①, ②, ③ 상경여빈, 부부유별, 부부상경은 모두 부부가 서로 존중해야 함을 강조하는 말이다.

100점까지 Upgrade 전통적인 효(孝)의 실천 방법

불감훼상	부모로부터 물려받은 몸을 건강하게 지킴
입신양명	사회적으로 출세하여 이름을 널리 알림
봉양	부모에게 물질적인 지원을 하거나 근검절약을 하여 경제적 도움을 드림
양지	부모를 공경하고 부모의 마음을 헤아려 기쁘게 해 드림
공대	표정을 항상 부드럽게 하여 부모가 편안한 마음으로 지낼 수 있도록 모심
불욕	부모를 욕되지 않도록 함
혼정신성	부모에게 아침저녁으로 문안을 드림

26 ②

| 정답 해설 | 결혼은 부부가 삶 전체를 공동으로 영위하여 가족 구성의 시작이 되는 의식이다. 예로부터 결혼은 인륜지대사라 하여 사람이 살아가면서 치르게 되는 중요한 일로 여겨졌다.

27 ③

| 정답 해설 | 현대 부부간의 바람직한 관계를 위해서는 서로 부족한 점을 보완하며, 양성평등 의식을 갖고 서로를 대등하게 대우해야 한다.

28 ①

| 정답 해설 | 효는 일방적인 것이 아니라 부모와 자식 간에 상호 작용을 통해 이루어지는 것이다. 즉, 자식의 공경과 부모의 사랑이 조화를 이루어야 한다는 것으로, 진정한 효는 호혜적이라는 특징을 갖는다.

29 ②

| 정답 해설 | 양지란 부모를 공경하고 부모의 마음을 헤아려 기쁘게 해 드리는 것으로, 전통적인 효의 실천 방법 중 하나이다.

30 ①

| 정답 해설 | 유교에서는 효를 인간 행실의 근본이자 자식이 부모의 사랑과 은혜에 보답하는 도리라 보았다.

31 ④

| 정답 해설 | 수족지의는 형제자매의 관계와 관련이 있는 말로, 손발이 서로 돕듯 형제자매가 서로 도우며 살아가야 함을 뜻한다.

| 오답 해설 |

① 임금과 신하 사이에는 의리가 있어야 함을 이르는 말이다.

② 부모와 자녀 간에는 친밀함이 있어야 함을 이르는 말이다.

③ 부모로부터 물려받은 몸을 건강하게 지키는 것을 뜻하는 말이다.

32 ①

| 정답 해설 | 형우제공이란 형은 동생을 사랑하고 동생은 형을 공경한다는 뜻으로, 형제가 우애 깊게 지냄을 이르는 말이다.

| 오답 해설 |

② 믿음으로써 벗을 사귄다는 것으로 친구 관계 간의 도리를 말한다.

③ 어린 시절부터 사귄 참된 벗을 이르는 말로서, 절친한 친구 관계를 일컫는다.

④ 벗 사이에는 믿음이 있어야 한다는 것으로 친구 관계 간의 도리를 말한다.

III 사회와 윤리
76쪽

01	④	02	②	03	①	04	①	05	③
06	②	07	③	08	③	09	③	10	②
11	④	12	④	13	①	14	②	15	③
16	④	17	③	18	③	19	③	20	④
21	②								

01 ④

| 정답 해설 | 직업은 개인이 직업을 수행함으로써 생계를 유지하게 하고, 사회 발전에 기여하게 한다. 또한 개인이 능력을 발휘하여 성취감을 얻게 하는 기능을 한다. 이처럼 직업은 개인을 발전하게 하지만, 이를 통해 사회 구성원들의 역량을 똑같아지게 한다고 볼 수는 없다.

02 ②

| 정답 해설 | 제시문은 공자가 주장한 정명 사상에 관한 설명이다. 공자는 이름에 걸맞게 자신이 맡은 직분에 충실해야 함을 강조하였다.

| 오답 해설 |

① 평생 자신의 기술을 갈고닦아 일에 긍지를 가지고 전념하는 정신을 말한다.

③ 중세 기독교와 관련하여, 신의 명령을 따라 각각이 해야 하는 일을 수행해야 한다는 의식을 말한다.

④ 나라와 사회를 위해 공적인 일을 마음을 다해 수행하는 정신을 말한다.

03 ①

| 정답 해설 | 신으로부터 부름받은 자기 몫의 일에 충실하여 주어진 일에 최선을 다하려는 의식은 소명 의식이다. 칼뱅은 직업 소명설을 주장하며 자신의 직업에 충실히 임하는 것이 신의 명령을 따르는 것이라 보았다.

04 ①

| 정답 해설 | 기업가는 법과 사회 규범을 어기지 않으며, 도덕적이고 사회에 이익을 줄 수 있는 방향에서 이윤을 추구하는 수단을 모색해야 한다.

05 ③

| 정답 해설 | 전문직은 높은 강도의 훈련을 통해 전문 지식과 기술을 갖춘 것이 특징이다. 전문직에 종사하는 사람은 사회적 영

향력이 큰 지위를 갖는 경우가 많기 때문에 더 높은 수준의 윤리 의식이 요구된다. 따라서 전문직 종사자는 노블레스 오블리주를 실현하면서 사회와 직업에 책임 의식을 가져야 한다.

06 ②

| 정답 해설 | 정약용은 목민관(수령)이 지켜야 할 덕목으로 청렴을 강조하였다. 청렴은 행동이 맑고 깨끗하며 탐욕을 부리지 않는 상태로, 특히 공직자에게 강하게 요구된다. 이를 위해 정약용은 공직자의 임무가 절용이라고 주장하였다.

07 ③

| 정답 해설 | (가)는 니부어의 사회 윤리적 관점이다. 니부어는 사회 문제의 해결은 개인의 양심과 덕목의 실천만으로는 한계가 있다고 보고, 보다 근본적인 문제 해결을 위해서는 잘못된 사회 제도나 구조를 개선하는 것이 필요하다고 하였다.

08 ③

| 정답 해설 | 아리스토텔레스가 제시한 분배적 정의는 권력, 명예 등을 각자의 가치에 비례하여 분배받는 것이다. 따라서 제시된 대화의 조별 과제에서는 조원들의 참여도에 비례하여 각자의 가치를 점수로 부여하는 것이 정의롭다고 볼 수 있다.

09 ③

| 정답 해설 | 불평등(손해와 손실)을 바로 잡고, 범죄 행위에 대해 처벌하여 공정함을 확보하는 것을 교정적 정의라고 한다.

10 ②

| 정답 해설 | 사회적 이익의 분배에 있어 더 필요로 하는 사람(사회적 약자)를 고려하는 것은 필요를 기준으로 하는 분배이다.
| 오답 해설 |
① 능력이 뛰어난 사람에게 더 많은 보상을 하는 것이다.
③ 업적에 따라 객관적 평가에 맞게 분배하는 것이다.
④ 지위의 높고 낮음에 따라 분배하는 것이다.

100점까지 Upgrade 필요에 따른 분배의 장점과 단점
- 장점: 사회적 약자를 보호할 수 있다.
- 단점: 모든 사람의 필요를 충족시키는 것은 불가능하다.

11 ④

| 정답 해설 | 롤스는 정의의 원칙을 도출하기 위하여 무지의 베일을 쓴 개인이 원초적 입장에 놓이는 것을 가정하였다.
| 오답 해설 |
① 칸트와 관련이 있다.
② 홉스, 루소, 로크가 주장한 사회 계약론과 관련이 있다.

100점까지 Upgrade 무지의 베일
무지의 베일은 개인이 후천적 노력이 아닌 자연적·사회적 우연으로 획득한 것들을 배제하는 것을 말한다. 무지의 베일을 쓴 개인은 자유롭고 평등한 상황에서 타인에 대한 관심과 시기심 없이 합리적 이익을 추구하여 공정한 정의의 원칙을 설정할 수 있다.

12 ④

| 정답 해설 | 왈처는 복합 평등의 다원적 정의를 주장하며 상이한 삶의 영역에서는 각기 다른 기준에 따라 가치가 분배되는 것이 정의롭다고 보았다.

13 ①

| 정답 해설 | 응보주의적 관점에서는 죄를 저지른 사람에게는 마땅한 벌을 주어야 한다고 본다. 응보주의적 관점은 처벌 자체에 목적이 있어 범죄자 교화에 도움이 되지 않아 범죄 예방 효과가 적다는 비판을 받는다.

14 ②

| 정답 해설 | 제시된 내용은 처벌에 대한 공리주의적 관점이다. 이는 사회적으로 가장 큰 이익을 내기 위해 처벌을 이용한다. 모든 처벌을 그 자체로 악이라고 보나, 처벌이 더욱 큰 악을 제거하거나 사회의 이익을 증진할 수 있다면 정당화된다.

15 ③

| 정답 해설 | 흉악범의 범죄에 비례하여 생명을 박탈하는 것이 사회적 정의라 보는 것은 사형 제도를 찬성하는 입장의 논거에 해당한다.

100점까지 Upgrade 사형 제도에 대한 찬성 논거
- 극형이므로 범죄 예방 효과가 크다.
- 흉악범의 생명을 박탈하는 것은 정당하다.
- 과학 수사의 발달로 오심 가능성이 줄어들었다.
- 종신형은 경제적으로 비용이 많이 들고 비인간적이다.
- 국민의 자유, 재산, 생명, 안전을 지키기 위한 사회 방어 수단이다.

16 ④

| 정답 해설 | 민본주의는 백성이 나라의 근본이라는 것이고, 민주주의는 국가의 주권은 국민에게 있다는 것, 역성혁명은 군주가 백성을 위하지 않으면 다른 자가 왕이 될 수 있다는 것을 뜻한다. 따라서 제시어는 모두 국가가 국민을 위할 때에야 그 통치의 힘이 인정받을 수 있다는 것을 나타내고 있다.

17 ③

| 정답 해설 | 묵자는 차별 없는 사랑을 강조하면서, 남의 나라를 내 나라 돌보듯이 차별 없이 대하여야 천하에 혼란이 일어나지 않는다고 보았다.
| 오답 해설 | ①, ② 한비자의 견해에 대한 설명이다.

18 ③

| 정답 해설 | 제시된 설명은 홉스가 주장한 사회 계약론에 관한 설명이다. 사회 계약론자들에 따르면 생명, 재산, 자유를 보장받기 위한 개인들의 계약을 통해 국가가 성립되었으며 국가는 그것들을 지켜주어야 한다고 본다.
| 오답 해설 |
① 한비자의 견해와 관련이 있다.

> **100점까지 Upgrade** **사회 계약론**
> • 국가는 개인의 생명, 재산, 자유에 대한 권리를 보호해 주는 조건으로 계약이 이루어져 성립되었으며, 개인은 국가의 명령을 따르기로 약속했다고 본다.
> • 대표 사상가: 홉스, 로크, 루소

19 ③

| 정답 해설 | 시민은 바람직한 민주주의의 실현을 위하여 정부의 활동에 참여할 필요가 있다. 이에 시민은 국민 참여 재판에 배심원으로 참여하며 자신의 의견을 전달하고, 사법부는 시민의 견제와 감시로 민주성과 공정성을 고취시킬 수 있다.

20 ④

| 정답 해설 | 소로는 정의롭지 못한 국가나 권력에 대해 양심에 따라 저항하는 것은 자신의 가치를 지키는 것이라 보며, 시민 불복종을 지지하였다.
| 오답 해설 | ①, ②, ③ 시민 불복종은 비폭력적, 공개적, 공익적으로 이루어져야 정당화될 수 있다.

21 ②

| 정답 해설 | 시민 불복종은 자신의 이익 추구가 아닌 사회 정의의 실현을 목적으로 삼아야 하고, 비폭력적인 방법으로 전개되어야 한다. 또한 최후의 수단으로 시도되어야 하고, 참여한 사람은 처벌을 감수해야 한다.

01	②	02	②	03	①	04	④	05	③
06	①	07	③	08	③	09	③	10	③
11	②	12	④	13	④	14	②	15	④
16	①	17	③	18	①	19	④	20	③
21	②	22	④	23	②	24	①	25	④
26	④	27	②	28	③	29	①		

01 ②

| 정답 해설 | 제시된 관점은 과학 기술 지상주의에 해당한다. 이 관점에서는 과학 기술의 힘을 전적으로 믿고 의지하여 과학 기술은 모든 문제를 해결할 수 있다고 본다.
| 오답 해설 | ①, ③, ④ 과학 기술 혐오주의와 관련이 있다.

100점까지 Upgrade 　과학 기술 혐오주의의 관점
- 과학 기술은 문제를 일으킨다고 본다.
- 과학 기술은 인간과 자연을 파괴해 생존을 위협한다고 본다.

02 ②

| 정답 해설 | 과학 기술의 발달로 다양한 매체가 등장하여 음악회, 박물관, 미술관 등을 직접 방문하지 않아도 다양한 문화 생활을 향유할 수 있는 환경이 조성되었다.

03 ①

| 정답 해설 | 과학 기술의 발달은 인류에게 물질적 풍요와 편리한 생활을 가져다주었지만, 자연을 인간의 도구로 보는 사고방식을 낳아 환경 파괴 등 심각한 환경 문제를 발생시켰다.

04 ④

| 정답 해설 | 제시된 내용은 과학 기술의 윤리적 문제에 해당한다. 과학 기술의 발달에 따라 개인을 감시하는 용도로 기술을 사용하거나 개인이 원하지 않는 정보가 공개되어 사생활이 침해되는 등 윤리적 문제가 발생한다.

100점까지 Upgrade 　과학 기술의 윤리적 문제
- 인간의 주체성 약화, 비인간화가 발생한다.
- 자연이 파괴되어 환경 문제가 발생한다.
- 개인의 인권과 사생활 침해 현상이 발생한다.
- 생명의 존엄성이 훼손된다.
- 무기 개발로 인해 인류의 생존이 위협받는다.

05 ③

| 정답 해설 | 과학 기술이 발달함에 따라 정보 사회가 도래하였고, 정보 기술에 대한 인간의 의존도가 높아져 인간 소외 문제 등의 사회적 문제가 발생하였다. 이는 정보 기술의 발달에 따른 윤리적 문제에 해당하므로 '정보 사회의 윤리적 문제는 무엇인가'와 같은 제목이 들어가는 것이 적절하다.

06 ①

| 정답 해설 | 갑과 을은 모두 과학 기술을 윤리적 관점에서 보아서는 안 된다, 즉 가치 판단과 무관한 영역으로 보아야 한다고 말하고 있다. 이러한 내용은 과학 기술의 가치 중립성을 주장하는 입장에 해당한다.
| 오답 해설 | ②, ③, ④ 과학 기술의 연구 주제 선정부터 결과의 활용 시까지 가치 판단이 필요하다고 보는 입장이다.

07 ③

| 정답 해설 | 제시된 관점은 과학 기술의 가치 중립성을 부정하는 하이데거의 입장이다. 하이데거는 과학 기술에 대한 고찰 없이 무방비 상태가 된다면 과학 기술에 조종당하는 상황이 올 수 있다고 경고하면서 과학 기술도 가치 판단이 필요하다고 본다.

08 ③

| 정답 해설 | 과학 기술과 윤리는 모두 인간의 삶과 밀접하게 연관되어 있다. 따라서 과학 기술이 인간의 존엄성을 침해하지 않으며 인간의 삶을 편리하게 할 수 있도록 윤리가 바른 방향으로 이끌어 주는 것이 바람직하다.

09 ③

| 정답 해설 | 제시문은 전쟁에 이용되어 많은 희생을 낳은 원자 폭탄을 개발한 오펜하이머의 변론이다. 그에 따르면 과학자는 자신의 연구 결과가 어떻게 활용될지 알 수 없으므로 과학 기술의 책임은 과학 기술자가 아닌 연구 결과를 이용한 사람들에게 있다고 본다.

10 ③

| 정답 해설 | 현세대의 책임을 강조하여 과학 기술이 미래에 미칠 영향까지 고려해야 함을 주장한 사람은 요나스이다. 그는 책임의 범위를 인간에서 자연으로, 현세대뿐만 아니라 미래 세대의 생존과 삶으로 확장시켰다.

11 ②

| 정답 해설 | 과학 기술은 큰 파급력을 지니고 있어 올바른 발전을 위해서는 사회 제도적 차원 및 시민의 노력이 필요하다. 과학 기술이 올바르게 발전하기 위해서는 과학 기술이 윤리 기준에 어긋나지 않도록 적정한 법과 제도로 감시할 필요가 있다. 따라서 연구자의 자율성 보장은 거리가 멀다.

12 ④

| 정답 해설 | 사이버 공간의 발달에 따라 사이버 폭력, 사생활 침해, 저작권 침해 등 다양한 윤리적 문제가 발생하고 있다. 그러나 삶의 편의성이 향상되어 일의 효율성이 극대화된 것은 사이버 공간의 발달에 따른 성과에 해당한다.
| 오답 해설 |
①, ③ 정보 기술의 발달로 개인 정보를 쉽게 얻을 수 있게 되면서 개인 정보 유출 및 사생활 침해 문제가 발생하고 있다.
② 저작물을 무단으로 복제하거나 인터넷에서 내려받는 저작권 침해 행위가 발생하고 있다.

13 ④

| 정답 해설 | 제시된 설명에 해당하는 것은 사이버 폭력이다. 이는 사이버 공간에서 상대방이 원하지 않는 언어, 이미지 등을 이용하여 상대방에게 정신적 피해를 주는 행위이다. 사이버 폭력은 빠르게 확산되어 집단 행위로 이어지며 서로에 대한 책임 전가가 쉽다는 특징이 있다.

14 ②

| 정답 해설 | 사이버 폭력은 특정 시간에 집중되는 것이 아니라 시간 제약 없이 이루어지기 때문에 괴롭힘이 상시적으로 계속된다.

15 ④

| 정답 해설 | 다른 사람이 만든 창작물을 자신이 만든 것인양 도용하는 것은 창작자의 인격권을 침해하는 행위이며, 또한 다른 사람이 만든 창작물 사용에 대한 정당한 이용료를 지불하지 않는 것은 창작자의 재산권을 침해하는 행위이다. 이는 모두 저작권 침해에 해당한다.

16 ①

| 정답 해설 | 정보 통신 기술의 발달에 따라 사이버 폭력의 일종으로 개인 정보가 유출되고, 위치 추적 시스템이 악용되어 사생활 침해 등의 피해가 발생할 수 있다.

17 ②

| 정답 해설 | 정보 사회에 요구되는 정보 윤리 중 사이버 공간에서의 타인의 권리와 자유를 침해하지 않아야 한다는 것은 정의의 원칙이다.
| 오답 해설 |
① 자신의 행동이 가져올 결과를 생각하고 책임 있는 행동으로 상대를 배려하는 것이다.
③ 타인의 인격, 사생활, 지적 재산권 등을 존중하는 것이다.
④ 타인과 사회에 피해를 주는 행동을 하지 않는 것이다.

18 ①

| 정답 해설 | 제시된 정보 윤리의 기본 원칙은 정의이다. 정의의 원칙이란 사이버 공간에서 타인의 권리와 자유를 침해하지 않아야 한다는 것을 말하며, 스피넬로는 이를 사회에 약속된 기준에 따라 혜택과 책임이 공정하게 나누어져야 한다는 것으로 제시하였다.

100점까지 Upgrade — 스피넬로의 정보 윤리의 기본 원칙

자율성의 원칙	스스로 도덕 원칙을 세우고 행동하며 다른 사람의 자기 결정 능력 역시 존중하여야 함
선행의 원칙	다른 사람에게 이익이 될 수 있도록 행동하여야 함
해악 금지의 원칙	다른 사람에게 고통이나 피해를 주는 행동을 하지 말아야 함
정의의 원칙	사회에서 약속된 기준에 따라 혜택과 책임이 공정하게 나누어져야 함

19 ④

| 정답 해설 | 사이버 공간에서는 상대방을 배려하며 네티켓을 지켜 바른 언어를 사용하여야 한다.
| 오답 해설 | ①, ②, ③ 사이버 공간에서 지양해야 할 행위이다.

20 ③

| 정답 해설 | 제시문은 뉴 미디어의 문제점에 관한 설명이다. 뉴 미디어는 기존 매체들이 제공하던 정보를 인터넷을 통해 가공, 전달, 소비하는 포괄적 융합 매체를 말한다. 뉴 미디어는 불필요하거나 전문성이 검증되지 않은 정보가 많아 신뢰할 수 있는 정보를 찾기 어렵고, 음란 및 각종 유해 정보나 폭력적이고 자

극적인 정보가 무분별하게 전달되며, 사적인 정보가 쉽게 노출되고 교환된다는 문제가 발생한다.

　뉴 미디어의 특징

상호 작용성	정보 송신자와 수신자가 비교적 수평한 관계에서 쌍방향으로 정보를 교환함
비동시화	송수신자가 같은 시간에 동시에 참여하지 않아도 정보 교환이 이루어짐
탈대중화	대규모 집단에 획일적인 메시지를 전달하는 방식에서 벗어나 특정 대상과 특정 정보를 교환할 수 있음
능동화	정보 이용자가 정보를 재생산, 유통, 감시하는 등 능동적으로 활동할 수 있음
종합화(디지털화)	모든 정보가 디지털화되고 하나의 정보망으로 통합되어 정보를 신속하고 정확하게 처리할 수 있음

21 ②

| 정답 해설 | 자신의 목적에 맞게 정보를 조합하는 것은 바람직하지만, 허위 정보를 신뢰도 있게 재가공하는 것은 바람직한 매체 윤리로 적절하지 않다.

22 ④

| 정답 해설 | 아리스토텔레스는 "식물은 동물의 생존을 위해, 동물은 인간의 생존을 위해 존재한다."라고 주장하며 인간 중심주의 입장을 취하였다. 그는 이성을 지닌 인간이 이성이 없는 자연을 이용할 수 있다고 보았다.

| 오답 해설 |

① 베이컨은 인간 중심주의 입장에서 자연 과학적 지식은 인간에게 유용한 것이며, 인간을 위해 자연을 정복하고 지배하는 것은 정당하다고 보았다.

② 데카르트는 자연을 이용하고 정복하는 것을 정당화하며 인간 중심주의의 입장을 취하였다.

③ 슈바이처는 생명 중심주의를 주장한 사상가로, 생명을 유지하는 것은 선이고, 생명을 훼손하고 파괴하는 것은 악이라고 보았다.

23 ②

| 정답 해설 | 동물 중심주의 입장에서는 고통을 느끼는 존재는 도덕적으로 배려해야 한다고 본다. 이때 동물도 고통을 느끼기 때문에 고통으로부터 해방시켜 주어야 한다고 보며, 이러한 이유로 동물도 도덕적 가치 판단의 대상에 포함시킨다.

24 ①

| 정답 해설 | 생명 중심주의 관점에서는 생명을 가진 모든 것을 도덕적 고려의 대상으로 보며 자연의 생명체는 모두 내재적 가치를 지니기 때문에 도덕적으로 배려해야 한다고 주장하였다.

25 ④

| 정답 해설 | 제시된 사상가는 대지 윤리를 주장한 레오폴드이다. 레오폴드는 도덕 공동체의 범위를 동물, 식물, 토양, 물이 상호 작용하는 대지로 확장하여 인간을 대지의 일부로 보았다.

26 ④

| 정답 해설 | 베이컨은 인간 중심주의 관점에서 자연을 정복하고 지배하는 것은 정당하다고 보았다. 이에 따라 과학자들이 자연을 마음대로 지배하는 신비의 섬인 뉴 아틀란티스를 이상적 사회로 제시하였다.

27 ②

| 정답 해설 | 싱어는 동물 중심주의의 대표적 사상가로, 쾌락과 고통을 느끼는 능력을 도덕적 고려의 기준으로 삼았다. 이에 따라 동물을 도덕적 고려의 대상으로 보며, 동물을 고통으로부터 해방시켜야 한다고 주장하였다.

28 ③

| 정답 해설 | 유교에서는 자연은 도덕적 존재이고, 만물의 근원은 자연의 생명으로부터 나오며, 그것이 곧 도(道)라고 보았다. 또한 인간과 자연은 하나라는 천인합일을 통해 인간과 자연의 조화를 강조하였으며, 인간은 천지의 조화로움을 본받아야 한다고 가르쳤다.

| 오답 해설 |

ㄱ. 물아일체는 도교에서 바라보는 자연관으로, 만물과 인간이 하나가 되는 경지를 추구하는 것이다.

ㄹ. 불교는 연기를 통해 세상에 모든 존재는 서로 원인과 조건으로 연결되어 상호 작용하고 있음을 강조한다.

29 ①

| 정답 해설 | 제시된 설명은 불교의 자연관이다. 불교에서는 인간과 자연은 하나의 그물망으로 서로 연관되어 있기 때문에 생명을 소중하게 여기며 자비를 베풀어야 한다고 보았다.

01	①	02	①	03	③	04	③	05	④
06	③	07	②	08	②	09	③	10	②
11	③	12	②	13	②	14	①	15	②
16	①	17	②	18	④	19	④	20	①
21	①	22	②	23	③	24	①	25	②
26	①	27	③	28	③				

01 ①

| 정답 해설 | 인간은 예술을 통해 일상적으로 느껴왔던 것들의 의미를 새롭게 발견할 수 있고, 문제의 해결책을 얻을 수도 있으며, 삶의 지혜를 얻기도 한다. 즉, 예술은 인간의 사고를 확장한다.
| 오답 해설 |
② 인간은 예술 작품의 창작이나 감상을 통해 일상생활에서의 스트레스를 해소하며 심리적 안정과 즐거움을 느낄 수 있다.
③ 인간은 예술을 통해 사회 모순을 비판하거나 새로운 사상과 가치를 창조할 수 있다.
④ 인간은 예술을 통해 현실화하기 어려운 잠재적 욕망을 표현함으로써 카타르시스를 느낄 수 있다.

02 ①

| 정답 해설 | 예술과 윤리를 바라보는 입장으로는 예술은 도덕적인 내용을 담아야 한다는 도덕주의와 예술은 도덕적 가치와 무관하여 미적 가치를 목적으로 해야 한다는 심미주의가 있다. 제시된 글에서는 미학적 가치보다 범죄 행위를 미화해서는 안 된다는 도덕적 가치를 우선하고 있다. 이에 나타난 예술과 윤리의 관계는 도덕주의이다.

03 ③

| 정답 해설 | 공자와 정약용은 모두 예술과 도덕성이 조화를 이루며 상호 작용하고 있음을 이야기하고 있다. 공자는 예와 악을 상호 보완적 관계로 보고 있으며, 정약용은 음을 통해 인간의 품성을 향상시킬 수 있다고 보았다. 따라서 예술이 도덕성 함양에 기여할 수 있다는 내용이 공통된 입장으로 가장 적절하다.

04 ③

| 정답 해설 | 예술의 목적이 인간의 도덕성 함양에 있다고 보는 입장은 도덕주의, 예술의 목적이 미적 가치 추구에 있다고 보는 입장은 심미주의이다.

05 ④

| 정답 해설 | 도덕주의에서는 도덕적 가치가 미적 가치보다 우위에 있다고 본다. 따라서 예술은 교훈과 본보기를 제공하여 인간의 올바른 품성 함양에 도움을 주어야 한다고 본다.
| 오답 해설 | ①, ②, ③ 심미주의에 해당하는 입장이다. 심미주의에 따르면 예술은 '옳다/그르다'와 같이 평가할 수 없으며 도덕적 가치와 미적 가치는 무관하다.

06 ③

| 정답 해설 | 제시된 설명에 해당하는 예술에 대한 관점은 도덕주의이다. 도덕주의는 인간의 올바른 품성 함양을 예술의 목적으로 본다.
| 오답 해설 | ① 심미주의는 도덕적 가치와 미적 가치는 무관하다고 보는 입장으로, 예술의 목적은 오로지 미적 가치만을 추구하는 것이라 본다.

100점까지 Upgrade 도덕주의와 심미주의

도덕주의	• 도덕적 가치가 미적 가치보다 우위에 있음 • 예술은 도덕적 교훈을 제공하여 인간의 올바른 품성 함양을 목적으로 해야 함 • 대표 사상가: 플라톤, 톨스토이
심미주의	• 도덕적 가치와 미적 가치는 무관함 • 예술은 미적 가치를 추구하는 것을 목적으로 해야 함 • 대표 사상가: 와일드, 스핑건

07 ②

| 정답 해설 | 예술 작품을 다수의 사람들에게 판매될 만한 상품으로 바라보는 것은 예술의 상업화 현상에 해당한다. 이는 예술가의 경제적 이익을 보장하여 예술가가 예술 활동에 전념하게 하지만, 경제적 가치를 중시한 나머지 미적 가치와 도덕적 가치를 간과할 수 있다는 부정적 측면도 있다.
| 오답 해설 | ① 예술이 상업화되었다고 해서 예술의 질이 떨어진다고 판단하기는 어렵다.

08 ②

| 정답 해설 | 과거에는 일부 부유층과 같은 소수의 계층만이 예술을 향유할 수 있었다. 그러나 예술의 상업화에 따라 오늘날에는 일반 대중도 예술을 향유할 수 있게 되었다. 따라서 예술의 상업화에 따라 소수의 계층만이 예술을 향유한다는 내용은 적절하지 않다.

09 ③

| 정답 해설 | 대중문화는 다수의 사람들이 쉽게 인터넷, 텔레비전, 만화 등을 통해 즐기는 문화이다. 대중문화는 소비자의 관심을 끌기 위해 폭력성과 선정성을 극대화하여 대중의 정서에 악영향을 미치는 윤리적 문제가 발생할 수 있다.

10 ②

| 정답 해설 | ㄴ, ㄷ. 자율성과 표현의 자유를 중시하며 대중의 즐길 권리를 강조하는 것은 대중문화에 대한 윤리적 규제에 반대하는 입장이다.
| 오답 해설 | ㄱ, ㄹ. 대중문화에 대한 윤리적 규제를 찬성하는 입장이다.

11 ③

| 정답 해설 | 간접 광고(PPL)는 영화나 드라마에서 상품을 노출하여 무의식 중에 관객들에게 제품을 홍보하는 광고 마케팅이다. 이는 대중문화의 다양한 영역에서 자본이 지배적인 영향력을 행사하는 현상으로, 대중문화의 자본 종속이 심화되고 있음을 보여 준다.

12 ②

| 정답 해설 | 의복 문화와 관련된 윤리적 문제 중 유행 추구 현상은 개인이 사회 유행에 편승하면서 소속감을 느낀다는 긍정적 측면이 있다. 그러나 유행을 주도하는 기업의 상업적 전략에 휩쓸리는 것이라는 부정적 측면도 있다.

13 ②

| 정답 해설 | 멀리서 유통되는 식품은 부패를 방지하기 위해 방부제를 사용하기 때문에 인체에 해로울 수 있고, 푸드 마일리지가 크기 때문에 에너지가 많이 소요된다. 따라서 저렴한 수입 식재료를 구매하는 것은 바람직한 음식 문화 형성을 위한 노력으로 적절하지 않다.

14 ①

| 정답 해설 | 제시된 내용에서는 인간과 집의 관계에 대해 진술하고 있다. 이와 관련하여 집이라는 공간은 인간과의 관계 속에서 의미를 지니게 된다고 본 사상가는 볼노브이다.

15 ②

| 정답 해설 | 일부 계층의 과시욕이나 허영심으로 인해 상품의 가격이 오름에도 이를 소비하는 현상은 베블런 효과이다. 베블런 효과는 계층 간 위화감을 조성하며 사회 통합을 저해하여 사회 갈등의 원인이 될 수 있다.
| 오답 해설 |
① 스놉 효과란 특정 제품에 대한 사람들의 소비가 증가하면 그 제품에 대한 수요가 오히려 줄어드는 현상을 말한다. 타인과의 차별성을 추구하는 경향에서 비롯된다.
③ 언더독 효과란 자신이 약자라고 믿는 주체를 응원하게 되는 현상을 말한다.
④ 밴드왜건 효과란 대중적으로 유행하고 있는 소비에 편승하게 되는 현상을 말한다.

16 ①

| 정답 해설 | 커피 농장의 대부분은 개발 도상국에 위치해 있어 가난한 경우가 많다. 다국적 기업은 더 큰 이익을 얻기 위해 커피 농장에 착취나 다름없이 적은 금액을 지불하는 경우가 빈번하다. 따라서 커피 농장에 정당한 대가를 지불하는 공정 무역이 필요하고, 그러한 제품을 소비하는 윤리적 소비문화가 정착되어야 한다.

17 ②

| 정답 해설 | 환경을 고려한 친환경 제품 소비, 인권과 복지를 고려한 공정 무역 상품 소비, 기업의 사회 공헌 활동 등을 고려한 소비는 윤리적 소비에 해당하는 내용이다.

18 ④

| 정답 해설 | 윤리적 소비란 소비를 하기 전에 타인, 사회, 환경, 인류에 바람직한 방향은 무엇인지 윤리적 가치 판단을 하고 그에 따라 소비하는 것이다. 유행을 좇아 무조건 고가의 상품을 구매하는 것은 현대 소비문화의 문제점으로 윤리적 소비 생활과는 거리가 멀다.

100점까지 Upgrade 윤리적 소비의 유형

- 착한 소비: 불공정 무역 제품을 구매하지 않고 공정 무역 상품, 유기농 제품 등의 윤리적 상품을 구매한다.
- 녹색 소비: 미래 세대까지 고려하여 환경적으로 건전한 지속 가능한 소비를 실천한다.

19 ④

| 정답 해설 | 미래 세대까지 고려하여 환경적으로 건전하고 지속 가능한 소비를 하는 것은 윤리적 소비에 해당한다.

20 ①

| 정답 해설 | 문화 사대주의는 다른 나라의 문화를 우월한 것으로, 자신의 문화는 열등한 것으로 보는 태도를 말한다. 따라서 문화 사대주의 확립은 바람직한 문화 정체성을 위한 노력이라고 볼 수 없다.

21 ①

| 정답 해설 | 윤리 상대주의는 보편적인 도덕 기준이 없다고 보고 개인과 사회의 각기 다른 기준을 존중해야 한다고 보는 입장이다. 하지만 이 시각은 비도덕적 행위조차 문화적 상대성으로 정당화할 수 있다는 한계가 있다.

22 ①

| 정답 해설 | 제시된 설명은 비주류 문화나 유입되는 문화는 자신의 정체성을 버리고 주류 문화를 따라야 한다고 보는 동화주의와 관련이 있다. 동화주의를 설명하는 대표적 이론으로 용광로 모델이 있다. 이는 이주민의 문화적 특성을 포기하고 주류 문화로 편입시키려는 관점이다.
| 오답 해설 |
②, ③ 다양한 문화가 고유색을 잃지 않으면서 조화를 이룬다는 관점이다.
④ 비주류를 인정하지만, 주류를 중심으로 조화하고 공존한다는 관점이다.

23 ③

| 정답 해설 | 자유, 평화, 사랑, 평등, 인간 존엄성 등의 보편적 가치는 문화에 관계 없이 지켜져야 할 가치이다. 이러한 보편적 가치를 위협하는 비도덕적 행위나 관습을 문화라는 이유로 정당화하는 윤리 상대주의는 경계하여야 한다.

100점까지 Upgrade 　　**다문화 사회에 요구되는 자세**
• 문화 상대주의: 다른 나라의 문화를 이해하고 존중해야 한다.
• 관용: 나와 다른 것을 인정하며 문화 다양성을 지향한다.

24 ①

| 정답 해설 | 한 국가 안에 다양한 인종과 문화적 배경을 가진 사람들이 공존하는 다문화 사회에서, 다른 민족과 문화를 배척하는 태도는 사회 통합을 저해한다. 따라서 이는 다문화 사회의 시민으로서의 자세로 적절하지 않다.

25 ②

| 정답 해설 | 성현은 세속에서 성스러움이 드러난다는 것으로, 엘리아데가 주장한 핵심적 개념이다. 엘리아데는 성스러움과 인간의 삶은 밀접한 관계가 있으므로 일상에서 얼마든지 성스러운 체험을 할 수 있다고 보았다.

26 ①

| 정답 해설 | 황금률이란 "네가 남에게 바라는 대로 남에게 해 주어라."라는 성경의 가르침에서 유래된 것으로, 다양한 종교 경전에는 이러한 황금률을 표현하는 구절을 발견할 수 있다. 즉, 황금률은 다양한 종교에서 보편적으로 중요하게 생각하는 윤리라고 할 수 있다.

27 ③

| 정답 해설 | 관용의 자세를 가지고 다른 종교를 받아들이고 이해하는 것까지는 바람직하나, 모든 종교를 하나의 종교로 통합하려는 것은 옳지 못하다. 종교 간의 갈등을 극복하기 위해서는 종교의 다양성을 존중하는 자세가 필요하다.

28 ③

| 정답 해설 | 종교 간의 갈등은 자신의 종교만을 맹신하고 다른 종교를 배척하는 태도에서 비롯된다. 따라서 자신의 종교만이 옳다고 고집하는 것은 적절하지 않은 태도이다.

100점까지 Upgrade 　　**종교 갈등의 원인**
• 자신의 종교를 맹신하여 다른 종교의 존재를 인정하지 않는다.
• 교리 해석에 차이가 발생한다.
• 다른 종교에 대한 무지와 편견, 선입견을 가진다.

01	④	02	②	03	①	04	③	05	①
06	③	07	②	08	④	09	④	10	②
11	①	12	③	13	④	14	③	15	②
16	①	17	①	18	②	19	④	20	③

01 ④

| 정답 해설 | 사회 갈등의 원인으로는 한정된 자원과 그에 대한 분배 과정에서의 불공정, 경제적 이해관계의 대립, 신념 및 가치관의 충돌, 집단 간 소통의 부재 등이 있다. 사회 갈등을 해소하고 사회 통합으로 나아가기 위해서는 사회적 합의를 통한 공정한 기준을 마련하여 각자의 몫을 분배하여야 한다. 따라서 공정한 분배의 기준 확립은 사회 갈등의 원인이 아니라 해소 방안에 해당한다고 볼 수 있다.

02 ②

| 정답 해설 | 이념은 이상적으로 여겨지는 생각이나 견해로, 사회나 집단이 가진 특정한 가치관이나 믿음과 관련된다. 한 사회에서 이념이 다를 경우 갈등이 발생할 수 있으며, 대표적으로 진보와 보수 진영의 갈등으로 나타난다.

100점까지 Upgrade 사회 갈등의 유형

• 세대 갈등: 세대 간에 연령이나 경험 등에서 비롯된 서로의 차이를 이해하지 못해 발생하는 갈등이다.
• 이념 갈등: 한 사회의 구성원들이 서로 추구하는 이념이 달라 충돌이 발생하여 나타나는 갈등이다.
• 지역 갈등: 경제적 요인과 지역감정, 연고주의 등으로 유발되는 갈등이다.
• 계층 갈등: 사회적·경제적 자원이 계층 간에 불균등하게 분배되어 발생하는 갈등이다.
• 노사 갈등: 기업가와 노동자 사이에서 서로의 이해관계가 충돌하여 발생하는 갈등이다.

03 ①

| 정답 해설 | 공동체를 위해 개인의 행복을 유보하는 것은 사회 통합을 위한 바람직한 노력이라 보기 어려우며, 오히려 갈등의 씨앗이 될 수도 있다. 사회 통합을 위해서는 개인의 행복과 공동체의 행복을 조화롭게 이루어 나가는 것이 바람직하다.

04 ③

| 정답 해설 | 소통과 담론은 사회 구성원들의 자발적이고 적극적인 참여를 유도하여 다양한 목소리를 들어볼 수 있기 때문에 필요하다. 권위자의 의견을 따라 의사 결정의 신속성을 추구하는 것은 소통과 담론의 필요성과는 거리가 멀다.

05 ①

| 정답 해설 | 장자는 서로 다른 것을 그 자체로 인정하고, 그것들이 상호 의존적인 관계에 있음을 이해하는 것이 중요하다고 보았다. 이는 다름을 존중하는 자세를 강조한 것이라고 할 수 있다.

06 ③

| 정답 해설 | 하버마스는 대화에 참여하는 사람들이 합의된 결과를 수용하고 따르기 위해서는 합리적 의사소통이 필요하다고 보았다. 합리적 의사소통은 누구나 참여할 수 있고, 돈이나 권력이 개입되어서는 안 되며, 누구나 평등하게 발언할 수 있고, 합의된 결과를 지킬 것이라고 기대하는 등의 조건을 만족할 때 실현될 수 있다고 보았다.
| 오답 해설 | ④ 하버마스가 제시한 이상적인 담화 조건은 진리성, 정당성, 진실성, 이해 가능성이다.

07 ②

| 정답 해설 | 통일의 필요성과 이에 따른 이익은 통일을 찬성하는 입장의 논거에 해당한다. 따라서 통일이 이루어진다면 남북 분단 상태 유지를 위한 국방비 감소에 따라 경제 규모가 확장된다는 논거가 발표의 내용으로 적절하다.
| 오답 해설 | ①, ③, ④ 통일을 반대하는 입장의 논거에 해당한다.

08 ④

| 정답 해설 | 통합 과정과 통일 이후에 남북한의 격차를 해소하고 통일 한국을 건설하는 데 필요한 비용을 통일 비용이라고 한다.

100점까지 Upgrade 통일과 관련된 비용

• 분단 비용: 분단 상태가 지속되는 과정에서 소요되는 비용이다.
• 통일 비용: 통합 과정과 통일 이후에 남북한의 체제를 통합하는 데 소요되는 비용이다.
• 통일 편익: 통일 이후 지속적으로 발생되는 보상과 혜택을 말한다.

09 ④

| 정답 해설 | 제시된 토론에서는 북한의 인권 문제에 대한 국제 사회의 개입을 찬성하는 입장과 이를 북한에 대한 간섭이라 보고 반대하는 입장이 제시되어 있다. '자국민의 인간다운 삶을 보장'이라는 내용에서 ㉠에 들어갈 토론의 주제가 '북한 인권 개입'임을 추측할 수 있다.

10 ②

| 정답 해설 | 남북한의 이념과 체제 경쟁을 유도하면 갈등이 심화되어 혼란이 야기된다. 바람직한 통일을 위해서는 서로의 이념과 체제를 인정하면서 민족 동질성을 회복하려는 공존의 노력이 필요하다.

11 ①

| 정답 해설 | 바람직한 통일 한국의 미래상은 정의로운 복지 국가로, 모든 구성원들의 삶의 질을 향상하고 풍요로운 복지 국가를 실현하고자 한다. 독재 국가는 적절하지 않다.

100점까지 Upgrade **통일 한국의 미래상**

수준 높은 문화 국가, 자주적인 민족 국가, 정의로운 복지 국가, 자유로운 민주 국가, 평화롭고 풍요로운 국가

12 ③

| 정답 해설 | 독일은 분단 상황에서도 동독과 서독이 활발하게 문화를 교류하고 협력하여 평화적 흡수 통일로 통합이 이루어졌다. 무력에 기댄 흡수 통일은 이후 사회 통합에 있어 한계를 띠게 된다.

13 ④

| 정답 해설 | B 학생은 국가 간의 분쟁을 대화를 통해 해결할 수 있다고 보았으므로, 이는 국제 관계에 대한 이상주의적 관점에 해당한다. 그러나 힘의 우위를 확보하여 분쟁을 해결할 수 있다고 보는 것은 현실주의 관점에 해당한다.

14 ③

| 정답 해설 | 제시된 내용은 구성주의를 주장한 웬트의 말이다. 구성주의 관점에서는 다른 나라와의 관계를 중요하게 생각하며, 자국과 상대국이 어떤 관계에서 상호 작용하는지에 따라 국가의 이익이 결정된다고 본다.

15 ②

| 정답 해설 | 갈퉁은 평화를 소극적 평화와 적극적 평화로 구분하여 제시하였다. 그중 적극적 평화는 전쟁, 범죄 등의 직접적 폭력뿐만 아니라 빈곤, 차별과 같은 사회의 구조적·문화적 폭력까지 사라져 인간적인 삶이 보장되는 상태를 말한다. 문제의 기사에서는 빈곤, 차별 등의 폭력이 없어야 함을 주장하고 있으므로, 이때 제시된 평화는 적극적 평화이다.

16 ①

| 정답 해설 | 제시된 사례에서는 전 세계의 제품을 한자리에 모아놓고 의견을 나누고, 이를 통해 시장이 전 세계로 확대되고 있음을 보여 준다. 이러한 사례는 국제 사회의 상호 의존성이 커지고 세계 전체가 긴밀하게 연결된 세계화와 관련이 있다.

| 오답 해설 |

② 지역의 고유한 특성을 지키려는 것을 말한다.

③ 모두 같아져 다름이 없어지는 것이다.

④ 세계화와 지역화를 동시에 조화시키려는 것이다.

17 ①

| 정답 해설 | 시장을 하나의 기업이 독식하고 하나의 문화가 시장을 점유하여 획일화되는 것은 세계화의 부정적인 영향이다.

100점까지 Upgrade **초국적 기업**

국경을 초월하여 세계 각지에 자회사, 지사, 합병 회사, 공장 등을 두고 여러 나라를 대상으로 상품을 생산·판매하는 기업을 말한다.

18 ②

| 정답 해설 | 지역의 특성을 고수하려는 것만이 지역화가 아니고, 지리적으로 가까운 국가들끼리 협동하여 문제를 해결하려하는 것도 국제 사회에서 나타나는 지역화의 한 형태이다.

19 ④

| 정답 해설 | 제시된 내용에서는 반인륜적인 범죄를 저지른 사람에 대해 정당한 처벌을 해야 한다는 입장이 드러난다. 이는 형사적 정의에 해당한다.

| 오답 해설 |

① 재화나 지위와 같은 가치의 공정한 분배를 통해 실현되는 것이다.

② 같은 것은 같게, 다른 것은 다르게 분배하는 것이다.

③ 공정한 절차에 의해 합의된 것이라면 정의롭다고 보는 것으로, 롤스가 주장하였다.

20 ③

| 정답 해설 | 싱어는 해외 원조를 당연한 의무로 생각하는 입장의 대표적인 인물이다. 싱어는 빈곤으로부터 고통받는 사람을 돕는 것은 윤리적으로 당연하다고 보기 때문에, 인류의 행복 증진을 위해 원조와 기부를 해야 한다는 견해를 지지할 것으로 볼 수 있다.

실전 모의고사

01	②	02	①	03	③	04	④	05	①
06	②	07	③	08	④	09	③	10	③
11	④	12	①	13	③	14	④	15	①
16	①	17	①	18	④	19	①	20	③
21	②	22	①	23	①	24	④	25	②

01 ②

| 정답 해설 | 사회 윤리에서는 주로 개인의 도덕성, 사회의 구조와 제도, 분배의 기준, 사형 제도, 인권, 시민 불복종 등에 관한 쟁점을 다룬다.

| 오답 해설 |
① 생명 윤리에서는 생식 보조술, 인공 임신 중절, 안락사, 뇌사, 자살, 배아 복제, 인체 실험, 생명 복제 등에 관한 쟁점을 다룬다.
③ 환경 윤리에서는 환경 문제 해결을 위한 국제 협력, 지속 가능한 발전 등에 관한 쟁점을 다룬다.
④ 성과 가족 윤리에서는 성의 가치, 성차별, 성적 소수자, 성적 자기 결정권, 성 상품화, 양성 평등, 가족 해체 현상 등에 관한 쟁점을 다룬다.

02 ①

| 정답 해설 | 유교에서 말하는 인(仁)은 인간에 대한 사랑으로, 타인을 생각하는 마음이다. 불교의 자비는 자신과 같이 다른 사람도 소중하게 생각하는 마음이다. 따라서 두 사상에서 공통으로 강조하는 것은 다른 사람을 생각하는 마음인 '배려'라 볼 수 있다.

03 ③

| 정답 해설 | 제시된 윤리 사상가는 자연법 윤리를 강조한 아퀴나스이다. 아퀴나스는 자연적 질서를 따르는 것이 옳고, 거스르는 것은 그르다고 보았다. 또한 인간은 신이 만든 피조물이므로 이성을 통해 신의 명령도 어느 정도 알 수 있으며, 자연의 질서를 따르는 것이 신의 말씀을 따르는 것이라고 보았다.

04 ④

| 정답 해설 | 인간은 죽음을 통해 삶과 생명, 인간관계의 소중함을 깨닫는 계기를 얻는다. 또한 죽음을 자각함으로써 삶의 의미를 성찰하고, 삶의 방향을 설정하여 가치 있는 삶을 살 수 있다.

05 ①

| 정답 해설 | 도덕적 탐구는 윤리적 쟁점 및 딜레마 확인 → 자료 수집 및 분석 → 입장 채택 및 정당화 근거 제시 → 최선의 대안 도출 → 반성적 성찰의 과정을 거친다. 제시된 대화에서는 이미 사형 제도가 윤리적 쟁점으로 제시되었으므로, ㉠에는 그 다음으로 자료 조사를 진행하는 것이 적절하다.

> **100점까지 Upgrade**   **도덕적 탐구의 중요성**
>
> 무엇이 '좋은지 나쁜지', '옳은지 그른지', '정의로운지 부정의한지'에 대해 도덕적 판단을 할 경우, 근거가 부적절하면 주관적인 사고에 머무르게 된다. 따라서 도덕적 탐구의 과정을 거쳐 도덕적 판단을 하고 최선의 대안을 끌어낼 수 있다.

06 ②

| 정답 해설 | 맹자는 가장 귀한 것이 백성이라 보며 백성을 위한 정치를 강조하였다. 또한 맹자는 "항산(恒産)이 있어야 항심(恒心)이 있다."라고 하며 백성들의 생업이 보장되어야 백성들이 올바른 생각과 행동을 바탕으로 도덕적인 삶을 영위할 수 있다고 보았다. 이에 따라 백성들의 생계를 안정시킨 후 도덕으로 감화시켜야 한다고 주장하였다.

07 ③

| 정답 해설 | 덕 윤리에서는 도덕적인 행동을 하는 데 가장 중요한 것이 행위자의 품성이라고 본다. 따라서 행위자의 성품을 먼저 평가하고 이에 근거하여 행위의 옳고 그름을 판단해야 한다고 본다. 또한 덕 윤리에서는 행위의 유용성이나 도덕적 의무보다는 바람직한 인간관계의 맥락에 주목하여 공동체 구성원으로서의 삶에 관심을 가진다.

08 ④

| 정답 해설 | 백성을 이기적 존재라 생각하고 엄격한 법으로 통치하는 법치를 주장한 사상가는 한비자이다. 한비자는 군주가 적절한 상과 벌로 백성을 다스려야 한다고 보았다.

09 ③

| 정답 해설 | 불교에서는 모든 존재가 원인과 조건으로 연결된다는 연기설을 강조하며 다른 존재에 대해서 자비를 베풀어야 한다고 본다.

10 ③

| 정답 해설 | 제시된 신문 사설에서는 미래 세대를 고려하면서도 현세대의 필요를 만족시키는 환경적으로 건전한 발전 방식에 대해 언급하고 있다. 이는 지속 가능한 발전에 대한 내용이므로, ㉠에는 이러한 제목이 들어가야 적절하다.

11 ④

| 정답 해설 | 제시된 내용과 같이 모든 사람에게 재화를 동등하게 분배하여 기회와 혜택을 균등하게 보장하는 것은 절대적 평등을 기준으로 한 분배에 해당한다. 단, 절대적 평등을 기준으로 한 분배의 경우 공헌도에 관계 없이 모든 사람이 동일한 분배를 받아 생산 의욕과 책임 의식을 저하시킬 수 있다는 문제점이 있다.

| 오답 해설 |
① 인간의 기본적 욕구와 필요에 따른 분배는 사회적 약자를 보호할 수 있으나 실질적으로 모든 사람의 필요를 충족할 수 없다는 문제점이 있다.
② 개인이 습득한 능력에 따른 분배는 개인의 탁월성과 실력에 따라 적절한 보상이 가능하지만, 능력의 선천적 영향을 배제할 수 없으며 능력에 대한 평가가 모호하다는 문제점이 있다.
③ 개인이 산출한 결과인 업적에 따른 분배는 생산성을 향상시키고 객관적 평가가 용이하지만 종류가 다른 업적 간의 평가가 어려우며 사회적 약자를 배려할 수 없다는 문제점이 있다.

12 ①

| 정답 해설 | 청렴은 행동이 맑고 탐욕을 부리지 않는 상태를 말한다. 주로 공직자에게 강조되는 덕목이지만 모든 사회 구성원들도 이를 지킴으로써 서로를 신뢰하는 분위기를 조성하여 안정된 사회 질서를 이룰 수 있다.

13 ③

| 정답 해설 | 밀은 벤담과 더불어 공리주의를 대표하는 사상가로서, 벤담과는 달리 쾌락의 양뿐만 아니라 질적인 차이도 고려해야 한다고 주장하였다. 또한 쾌락에는 낮은 수준의 쾌락과 높은 수준의 쾌락이 있으며, 정상적인 인간이라면 누구나 질적으로 높은 수준의 쾌락을 추구할 것이라 보았다.

14 ④

| 정답 해설 | 도가 윤리에서는 작은 영토에 적은 수의 백성들이 살아가는 소국 과민을 이상적인 사회로 제시하고, 사람의 힘을 더하지 않은 그대로의 자연과 같이 억지로 무언가를 하려 하지 않는 이상적인 경지인 무위자연을 강조하였다.
| 오답 해설 | 계, 정, 혜로 구성된 삼학을 주체적으로 수행하면 진리를 깨달을 수 있다고 본 것은 불교 윤리와 관련이 있다.

15 ①

| 정답 해설 | 제시된 내용과 관련된 사상가는 칸트이다. 칸트는 '내가 하는 행위를 모든 사람에게 적용해도 되는지를 확인하고 행위하라'는 보편 법칙의 정식과 '사람을 수단으로 이용하지 말고 언제나 동시에 목적으로 대우하라'는 목적의 정식을 제시하였다. 또한 칸트는 감정이나 욕구가 아니라 도덕 법칙에 따라야 한다는 의무 의식과 선의지에 근거한 행위만이 도덕적 가치를 지닌다고 보았다.
| 오답 해설 |
② 양적 공리주의를 주장한 사상가이다.
③ 동물 중심주의를 주장한 사상가이다.

16 ①

| 정답 해설 | 도가에서는 만물이 평등한 가치를 지니고 있다고 보고, 불교에서는 모든 존재가 불성을 가지고 있어 누구나 부처가 될 수 있는 가능성이 있다고 본다. 따라서 두 사상에서는 인간은 누구나 차별 없이 평등한 대우를 받아야 함을 공통으로 강조하고 있다.

17 ①

| 정답 해설 | 테일러는 인간이 가지고 있는 생명체에 대한 의무로 성실의 의무, 불간섭의 의무, 악행 금지의 의무, 보상적 정의의 의무를 제시하였다. 실천의 의무는 이에 해당하지 않는다.

100점까지 Upgrade 테일러가 제시한 생명체에 대한 의무

- **성실의 의무:** 동물 사냥 등 인간의 즐거움을 위해 야생 동물을 기만하는 행위를 해서는 안 된다.
- **불간섭의 의무:** 개별 생명체의 자유를 간섭하거나 전체 생태계를 조작·통제·개조하려고 시도해서는 안 된다.
- **악행 금지의 의무:** 어떤 생명체에게도 해를 끼쳐서는 안 된다.
- **보상적 정의의 의무:** 인간이 다른 생명체에게 해를 끼쳤을 경우 그 피해를 보상해야 한다.

18 ④

| 정답 해설 | 제시문에는 예술에 대한 와일드의 심미주의적 관점이 나타나 있다. 예술을 바라보는 심미주의 관점은 예술이 도덕적 가치와 무관하게 아름다움을 표현하는 것에 집중해야 한다고 주장한다.

100점까지 Upgrade 도덕주의

- 도덕적 가치가 미적 가치보다 우위에 있다고 보는 관점이다.
- 예술은 교훈과 본보기를 제공하여 인간의 올바른 품성 함양을 목적으로 해야 한다고 본다.

19 ①

| 정답 해설 | ㉠에 들어갈 용어는 실천 윤리학이다. 실천 윤리학은 복잡한 윤리 문제를 해결하기 위해서 다양한 학문 분야 간의 협력을 강조하는 학제적 성격과 구체적인 윤리 문제를 적극적으로 해결하고자 하는 실천적 성격을 띤다. ㉡에 들어갈 용어는 메타 윤리학으로, 이는 도덕적 언어나 의미를 분석하고 도덕 추론이 논리적으로 정당한지 따져 보며 윤리학의 학문적 성립 가능성을 모색하고자 한다.

20 ③

| 정답 해설 | 왈처는 특정 영역의 사회적 가치를 자신의 고유한 영역 안에서만 머무르게 하여 그 가치가 다른 영역을 획득하는 데 기여하는 것을 금지하는 복합 평등으로서의 정의와 공동체의 역사적 맥락에 따른 다양한 정의 기준을 인정하는 다원적 정의를 추구하였다. 이러한 왈처의 정의관은 복합 평등의 다원적 정의라고 한다.

21 ②

| 정답 해설 | 사회 계약론은 국가가 시민들의 계약을 통해 형성되었다고 보는 것으로, 대표적 사상가로 홉스, 로크, 루소가 있다. 롤스는 국가가 개인에게 평등한 자유를 보장하고, 최소 수혜자에게 최대의 이익이 돌아가게 해야 한다고 주장한 사상가로서, 사회 계약론과는 관련이 없다.

22 ①

| 정답 해설 | 제시된 설명과 같이 과학 기술의 유용성을 강조하며, 이를 긍정하는 것은 과학 기술 지상주의이다. 이는 과학 기술에 대한 긍정과 신뢰를 담고 있지만, 과학 기술의 발전에 따른 부정적 측면을 간과한다는 한계가 있다.

23 ①

| 정답 해설 | 문화가 다른 사람들과 어울리지 않는 배타적인 태도는 다문화 사회 시민으로서 적절하지 않은 자세이다.

100점까지 Upgrade 윤리 상대주의

윤리 상대주의에서는 윤리가 시대와 장소에 따라 다양할 수 있다고 본다. 윤리 상대주의의 입장에서는 윤리를 문화의 산물로 보고, 각 사회마다 마땅히 따라야 할 규범이 다를 수 있다고 본다. 그러나 윤리적 상대주의는 보편적 가치와 규범을 무시할 수 있고, 이로 인해서 비도덕적인 행위까지 그 사회의 관습이나 전통이라는 명목으로 정당화할 위험성이 있으므로, 이를 경계하고 비판적으로 받아들여야 한다.

24 ④

| 정답 해설 | 통일 이후 지속적으로 발생하는 보상과 혜택같이 통일 이후에 기대할 수 있는 여러 가지 긍정적 효과와 영향을 통일 편익이라고 한다. 시장 규모의 확대로 인한 경제적 성장과 북한 주민의 인권 문제 해결 등이 이에 해당한다.

25 ②

| 정답 해설 | 해외 원조를 바라보는 관점은 크게 의무의 관점과 자선의 관점으로 나뉜다. 의무의 관점에 따르면 약소국에 대한 원조는 윤리적 의무라고 본다. 이와 반대로 원조가 전적으로 개인의 자유로운 선택에 달려 있다고 보는 것은 자선의 관점으로, 대표 사상가로 노직이 있다.

01	①	02	④	03	②	04	①	05	④
06	④	07	②	08	①	09	④	10	①
11	③	12	②	13	①	14	③	15	④
16	④	17	④	18	③	19	②	20	②
21	④	22	④	23	④	24	③	25	①

01   ①

| 정답 해설 | 유교에서는 자신의 욕심을 누르고 예의 범절을 따르는 극기복례를 강조하며, 오륜을 인의 덕목으로 제시하였다. 또한 하늘과 사람을 하나로 보는 천인합일을 강조하고, 덕으로 백성을 다스려야 한다는 덕치 사상을 주장하였다.

02   ④

| 정답 해설 | 칸트는 의무론적 윤리의 대표적인 사상가로, 도덕적 행동의 기준이 행위의 결과보다 동기에 있다고 보았다. 따라서 결과가 좋아도 부도덕한 동기로 도출된 결과라면 옳지 않다고 보는 것이 칸트의 입장으로 적절하다.

03   ②

| 정답 해설 | 벤담은 공리주의자로서, 최대 다수의 최대 행복을 도덕적 행위의 기준으로 삼는다. 또한 사람은 쾌락을 추구하며, 그 쾌락은 모두 질적으로 동일하고 양적으로만 차이가 있다고 주장하였다.

04   ①

| 정답 해설 | 제시된 쟁점에서는 대중문화와 다문화 사회에 대한 내용을 다루고 있다. 이러한 쟁점을 다루는 응용 윤리학 분야는 문화 윤리이다.

05   ④

| 정답 해설 | 금란지교는 금과 같이 단단하고 난초의 향기 같은 사귐이라는 뜻으로 친구와의 두터운 우정을 나타내는 말이다. 올바른 가족 관계를 위한 덕목과는 관련이 없다.
| 오답 해설 |
① 부부는 가장 가까운 사이이지만, 늘 공경하기를 마치 손님을 대하듯이 하는 상경여빈을 실천해야 한다.
② 가족은 서로의 차이를 인정하고 보완하며 존중하는 양성평등의 정신을 실천해야 한다.

③ 부모는 자녀에게 자애로워야 하고, 자녀는 부모에게 효를 다하는 부자자효를 실천해야 한다.

06   ④

| 정답 해설 | 니부어는 개인의 도덕성만으로는 사회 집단의 도덕성을 향상시킬 수 없다고 보며, 사회 문제의 해결을 위해서는 사회 제도의 개선이 필요하다고 보았다. 따라서 사회 정책과 제도의 개선을 통해 문제를 해결하려는 방법인 ④가 가장 적절하다.

07   ②

| 정답 해설 | 법보다 정의에 대한 존경심이 우선시되어야 한다고 본 인물은 소로이다. 소로는 양심에 따라 부정의에 적극적으로 불복종해야 한다고 주장하며, 양심에 어긋나는 법이 있다면 어겨야 한다며 시민 불복종을 지지하였다.

08   ①

| 정답 해설 | 제시된 설명을 바탕으로 할 때, (가)에 들어갈 개념으로 적절한 것은 관용이다. 문화 다양성을 지향하는 사회에서는 관용의 자세가 필요하지만, 인간 존엄성과 같이 보편적 가치나 사회 정의를 해치는 행위에는 관용을 베풀어서는 안 된다.

100점까지 Upgrade   **관용의 역설**

> 관용을 무제한적으로 허용하여 관용 자체를 부정하는 태도까지 관용을 베풀어 사회 질서를 무너트리는 것을 말한다.

09   ④

| 정답 해설 | 요나스는 현세대의 행동이 미래 세대의 삶에 영향을 줄 수 있다는 것을 인식하면서 행동하라는 책임 윤리를 제시하였다.

10   ①

| 정답 해설 | 제시된 글은 예술에 대한 톨스토이의 도덕주의 관점으로, 예술은 인간의 품성을 향상시키는 데 기여한다고 본다. 이때 예술의 가치는 도덕적 가치에 의해 결정되며, 이 관점에 따르면 예술은 인간의 올바른 품성 함양을 목적으로 하거나 교훈을 제공해야 한다.

11   ③

| 정답 해설 | 도덕적으로 옳은 판단을 할 때에는 여러 정황을 비

교·분석하여 최선의 대안을 선택하려고 노력해야 한다. 이와 같이 도덕적 판단을 하기 위한 탐구를 도덕적 탐구라고 한다.

12 ②

| 정답 해설 | 제시된 내용을 주장한 사상가는 매킨타이어이다. 매킨타이어는 아리스토텔레스의 덕 윤리를 계승하여 공동체와 그 공동체의 전통과 역사를 강조하였다.

13 ①

| 정답 해설 | 인간 배아 복제에 관한 대표적인 반대 근거로는 난자의 채취 과정에서 여성의 건강과 권리를 훼손한다는 것이 있다.
| 오답 해설 |
②, ④ 인간 배아 복제의 찬성 논거에 해당한다.
③ 동물 복제의 찬성 논거에 해당한다.

14 ③

| 정답 해설 | 프롬이 제시한 완전한 사랑은 상대방을 인간적으로 존중하는 태도를 지키는 데에서 이루어진다. 따라서 진정한 사랑과 연결되는 성의 가치는 인격적 가치에 해당된다.

15 ③

| 정답 해설 | 지혜, 용기, 절제가 완전한 조화를 이룰 때 나타나는 최고의 덕목을 정의라고 본 것은 플라톤이다.

16 ④

| 정답 해설 | 처벌을 바라보는 관점은 응보주의적 관점과 공리주의적 관점으로 나뉜다. 그중 응보주의적 관점에 따르면 처벌은 죄에 대한 마땅한 정도의 벌을 되갚아 주는 것이다. 그러나 이는 처벌 자체에만 집중하여 범죄자의 교화 효과가 떨어진다는 한계가 있다.
| 오답 해설 | ①, ②, ③ 공리주의적 관점에 따른 처벌이다.

17 ④

| 정답 해설 | 지역 내에서 생산된 건강한 농산물을 소비하도록 권장하는 것은 로컬 푸드 운동에 대한 내용이다. 이는 올바른 음식 문화 조성을 위한 방안으로 적절하다.

18 ③

| 정답 해설 | 롤스는 공정한 절차에 의해 합의가 되었다면 정의롭다고 보는 절차적 정의를 강조하였다. 또한, 무지의 베일을 쓴 원초적 입장에서의 개인은 정의의 원칙에 합의할 것이라고 보았다.
| 오답 해설 |
ㄱ. 롤스는 사회 구성원들이 합의를 통해 모든 사람은 기본적 자유에 대해 평등의 권리를 지닌다는 원칙을 도출하게 된다고 보았다.
ㄷ. 노직의 소유권으로서의 정의와 관련이 있다.

19 ②

| 정답 해설 | 기자의 질문에 시민은 도덕적 배려 대상의 범위를 쾌고 감수 능력을 기준으로 삼아야 한다고 답하고 있다. 이는 쾌락과 고통을 느끼는 능력을 도덕적 고려 기준으로 삼은 동물 중심주의 입장과 관련이 있다.

100점까지 Upgrade 싱어의 동물 중심주의

- 쾌고 감수 능력을 도덕적 고려의 기준으로 삼았다.
- 이익 평등 고려 원칙에 근거하여 동물을 차별하는 것은 종(種) 차별주의라 보았다.
- 동물을 고통으로부터 해방시켜야 한다고 주장하였다.

20 ②

| 정답 해설 | 제시된 신문 사설에서 '첨예한 대립', '발전을 도모' 등을 통해 해당 내용이 갈등과 관련된 것임을 알 수 있다. 갈등은 갈등이 생긴 서로가 상대방의 입장을 들어 보고 오해를 풀수 있는 기회를 얻게 하며, 이러한 과정을 통해 신뢰가 회복되어 더욱 안정적인 사회 질서를 만들어갈 수 있게 한다. 따라서 신문 사설의 제목으로 적절한 것은 ②이다.

21 ④

| 정답 해설 | 애도란 모든 의미 있는 것들을 상실했을 때 나타나는 슬픈 반응이다. 이는 죽음과 관련된 태도, 문화에 해당한다.
| 오답 해설 |
① 참선은 불교에서 제시한 수행 방법으로, 앉아서 맑은 본성을 찾기 위해 노력하는 것이다.
② 거경은 유교에서 제시한 수행 방법으로, 한곳에 마음을 집중하여 흐트러짐이 없도록 하는 것이다.
③ 신독은 거경의 실천 방법 중 하나로 홀로 있어도 몸과 마음을 신중하게 하는 것이다.

22 ④

| 정답 해설 | 왈처는 특정 영역의 사회적 가치를 자신의 고유한 영역 안에서만 머무르게 하여 그 가치가 다른 영역을 획득하는 데 기여하는 것을 금지하는 복합 평등을 주장하였다. 따라서 다른 삶의 영역에서는 다른 공정한 분배 기준이 필요하다는 것이 왈처의 의견으로 적절하다.

23 ④

| 정답 해설 | 국수 대접 이론은 주류 문화와 비주류의 문화를 각각 국수와 고명으로 비유하여, 주류 문화의 정체성을 유지하면서 비주류 문화가 공존하는 것을 인정하는 이론이다. 샐러드 볼 이론은 다양한 채소와 과일이 그 특성을 유지하면서 조화롭게 맛을 내듯이, 다양한 문화가 서로 대등하게 조화하고 공존을 이루어야 한다고 보는 이론이다. 따라서 ㉠에는 국수 대접 이론, ㉡에는 샐러드 볼 이론이 들어가는 것이 알맞다.

> **100점까지 Upgrade**　　**용광로 이론**
>
> 여러 가지 금속을 용광로 안에 넣고 하나의 새로운 금속을 만드는 것처럼, 다양한 문화를 섞어 하나의 새로운 문화로 탄생시켜야 한다고 보는 이론이다.

24 ③

| 정답 해설 | 칸트는 국가가 평화 연맹에 가입하여 평화가 유지되도록 약속해야 하고, 갈퉁은 직접적인 폭력뿐만 아니라, 사회의 구조·문화적 폭력이 없어 인간다운 삶을 살 수 있는 진정한 평화가 이루어져야 한다고 강조하였다. 따라서 ㉠에 해당하는 도덕적 개념은 평화이다.

25 ①

| 정답 해설 | 국가가 이기적인 인간들로 구성되어 있고, 세계도 자국의 이익을 추구하는 국가들로 이루어져 있다고 보는 것은 현실주의 관점에 해당한다. 현실주의 관점에서는 국가의 힘을 키워 세력 균형을 유지해야 분쟁을 해결할 수 있다고 본다.
| 오답 해설 |
② 이상주의는 국제 분쟁이 상대방에 대한 오해나 잘못된 제도 때문에 발생한다고 본다.
③ 구성주의는 국제 분쟁이 자국의 이익 여부와 국가 간 정체성의 상호 작용 여부에 따라 발생한다고 본다.

> **100점까지 Upgrade**　　**국제 관계에 대한 관점**
>
> • 현실주의: 국가는 이기적인 인간들로 구성되어 있고, 세계도 자국의 이익을 추구하는 국가들로 이루어져 있다고 본다.
> • 이상주의: 인간이 이성적이듯 국가도 이성적이기 때문에 이성적인 대화와 협력으로 분쟁 해결이 가능하다고 본다.
> • 구성주의: 국가는 상대국과의 상호 작용을 통해서 정체성을 형성하고 관계를 설정한다고 본다.